中华现代学术名著丛书

中国救荒史

邓云特 著

商务印书馆
创于1897 The Commercial Press

图书在版编目(CIP)数据

中国救荒史/邓云特著.—北京:商务印书馆,2011
(2024.12重印)
(中华现代学术名著丛书)
ISBN 978-7-100-08446-8

Ⅰ.①中… Ⅱ.①邓… Ⅲ.①救灾—历史—中国
Ⅳ.①D69

中国版本图书馆CIP数据核字(2011)第125995号

中华现代学术名著丛书
中国救荒史
邓云特 著

商 务 印 书 馆 出 版
(北京王府井大街36号 邮政编码100710)
商 务 印 书 馆 发 行
三河市春园印刷有限公司印刷
ISBN 978-7-100-08446-8

2011年10月第1版 开本 880×1240 1/32
2024年12月第3次印刷 印张 13½ 插页 1
定价:80.00元

邓 拓(邓云特)

(1912—1966)

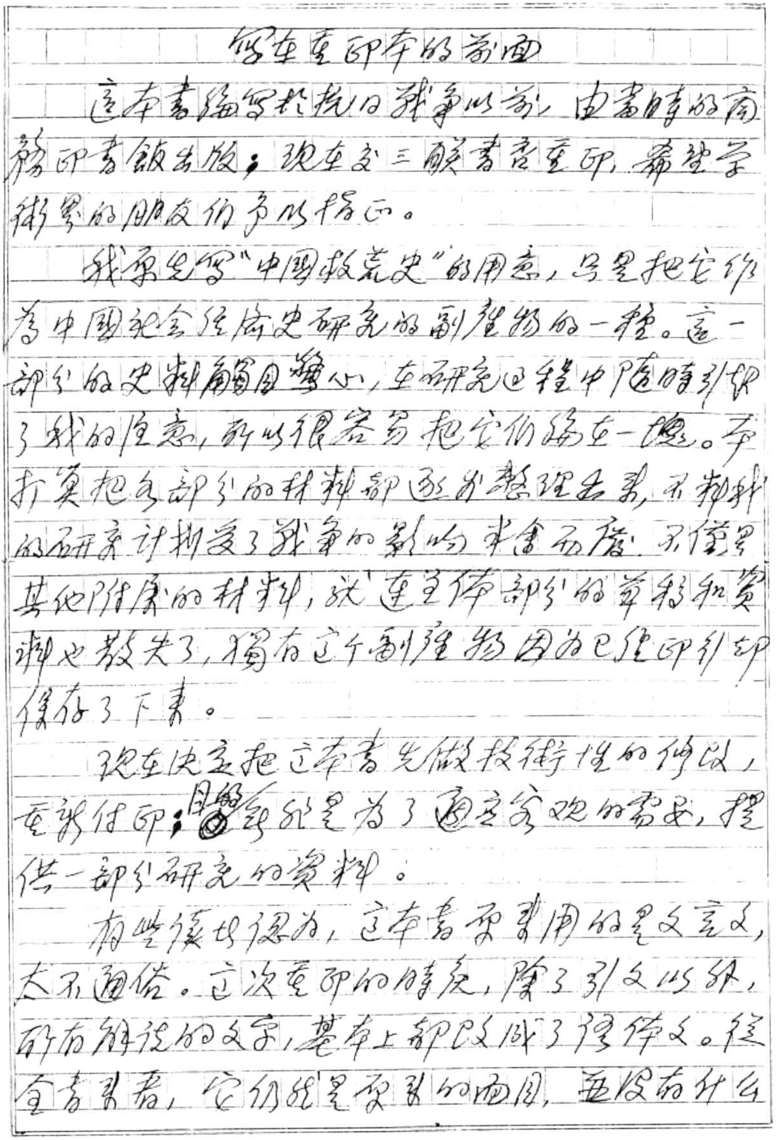

《中国救荒史》再版序言手稿

出版说明

百年前，张之洞尝劝学曰："世运之明晦，人才之盛衰，其表在政，其里在学。"是时，国势颓危，列强环伺，传统频遭质疑，西学新知亟亟而入。一时间，中西学并立，文史哲分家，经济、政治、社会等新学科勃兴，令国人乱花迷眼。然而，淆乱之中，自有元气淋漓之象。中华现代学术之转型正是完成于这一混沌时期，于切磋琢磨、交锋碰撞中不断前行，涌现了一大批学术名家与经典之作。而学术与思想之新变，亦带动了社会各领域的全面转型，为中华复兴奠定了坚实基础。

时至今日，中华现代学术已走过百余年，其间百家林立、论辩蜂起，沉浮消长瞬息万变，情势之复杂自不待言。温故而知新，述往事而思来者。"中华现代学术名著丛书"之编纂，其意正在于此，冀辨章学术，考镜源流，收纳各学科学派名家名作，以展现中华传统文化之新变，探求中华现代学术之根基。

"中华现代学术名著丛书"收录上自晚清下至20世纪80年代末中国大陆及港澳台地区、海外华人学者的原创学术名著（包括外文著作），以人文社会科学为主体兼及其他，涵盖文学、历史、哲学、政治、经济、法律和社会学等众多学科。

出版“中华现代学术名著丛书”，为本馆一大夙愿。自1897年始创起，本馆以“昌明教育，开启民智”为己任，有幸首刊了中华现代学术史上诸多开山之著、扛鼎之作；于中华现代学术之建立与变迁而言，既为参与者，也是见证者。作为对前人出版成绩与文化理念的承续，本馆倾力谋划，经学界通人擘画，并得国家出版基金支持，终以此丛书呈现于读者面前。唯望无论多少年，皆能傲立于书架，并希冀其能与“汉译世界学术名著丛书”共相辉映。如此宏愿，难免汲深绠短之忧，诚盼专家学者和广大读者共襄助之。

商务印书馆编辑部

2010年12月

凡　例

一、“中华现代学术名著丛书”收录晚清以迄20世纪80年代末，为中华学人所著，成就斐然、泽被学林之学术著作。入选著作以名著为主，酌量选录名篇合集。

二、入选著作内容、编次一仍其旧，唯各书卷首冠以作者照片、手迹等。卷末附作者学术年表和题解文章，诚邀专家学者撰写而成，意在介绍作者学术成就，著作成书背景、学术价值及版本流变等情况。

三、入选著作率以原刊或作者修订、校阅本为底本，参校他本，正其讹误。前人引书，时有省略更改，倘不失原意，则不以原书文字改动引文；如确需校改，则出脚注说明版本依据，以“编者注”或“校者注”形式说明。

四、作者自有其文字风格，各时代均有其语言习惯，故不按现行用法、写法及表现手法改动原文；原书专名（人名、地名、术语）及译名与今不统一者，亦不作改动。如确系作者笔误、排印舛误、数据计算与外文拼写错误等，则予径改。

五、原书为直（横）排繁体者，除个别特殊情况，均改作横排简体。其中原书无标点或仅有简单断句者，一律改为新式标点，专名号从略。

六、除特殊情况外，原书篇后注移作脚注，双行夹注改为单行夹注。文献著录则从其原貌，稍加统一。

七、原书因年代久远而字迹模糊或纸页残缺者，据所缺字数用“□”表示；字数难以确定者，则用“（下缺）”表示。

目　　录

第二编　历代救荒思想的发展

第三编　历代救荒政策的实施

写在重印本的前面

这本书编写于抗日战争以前,由当时的商务印书馆出版;现在由三联书店重印,希望学术界的朋友们予以指正。

我原先写《中国救荒史》的用意,只是把它作为中国社会经济史研究的副产物的一种。这一部分的史料触目惊心,在研究过程中随时引起了我的注意,所以很容易把它们编在一块。本打算把各部分的材料都逐步整理出来,不料我的研究计划受了战争的影响半途而废,不仅是其他附属的材料,就连主体部分的草稿和资料也散失了,独有这个副产物因为已经印行却保存了下来。

现在决定把这本书先做技术性的修改,重新付印,目的无非是为了适应客观的需要,提供一部分研究的资料。因为这本书在过去的条件下编写出来,它仅仅只能算是史料的汇集,分析很不充分,一定不能令人满意。

有些读者认为,这本书原来用的是文言文,太不通俗。这次重印的时候,除了引文以外,所有解说的文字,基本上都改成了语体文。从全书来看,它仍然是原来的面目,并没有什么变化。但是,我准备以后还要加以修改和补充,核对全部引用的史料,并且要把史料补足到中华人民共和国成立的时期;对于历史上重要的经验教训将进一步加以探究;若干重要的论点要展开来作充分的说明。这个工作需要相当的时间,现在还办不到。我将争取在同志们的支持下早日实现这个小小的愿望。

对于曾经关心这本书，并且帮助它能够重印的各位同志和朋友，我在这里统统致谢。

作　者

一九五七年八月七日

（编者附注：上述文字是作者为《中国救荒史》三联书店1958年版所撰写的说明）

例　　言

这本书是以问题为中心编写的，但是，在叙述历史事实的时候，仍然按照年代的先后排列。书末附录作者编制的“中国历代救荒大事年表”，以便对照。

正文的末尾，原拟有结论，综合说明历代救荒政策的利弊和经验教训，出版的时候略去了。又，第一编第二章论造成灾荒的社会因素一节中，本来还有“近代灾荒中新的社会因素”一项，后来出版的时候也略去了。

附录中还有历代灾荒一览表，详载殷商以来三千七百多年间灾害的记录，也因为超过原定篇幅而抽出。

作者所引用的参考书籍因为数量很多，并且在每处引文的后面都已注明出处，所以不另列参考书目。

邓云特

一九三七年六月二日

绪　　言

救荒史的意义和范围,从表面上看似乎很明白,实际上却很难确定。以前的学者,既没有一致的用语,也没有系统的著述。因此,这里还必须说明"救荒"一词的含义,而对于什么是"荒",首先要加以肯定的解释。

我国古代文献中,对于饥荒的意义,有种种解释。如《穀梁传》说:

> 五谷不升为大饥;一谷不升谓之嗛;二谷不升谓之饥;三谷不升谓之馑;四谷不升谓之康;五谷不升谓之大侵。

《墨子》说:

> 一谷不收谓之馑;二谷不收谓之旱;三谷不收谓之凶;四谷不收谓之馈;五谷不收谓之饥馑。

《穀梁》所谓"大饥"、"大侵",《墨子》所谓"饥馑",都是指的大饥荒。可是,五谷是哪些?历来说法也不一样。《周礼》说:"其谷宜五种",郑玄注:"五种,黍、稷、菽、麦、稻也。"但也有说五谷是黍、稷、麻、麦、豆的。至于六谷、八谷、九谷、百谷的名称就更不一致了。其实所谓五谷乃是泛指为人类主要食物的谷类，原不应作狭义的解释。但《穀梁传》和《墨子》的定义却显示了古人对于饥荒的大体概念。近代一般学者所下的定义，未必能超过古人。华洋义赈会马罗利（Walter H. Mallory）所下的灾荒的定义是："灾荒者，基于天然原因而致食粮供给之失败也"（见《饥荒之中国》）。这并不比二千数百余年前穀梁赤、墨翟所作的定义高明多少。这样的定义并不能反映客观事实的全部，而仅仅是根据表面的直觉的现象所作的判断。真正科学的定义，应该以客观存在的一般事实的全部内容为根据，不应以表面现象的考察为满足。

我们如果根据历史的大量事实进行考察，结果就会知道：一般地说，所谓"灾荒"乃是由于自然界的破坏力对人类生活的打击超过了人类的抵抗力而引起的损害；而在阶级社会里，灾荒基本上是由于人和人的社会关系的失调而引起的人对于自然条件控制的失败所招致的社会物质生活上的损害和破坏。我自己认为，这个定义虽然也很粗简，但它是比较符合于过去的历史事实的。只有在社会制度发生了根本改变，人类生活完全进入了新的时代以后，这个定义才必须随着改变。

明瞭了"灾荒"的意义也就知道"救荒"的意义了。所谓"救荒"就是人们为防止或挽救因灾害而招致社会物质生活破坏的一切防护性的活动。把历代的人对自然控制的具体关系和防止或挽救因为这种关系被破坏而产生的灾害所采取的一切政策思想记述下来，找出经验教训，这就是救荒史研究的对象和目的。它不仅要记述历代灾荒的实况和救济政策，而且要记述和分析历代社会经济结构的形态和性质的演变以及它们和灾荒的关系。因此，救荒史不仅应该揭示灾荒这一社会病态和它的病源，而且必须揭发历史上各阶段灾荒的一般性和特殊性，分析它的具体原因，借以探求防治的途径。

关于救荒史的内容，有许多问题需要商榷。它在现代史学中有相当的重要性。因为从救荒事业发展的程度上可以测量人类控制自然的能力的大小，可以作为人类文化进步程度的一种标志。在中国这样一个大国里，历代灾荒不断发生，在今后相当时期内也还不能完全避免，因此，救荒史的研究对于我们具有特殊的意义。

第一编　历代灾荒的史实分析

第一章 灾荒的实况

第一节 灾情总述

我国灾荒之多，世界罕有，就文献可考的记载来看，从公元前十八世纪，直到公元二十世纪的今日，将近四千年间，几于无年无灾，也几乎无年不荒；西欧学者甚至称我国为“饥荒的国度”（The Land of Famine）。综计历代史籍中所有灾荒的记载，灾情的严重和次数的频繁是非常可惊的。而且前代统计调查不完备，记录遗漏的一定还不少。然而就现有文字记录看来，几已填满史册，不可复加了。就这些记录加以较系统的整理和统计，是了解我国历代灾荒真相的必要前提。虽然，以我们今天所可得的有限零落的史料，而要确知千百年以前的事实，在技术上缺陷在所难免。但是根据各种可靠史料估计的结果，可以获得一个近似数，在某一程度上可以显示客观历史的真实性，这是无疑的。因此，下面先把历代灾荒的事实，加以整理统计。

一 远古传说和殷商时代

据从来的传说，我国远古时代就有许多灾害，这是很自然的。

尸子说：

燧人氏时，天不多水。

据虞世南《北堂书钞》转引《淮南子》载：

往古之时，四极废，九州裂；天不兼复，地不固载；火爁炎而不灭，水浩洋而不息。

此是原始时代大水的传说。

《竹书纪年》载：

黄帝一百年地裂，帝陟。（注：帝王之崩曰陟。）

这是最初地震的传说。这些传说不能认为是完全无稽的。譬如，原始大水的传说，与《神异传》所记“北方层冰万丈，厚百尺”相对照，也可以认定所谓最初的洪水，就是人类对于末次冰河期所留的残余印象。所谓“火爁炎而不灭，水浩洋而不息”，正为末次冰河期终了的时候，地面气候转趋炎暖，冰河融解，火山爆发情形的写照。

相传虞、夏时洪水为灾，《书经》记载：

汤汤洪水方割，荡荡怀山襄陵，浩浩滔天。（《书·尧典》）

洪水滔天，浩浩怀山襄陵。（《益稷》）

司马迁的《史记》也记着：

当尧之时，鸿水滔天，浩浩怀山襄陵。(《夏本纪》)

《孟子》说：

当尧之时，天下犹未平。洪水横流，泛滥于天下，草木畅茂，禽兽繁殖；五谷不登，禽兽逼人。兽蹄鸟迹之道，交于中国。尧独忧之，举舜而敷治焉。舜使益掌火，益烈山泽而焚之，禽兽逃匿。禹疏九河，瀹济、漯而注诸海；决汝、汉，排淮、泗而注之江。然后中国可得而食也。(《滕文公篇》)

《淮南子》载：

禹之时，天下大水，禹令人民聚土积薪，择丘陵而处之。(《齐俗训》)

《吴越春秋》中还有下列几段文字：

五帝……有泛滥之忧。

尧遭洪水，人民泛滥，逐高而居。

洪水滔滔，天下沉渍；九州阏塞，四渎壅闭。

历来儒家夸大传说大禹治水一类的事情，当然很不可信。只有寻常的水灾，才有“疏治”的可能，否则“洪泉极深，何以寘之？”“地方九则,何以坟之?”(见屈原《楚辞》)那不但传说中神化的禹不能治,就是当时处于新石器时期的全人类也绝难克服。但是,《史记》载:“命诸侯百姓,兴人徒以傅土,行山表木。”这可能是事实。

又据《竹书纪年》载,夏代末期,还有三次大地震,其情形如下:

> 帝癸七年陟,泰山震。
>
> 帝癸十年,夜中,星陨如雨;地震,伊洛竭。
>
> 帝癸三十年,瞿山崩。

这和前面说的黄帝百年地裂的传说相同,也可能是事实。因为细考传说中黄帝和夏代诸帝居住地区,正是后代地震不断发生的区域①。

到了殷商,灾荒的传说渐多,其中有可信其为事实,而毋庸置疑的,也有虽未证实而有发生的可能的。如从来各家典籍都说汤有七年之旱。《管子·轻重篇》载:

---

① 黄帝时代民族活动区域,据《竹书纪年》载:“黄帝生于寿丘”,皇甫谧注:“寿丘在今兖州曲阜县。”又载:“黄帝居有熊”,皇甫谧注:“有熊即今河南新郑。”《史记·五帝本纪》载:“黄帝……邑于涿鹿之阿”,涿鹿即今河北涿县。《括地志》载:“涿鹿城在妫州东南五十里,黄帝所都。”《舆地志》又载:“涿鹿本名彭城,黄帝初都,后迁有熊也。”由此可知当时以黄帝为代表的部族,其居住的区域,约在今之山东、河南、河北等处,恰当鲁西南潍河断层和燕山等地震地带。至于夏代的民族活动区域,据《六国表序》载:“禹起于羌”,《夏书·甘誓》载:“大战于甘”,《史记·夏本纪》载:“有扈氏不服,启伐之,大战于甘”,其地即今陕西鄠县。又《战国策》载:“夏桀之居,左河济,右太华,伊阙在其南。”《竹书纪年》载:“桀居斟鄩”,《括地志》称:“斟鄩在洛州巩县西南。”由此可见夏代部族居住区域,约在今山西南部,河南西北部及陕西、甘肃一带,又适当汾、渭断堑及甘肃贺兰、泾原、武都等地震地带。

汤七年旱，民有无糧卖子者。

《汉书·食货志》记晁错的话说：

尧、禹有九年之水，汤有七年之旱。

这些传述，当非无据。金履祥《通鉴前编》述商汤十八年（约当公元前一七六六年）的事实是：

十有八祀，伐夏桀，放之于南巢；三月，商王践天子位，是岁大旱。

《竹书纪年》中关于殷商成汤遭旱的事实，则有如下的记载：

十九年大旱，氐、羌来贡；二十年大旱，夏桀卒于亭山，禁弦歌舞；二十一年大旱，铸金币；二十二年大旱；二十三年大旱；二十四年大旱，王祷于桑林，雨。

这样连年大旱的故事，虽然未得最后实物的印证，但无根不能生树，传说的发生，未始没有事实的凭据，我们不能认为虚诞，而完全加以抹杀。至于史称商自成汤至盘庚，曾五度因水迁都：仲丁迁于嚣；河亶甲迁相；祖乙迁于邢（亦作耿）；阳甲以后迁于河北；至盘庚乃迁于殷。这些传说，也不是无稽的。《通鉴前编》载：

河亶甲立，是时嚣有河决之患，遂自嚣迁于相。

又载：

> 祖乙既立，是时相都又有河决之患，乃自相而徙都于耿。

《史记·殷本纪》中也有“河亶甲居相”及“祖乙迁于邢”等语。《殷本纪》的真确性，已得契文的证实，可见上述传说必有所据。至于盘庚所以迁殷，据过去有些史家的解释，是因为他的故都被水淹了。我认为这是有一部分道理的。细按《商书·盘庚》三篇文字中，一则说：“殷降大虐”；再则说：“汝不谋长，以思乃灾，汝诞劝忧，今其有今罔后，汝何生在上？”三则说：“今我民用荡析离居，罔有定极，尔谓朕曷震动万民以迁？”避水迁都的意思是很明显的。就古代嚣、相、耿等地的地理形势来说，当时水灾的发生也很可能。据王静安先生考证结果，仲丁所都的“嚣”，即今山东蒙泽县；河亶甲所都的“相”，即今黄县东南；而祖乙所都的“耿”，即今日河北邢台县（见《观堂集林》）。这些地方都属黄河下流入海的区域，必然常遭水患。

又据古籍传述，殷商末年，有一次大地震。《竹书纪年》载：

> 帝辛四十三年春……峣山崩。

《淮南子》载：

> 逮至……殷纣……时，峣山崩，三川涸。（《俶真训》）
>
> 纣为无道，故峣山崩，而薄落之水涸。（《览冥训》）

这些虽不可尽信，然而也不能完全否认。我们对于殷商时代天灾流行情形，大略可以断定：自成汤十八年至二十四年（约当公元前一七六六至一七六〇年间），曾有连续七年的大旱；自仲丁元年至盘庚十四年（约当公元前一五六二至一三八八年间），有五次河决之灾；而帝辛四十三年（约当公元前一一一二年），则有一次大地震。

二　两周秦汉

西周以后，水、旱、地震、蝗、疫、霜、雹的灾害，记录较多。就《春秋》三传、《国语·周语》、《史记·周本纪》、《汉书·五行志》及《竹书纪年》、《帝王世纪》、《纲鉴大全》、《广弘明集》等书，汇集所得，则两周八百六十七年间，最显著的灾害有八十九次。其中频数最多的是旱灾，达三十次；次为水灾，有十六次；再次为蝗螟螽蝝的灾害，有十三次。此外记载有地震九次；大歉致饥八次；霜雪七次；雹五次；疫一次。灾情有的极凶，如厉王二十一年至二十六年（公元前八五八至八五三年），连续六年大旱，据《诗·小雅·雨无正》的叙述是：

> 浩浩昊天，不骏其德，降丧饥馑，斩伐四国。

又如自宣王末年（约当公元前八〇三年）到幽王初年（约当公元前七八〇年），大旱灾、大地震相继暴发，使西周统治，加速趋于覆亡。《诗·大雅·云汉》记载说：

旱既太甚，散无友纪，……大命近止。

《大雅·召旻》也载着：

如彼岁旱，草不溃茂；如彼栖苴，我相此邦，无不溃止。

这个空前大旱灾，一直延长到幽王的时候，又遭遇大地震。《国语·周语》记载：

幽王二年，西周山川皆震。伯阳父曰：周将亡矣，……昔伊、洛竭而夏亡；河竭而商亡。今周德若二代之季矣，其川源又塞，塞必竭。夫国必依山川，山崩川竭，亡之徵；川竭，山必崩。若国亡，不过十年，数之纪也。……是岁也，三川竭，岐山崩。

平王东迁以后，灾害的记载也不少。

秦、汉以后记载更详细了。据《史记·秦始皇本纪》、《前后汉书》中《诸帝本纪》、《列传》、《五行志》及《古今注》等书所记，秦汉四百四十年中，灾害发生了三百七十五次之多。计旱灾八十一次，水灾七十六次，地震六十八次，蝗灾五十次，雨雹之灾三十五次，风灾二十九次，大歉致饥十四次，疫灾十三次，霜雪为灾九次。其中频数愈多的，对于社会经济的破坏也愈大。譬如旱灾，据史籍所载，当时旱灾一来，动辄殃及数十郡国。如汉武帝元鼎三年（公元前一一四年），"四月，关东旱，郡国四十余饥，人相食"（《前汉书·武帝本纪》）。又如地震的损坏也十分惨重，如高后二年（公元前一八六年)“正月,地震,羌道、武都山崩,杀七百六十人,地震至八月乃止”(《前汉书·高后本纪》)。文帝元年(公元前一七九年)“夏四月,齐、楚地震,二十九山同日崩,大水溃出”(《前汉书·文帝本纪》)。宣帝本始四年(公元前七〇年),“夏四月,壬寅,地震,河南以东四十九郡山崩水出,北海、琅琊坏祖宗庙城郭,杀六千余人”(《前汉书·五行志》及《宣帝本纪》)。光武帝建武二十二年(公元四六年)“九月,郡国四十二地震,南阳尤甚,地裂压杀人”(《后汉书·光武帝本纪》)。安帝元初六年(公元一一九年)“春二月,乙巳,京师及郡国四十二地震,或坼裂水泉涌出。……十二月,郡国八地震”。(《后汉书·安帝本纪》)至于水灾、蝗灾的范围有时达数十郡。殇帝延平元年(公元一〇六年)的大水灾,波及者三十七郡国;安帝永初元年(公元一〇七年)山水暴至,漂没者四十一郡国;戊申、己酉两年(即永初二年及三年),水复屡发,除京师外,又没四十一郡国,其受害之烈,可以想见。光武帝建武二十二年(公元四六年)春三月,蝗螟大起,据《后汉书·五行志》所载,被害者九十郡国;二十八年(公元五二年)大蝗,被害者八十郡国。这就可见当时受灾的严重。

三　魏晋南北朝

三国、两晋的时候,黄河、长江两流域间,连年凶灾,总计二百年中,遇灾三百零四次。地震、水、旱、风、雹、蝗螟、霜雪、疾疫等纷至沓来。二百年间旱灾六十次,水灾五十六次,风灾五十四次,地震五十三次,雨雹之灾三十五次,疫灾十七次,蝗灾十四次,歉饥十三次,霜雪、"地沸"①各两次。当时受灾程度,不亚于前代,甚或有过之。如有的旱灾造成了"江、汉、河、洛皆竭,可涉"(《晋书·怀帝本纪》永嘉三年事,公元三〇九年);地震造成了"山崩地陷,坏府城,杀居民"(《晋书·惠帝本纪》元康四年事,公元二九四年);水灾则动辄浸没六七州,而一州之中,漂流居民动辄几千家,如晋武帝咸宁三年(公元二七七年)"九月,戊子,兖、豫、青、徐、荆、益、梁七州大水,伤秋稼。"其中仅荆州五郡,据报被水漂流的达四千多家(见《晋书·武帝本纪》),其他州郡数目也不下于此。而每三年八个月就有一次暴风,为害很大。如晋太康二年(公元二八一年)"五月,济南大风,折木伤麦;六月,高平大风折木,坏邸阁四十余区;七月,上党又大风,伤秋稼"(《晋书·武帝本纪》)。又如雨雹之灾,据《晋书·五行志》所载:咸宁五年(公元二七九年)"五月,丁亥,钜鹿、魏郡雨雹,伤禾麦;辛卯,雁门雨雹,伤秋稼;六月,庚戌,汲郡、广平、陈留、荥阳雨雹,景辰又雨雹陨霜,伤秋麦千三百余顷,坏屋百二十余间;癸亥,安定雨雹;七月,景申,魏郡又雨雹;闰月,壬子,新兴又雨雹;八月,庚子,河南、河东、弘农又雨雹,兼伤秋稼三豆。"《石勒载记》述咸和七年(公元三三二年)"雹起西河介山,大如鸡子,平地三尺,洿下丈余,行人禽兽死者万数,历太原、乐平、武乡、赵郡、广平、钜鹿千余里,树木摧折,禾稼荡然。"可见雨雹灾害也很严重。还有疾疫之灾,如"洛阳大疫,死者大半"(晋武帝咸宁元年,公元二七五年);"襄阳大疫,死者三千余人"(怀帝永嘉四

---

① 按《晋书·五行志》载:"光熙元年五月范阳国地燃,可以爨。"又《姚兴载记》称:"义熙二年华山郡地涌沸,广袤百余步,烧生物皆熟,历五月乃止。"所谓"地燃"、"地沸"者,当即火山未爆裂的状态。

年，公元三一〇年）；“天下大疫，死者十二三”（元帝永昌元年，公元三二二年）。而蝗螟之灾，如“自幽、并、司、冀至于秦、雍，大蝗食草木，牛、马毛鬣皆尽”（怀帝永嘉四年，公元三一〇年）。一乡之中“蝗害禾稼，纵广三百里，食生草尽”（元帝大兴元年，公元三一八年），致“诸郡百姓多饥死”。此外因陨霜杀谷，禾麦不实而遭饥馑，也甚于前代。

东晋之后，南北朝割据，百六十九年中，水、旱、蝗螟、地震、霜雹、疫疠等灾害共达三百十五次。频数最高的是水灾和旱灾，各七十七次，其次地震四十次，再次风灾三十三次，霜雪之灾二十次，雨雹之灾十八次，蝗灾、疫灾各十七次，歉饥十六次。以上各种灾害，为祸之烈，可以从下列文字中看出来：

> （北魏）高祖太和九年（公元四八五年）诏曰：数州灾水，饥馑荐臻，致有卖鬻男女者，……百姓无辜，横罹艰毒。……是年京师及州镇十三水旱伤稼。……南豫、朔二州大水，各杀千余人。（《魏书·高祖本纪》）
>
> 肃宗熙平元年（公元五一六年），九月，丁丑，淮堰破，萧衍缘淮城戍村落十余万口，皆漂入于海。（《魏书·肃宗本纪》）
>
> （北齐）后主天统三年（公元五六七年），秋，山东大水，人饥，僵尸满道。（《北史·齐后主本纪》）

这些是水灾为害的主要部分记载。又如：

> （宋）孝武帝大明七年（公元五六三年），东诸郡大旱，甚者米一升数百，京邑亦至百余，饥死者十有六七。（《南史·宋前

废帝本纪》)

(北魏)高祖延兴三年(公元四七三年),州镇十一大旱,相州民饿死者二千八百四十五人。(《魏书·高祖本纪》)

这些是旱灾的常例。水、旱侵袭的结果,谷麦不收,酿成大饥。史称:

(梁)简文帝太清三年(公元五四九年),七月,九江大饥,人相食者十四五。(《南史·梁简文帝本纪》)

(北魏)世宗景明二年(公元五〇一年),三月,青、齐、徐、兖四州大饥,民死者万余口。明年,河州大饥,死者二千余口。(《魏书·世宗本纪》)

肃宗神龟元年(公元五一八年),春正月,乙酉,幽州大饥,民死者三千七百九十九人。(《魏书·肃宗本纪》)

至于地震,在四十次中一般的为害程度约如下:

(宋)孝武帝大明六年(公元五六二年),秋七月,甲申,地震,有声自河北来。鲁郡山摇地动;彭城女墙四百八十丈坠落,屋室倾倒;兖州地裂,泉涌二年不已。(《宋书·五行志》)

(北魏)世宗延昌元年(公元五一二年),四月,庚辰,京师及并、朔、相、冀、定、瀛六州地震。恒州之繁畤、桑乾、灵丘,肆州之秀容、雁门地震陷裂,山崩泉涌,杀五千三百一十人,伤者二千七百二十二人,牛马杂畜死伤者三千余。(《魏书·灵征志》)

再次，如暴风之灾，举例如下：

(宋)文帝元嘉三十年(公元四五三年)，正月，大风，拔木；雨，冻杀牛马无数。(《宋书·五行志》)

(南齐)东昏侯永元元年(公元四九九年)，七月，大风，京师十围树，及官府居民屋，皆拔倒。(《南齐书·五行志》)

(北魏)世宗景明元年(公元五〇〇年)，二月，癸巳，幽州暴风，杀一百六十一人。(《魏书·灵征志》)

霜雪杀害桑、麦、禾、豆、稻、菽的范围往往达七八州，最严重的达十几州。每次大雨雹又常使家畜、草木、禾稼尽绝，千里无遗。蝗螟害稼，更为常见。而每次疫灾，死者常二千数百人，多则十四五万人(如北魏献文帝皇兴二年)。这些是前此少见的记录。

四　隋唐五代

隋朝自统一以至衰亡，忽忽二十九年间，大灾二十二次。计旱灾九次，水灾五次，地震三次，风灾二次，蝗、疫、歉饥各一次。唐受隋禅，历二百八十九年，报灾的制度比较完备，因此记录下来的受灾次数也比前代为多，计受灾四百九十三次。其中旱灾一百二十五次，水灾一百十五次，风灾六十三次，地震五十二次，雹灾三十七次，蝗灾三十四次，霜雪二十七次，歉饥二十四次，疫灾十六次。当时的灾情，就下举例子，可见一斑。如常见的旱灾的例子：

贞观十二年(公元六三八年)，吴、楚之巴蜀州二十八旱，

冬不雨，至于明年五月，饥，人相食。（《唐书·五行志》）

贞元六年（公元七九〇年），春，关辅大旱，无麦苗；夏，淮南、浙西、福建等道大旱，井泉竭，人渴死者甚众。（《唐书·德宗本纪》）

又如严重的水灾的例子：

开元十四年（公元七二六年），天下州五十水，河南、河北尤甚。河及支川皆溢。怀、卫、郑、滑、汴、濮人或巢或舟以居，死者千计。……十五年（公元七二七年）五月，晋州大水；七月，邓州大水，溺死数千人。洛水溢入鄜城，平地丈余，死者无算；坏同州城市及冯翊县，漂居民二千余家；涧谷溢，毁渑池县。是岁天下州六十三大水，害稼及居民庐舍，河北尤甚。（《唐书·玄宗本纪》）

贞元八年（公元七九二年），六月，淮水溢没泗州城；秋，自江、淮及荆、襄、陈、宋至于河朔州四十余，大水害稼，溺死二万余人，漂没城郭庐舍无数。（《唐书·德宗本纪》及《五行志》）

再看风灾的例子：

开成元年（公元八三六年），夏六月，凤翔、麟游县暴风雨，飘害九成宫及滋善寺佛舍，坏百姓屋三百间，死者百余人，牛马不知其数。（《旧唐书·五行志》）

中和四年（公元八八四年），六月，乙巳，太原大风雨，拔木千株，害稼百里。（同前）

地震的例子如：

武德七年（公元六二四年），七月，雟州地震，山崩，遏江水。（《唐书·高祖本纪》）

贞元四年（公元七八八年），正月，京师地震，金、房二州地震，江溢山裂。（《唐书·德宗本纪》）

雨雹之灾，有如下例子：

开元二十二年（公元七三四年），五月，戊辰，京畿、渭南等六县大风雹，伤稼。（《唐书·玄宗本纪》）

开成五年（公元八四〇年），六月，濮州雨雹如拳，杀人三十六，牛马甚众。（同前）

至于蝗螟灾害，如：

贞元元年（公元七八五年），夏，蝗，东自海，西尽河、陇，群飞蔽天，旬日不息，所至草木叶及畜毛，靡有孑遗，饿馑枕道，民蒸蝗曝，扬去翅足而食之。（《唐书·五行志》）

长庆三年（公元八二三年），秋，洪州螟蝗害稼八万顷。（同前）

还有霜雪疫疠之害：

开元十五年（公元八五〇年），天下州十七，霜杀稼。（《唐

书·玄宗本纪》）

景龙元年（公元七〇七年），夏，自京师至山东、河北，疫死者以千数。（《唐书·五行志》）

总的说来，在唐代将近三百年的统治中，灾害的侵袭，几乎没有间断，其次数的频繁和猛烈的程度，都要超过前代！

到朱全忠自立为帝、唐代灭亡以后，便开始了五代十国分裂割据的局面。在五代前后五十四年中，天灾的发生，达五十一次。分别说来，计有旱灾二十六次；水灾十一次；蝗灾六次；雹灾三次；地震三次；风灾二次。当时各种灾害情形，有如以下各例：

（后周）太祖广顺三年（公元九五三年），十月，境内大旱，边民有鬻男女者。（《十国春秋·吴越忠懿王世家》）

（后周）广顺二年（公元九五二年），夏六月，丁酉，大水入成都，坏延秋门，漂没千余家，溺死五千余人，冲毁太庙四室及司天监。七月暴水又大至。（同前）

（后唐）明宗天成三年（公元九二八年），夏六月，大蝗蔽日而飞，昼为之黑，庭户衣帐悉充塞。（同前）

（后晋）高祖天福六年（即后蜀后主广政五年，公元九四一年），春正月，地震；十月又地震，摧民居以百数。（同前）

通过这些例子，我们便可以了解五代灾情的概况。

五　两宋金元

两宋前后四百八十七年，遭受各种灾害，总计八百七十四次。其中最多的是水灾，达一百九十三次；其次是旱灾，达一百八十三次；再次是雹灾，达一百零一次。其余风灾有九十三次；蝗灾有九十次；歉饥有八十七次；地震有七十七次。此外还有疫灾三十二次；霜雪之灾十八次。两宋灾害频度之密，相当于唐代，而其强度和广度，则更有甚于唐代。现把当时各种灾害最多年份的灾情摘录如下，借以了解当时灾害的一般状况。

太宗太平兴国二年（公元九七七年），正月，京师旱。六月曹州大风，坏济阴县廨及军营；孟州河溢，坏温县堤七十余步；郑州坏荥泽县宁王村堤三十余步；又涨于澶州，坏吴公村堤三十步；开封府汴水溢，坏大宁堤，浸害田禾；忠州江涨二十五丈；兴州江涨，毁栈道四百余间；濮州大水，害民田凡五千七百四十三顷；颍州颍水涨，坏城门军营民舍；景城县雨雹。七月，蜀、汉江涨，坏城及民田庐舍；开封等八县，河溢害稼；卫州蝻虫生；永定县大风雹害稼；道州春、夏霖雨不止，平地二丈余。（据《宋史·太宗本纪》及《五行志》摘引）

淳化元年（公元九九〇年），正月至四月不雨，河南、凤翔、大名、京兆府，许、沧、单、汝、乾、郑、同等州旱。六月，许州大风雹，坏军营民舍一千一百五十六区；鱼台县风雹害稼；陇城县大雨，坏官私庐舍殆尽，溺死者百三十七人；吉州大雨，江涨，漂坏民田庐舍；黄梅县堀口湖水涨，坏民田庐舍皆尽，江水涨二丈八尺;洪州水涨,坏州城三十堵,民庐舍二千余区,漂二千余户;孟州河涨,京师暴风起,东北尘沙噎日,人不相辨。七月,淄、澶、濮州乾宁军有蝗;沧州螭虫食苗;棣州飞蝗害稼;开封、河南等九州饥;开封、陈留、封丘、酸枣、鄢陵旱。八月,京兆、长安八县旱。十月,乾、郑二州,河南寿安等十四县旱。(同前)

孝宗淳熙四年(公元一一七七年),春,大饥。正月,建康府雨雹。五月,建宁府、福州、南剑州大雨水,漂民庐数千家;钱塘江涛大溢,败临安府堤八十余丈;又败堤百余丈;明州濒海大风涛,败定海县堤二千五百余丈,鄞县堤五千一百余丈,漂没民田,又雨雹。秋,昭州螟;真州大疫。九月,大风雨,驾海涛,败钱塘县堤三百余丈;余姚县溺死四十余人,败堤二千五百六十余丈;败上虞县堤、梁湖堰及运河岸;定海县,败堤二千五百余丈;鄞县败堤五千一百余丈;襄阳府旱。十月,福清县、兴化军大风雨,坏官舍、民居、仓库及海口镇,人多死者。(据《宋史·孝宗本纪》及《五行志》摘引)

光宗绍熙二年(公元一一九一年),春,涪州疫,死数千人。正月,大雨雹,震雷电以雨,至二月大雪连数日。建宁府大风雨雹,仆屋杀人;赣州霖雨,连春夏不止,坏城四百九十丈。三月,大风雨雹,大如桃李实,平地盈尺,坏庐舍五千余家,瑞安县亦如之,坏屋杀人尤甚。瑞安县大风,坏屋拔木,杀人;温州大风雷雹;蕲州饥,夔路五都亦饥,渝、涪为甚。阶、成、凤、西、和州亡麦;宁化县连水漂庐舍田亩,溺死二十余人。五月,建宁州水,福州水,浸附郭民庐,怀安、侯官县,漂千三百余家;古田、闽清县亦坏田庐;利州东江溢,坏堤田庐舍;潼川府东、南江溢;真、扬、通、泰、楚、滁、和、普、隆、涪、渝、遂、高邮、盱眙军,富顺监皆旱;简、荣州大旱。六月,东南江又溢,再坏堤桥,水入城,没庐舍七百四十余家;鄞、涪、射洪、通泉县汇田为江者千余亩。七月,嘉陵江暴溢,兴州圮城门、郡狱、官舍凡十七所,漂民舍三千四百九十余;潼川、崇庆府、绵、果、合、金、龙、汉州、怀安、石泉、大安军、鱼关皆水。时上流西蕃界古松州江水暴溢,龙州败桥阁五百余区;江油县溺死者众。高邮县蝗至于秦州。(摘引自《宋史·光宗本纪》及《五行志》)

绍熙四年(公元一一九三年),四月,上高县水浸二百余。五月,奉新县大雷雨,水漂没八百二十余家;镇江府大雨水,浸营垒六十余区;安丰军大水,平地三丈余,漂田庐;诸暨、萧山、宣城、宁国诸县大水;广德军属县水;筠州水浸田庐;进贤县水圮百二十余家。六月,雨雹;江浙自六月不雨至于八月,镇江、江陵府、婺、台、信州、江东、淮西旱;兴国军水,池口镇及大冶县,漂民庐;靖安县水漂三百二十余家。夏,绍兴府亡麦;安丰军大亡麦;江、赣州、江陵府水。秋,七月,大雨雹。绵州大旱亡麦;简、资、普、渠、合诸州及广安军旱;兴化军海风害稼;简、资、普诸州饥,绵州亡麦;丰城县及临江军水,皆圮民庐;新淦县漂没二千三百余家。八月,隆兴府水,圮千二百七十余家;吉州水漂民庐;江西九州三十七县皆水;兴化军大风激海涛,漂没田庐尤多。冬十月,地震。(同前)

宁宗嘉定二年(公元一二〇九年),春,两淮、荆襄、建康府大饥,米斗钱数千,人食草木,流于扬州者数千家,渡江者聚建康,殍死者,日八九十人。二月,大风。三月,雨雹。四月,蝗、旱,浙西大旱,常润为甚;淮东西江东,湖北皆旱。五月,连州大水，败城郭百余丈，没官舍聚落甚多。六月，飞蝗入畿县；西和州水，没长道县治；昭化县水，没县治，湮漂民庐；成州水入城，圮垒舍；同谷县及遂宁府、阆州皆水；夏都民疫死甚众；淮民流江南者，饥与暑并多疫死。七月，台州大风，而激海涛，漂圮二千二百八十余家，溺死尤众。秋，诸路大歉，常润尤甚。冬，行都大饥。（据《宋史·宁宗本纪》及《五行志》摘引）

元代一百余年间，受灾总共达五百十三次。其频度之多，实在惊人！计水灾九十二次；旱灾八十六次；雹灾六十九次；蝗灾六十一次；歉饥五十九次；地震五十六次；风灾四十二次；霜雪二十八次；疫灾二十次，其中较严重的灾情，如：

世祖至元二十五年（公元一二八八年），杭、苏二州，连岁大水。四月，运河决，杭、苏、湖、茹四州，复大水。五月，诸路大霖雨，河决汴梁，诸县大水，陈、颍诸州，皆被害；徐邳屯田，雨雹害麦；灵寿、阳曲等县亦雹；盖州旱，民饥；东平路及西安路，商、耀等十六州，皆大旱；资国、富昌等一十六屯，雨水，蝗害稼；汴梁路及赵、晋、冀三州亦蝗；桂阳、巩昌诸路饥。七月，保定路霖雨害稼。八月至九月，献、莫州饥，又霖雨害禾稼。（据《元史·世祖本纪》及《五行志》摘引）

二十七年（公元一二九〇年），四月，平山、沧州等地旱；诸州大风雹，害稼；河北十七郡蝗；婺州螟，害稼；开元、河东、山西，诸道州县饥；芍坡屯田，霖雨害稼二万二千四百八十亩有奇。五月，陕西陨霜杀稼。七月，大同、平阳、太原陨霜杀稼；终南等屯，霖雨又害稼万九千六百余亩；江西大雨，水皆溢。

十一月,兴、松二州及隆兴路陨霜杀禾稼无数。是年二月至八月,地三震,武平尤甚,压死官民七千二百二十人,坏仓库局四百八十间,居民无数。又是年夏,河溢太康,没民田三十一万九千八百余亩,怀、孟诸路皆大水,害稼不可胜计。(同前)

成宗元贞二年(公元一二九六年),是岁五州十余县雨雹;汴梁诸州大风损禾。夏,二十六州蝗。四月,太原、阳曲饥。八月,咸宁、金、复州、兴隆路陨霜杀稼;大名、开州、怀、孟、武陟等县旱。九月,莫、献二州旱。十月,化州旱。十二月,辽东、开元旱。又是岁五月至十二月,太原、平晋、莫亭等县水,又大都路水,损田稼七千余顷;河决开封。又大都、保定、汴梁、江陵、沔阳、复州风损禾。(据《元史·成宗本纪》及《五行志》摘引)

文宗至顺元年(公元一三三〇年),正月,怀庆、中兴二路,芍陂屯及鹰坊饥;宁海州、文登、牟平县及衡州、扬州、安丰、庐州、真定、蕲黄、建康、广德、镇江、卫辉、江州、宁国等十二路饥。二月,淮安、济宁二路,茶陵州、泰安州、真定、南宫县、松江府、察罕等卫饥;卫辉路、胙城、新乡县大风雨。三月,东平、安庆、安丰、蕲、黄、庐六路,须城、东昌等州郡二十九饥。四月,广平等六路,汴梁、怀庆等州县十八饥。五月,德州、武昌路、卫辉、大名、庐州、开元路、胡里该万户府,宁夏路、哈赤千户所军士饥;广平、河南、大名等八路,高唐等七州及大有、干斯等屯田蝗;右卫左右手屯田大水,害禾稼八百余顷。六月,镇江、饶州、朵思麻、蒙古饥;大都等四路,献、景、泰安诸州及左都威卫屯田蝗;黄河溢,大名路三属县没民田五百八十余顷;高唐、曹州及前后武卫屯田水。七月,鲁王阿剌哥识里所部三万人饥;奉元等十五路及武卫、宗仁、卫左、卫率府诸屯田蝗;顺州、东安州及平棘、肥乡、曲阳、行唐等四县风雹害稼;开元路雨雹;真定路之平棘,广平路之肥乡,保定路之曲阳、行唐等县,大都之顺州、东安州大风雨雹伤稼;肇州、兴州、东胜州及榆次、淦阳等十三县旱;海潮溢,漂没河间运司盐。闰七月,大都、太宁、保定、益都诸属县及京畿诸卫大司农诸屯水,没田八十余顷;杭州、常州等六路及常德、安庆、池州、荆门诸属县皆水,没田一万三千五百八十余顷;松江、平江等四路水,漂民庐,没田三万六千六百余顷。七月,忠翊卫左右屯田,陨霜杀禾;宁夏、奉元、巩昌、凤翔、大同、晋宁诸路属县,陨霜杀稼。八月,河南府路新安、沔池等十五驿饥。九月,铁里干木邻等三十二驿饥;大宁路地震;辽阳行省水;达达路自夏霖雨;黑龙江、宋瓦江水溢。十一月,曹州、济阴等县饥。(据《元史·文宗本纪》及《五行志》摘引)

二年(公元一三三一年),是岁霍、隰、石三州,阜城、平地二县旱。正月,宁海饥。二月,胶州饥,又大风。三月,察罕脑儿、蒙古饥;河净、德宁等处蒙古部饥;登莱、浙西诸路,云内州、辽阳境大同路、檀顺、昌平等处饥。四月,博兴州、泰兴县、内蒙古饥;衡州路属县河中府蝗;真定、武陟县地震,逾月不止;衡州路属县比岁蝗,旱,仍大水,民食草木殆尽,又疫疠,死者十九;潞州、潞城县大雨水,又大雪。五月,胶州、辽阳东路,蒙古、万户府、河间属县饥;宁夏、绍庆等五路属县大水。六月,兴和属县饥;河南、晋宁二路诸属县蝗;大都等五路属县及诸屯水;彰德路之临彰县,彰水决。秋七月,龙兴路饥;冀宁属县雨雹；湖州安吉县大水暴涨，漂死百九十人；大都、河间、汉阳属县水。八月，沅州饥；辰州、兴国二路虫伤稼；河南、奉元属县蝗；江浙诸路水潦害稼，计田十八万八千七百三十八顷。九月，兴和、宝昌州、思州、镇远府饥；湖州安吉县久雨，太湖溢，漂民居二千八百九十户，溺死百五十七人。十月，江浙、平江、湖州等路水，伤稼；吴江州大风雨，太湖溢，漂没庐舍资畜千九百七十家。十二月，河南大饥。冀宁、清源县雨雹。（同前）

可见元代的灾况，较以前任何朝代都要严重！

六　明清

明代共历二百七十六年，灾害之多，竟达一千零十一次，这是前所未有的记录。计当时灾害最多的是水灾，共一百九十六次；次为旱灾，共一百七十四次；又次为地震，共一百六十五次；再次为雹灾，共一百十二次；更次为风灾，共九十七次；复次为蝗灾，共九十四次。此外歉饥有九十三次；疫灾有六十四次；霜雪之灾有十六次。当时各种灾害的发生，同时交织，表现为极复杂的状态。如：

成祖永乐十四年（公元一四一六年），正月，怀庆、彰德等府大水。五月，汉水涨溢，淹没州城；南平、将乐、沙县、顺昌大水；北京、河南、山东饥。六月，真定府、获鹿县雨雹；平阳、大同所属州县饥。夏，浙江大旱，疫疠。七月，广信、饶州、衢州、金华大水，坏房舍死人畜甚多；邵光大水，荡舍，漂溺男女数万口;卫辉府、新乡县、安乐州、通州及顺义、宛平二县蝗;开封府十四州县淫雨,决黄河堤岸,没居民田稼;山东邹县淫雨,暴水至,坏民庐舍二百十二户;霑化县雨,伤田禾;永平府久雨,滦、漆二河溢坏民田禾庐舍。九月,宁陵县水;盐城县飓风,海水泛溢,伤民田二百十五顷;京师地震。(据《明史·成祖本纪》《五行志》及《通纪会纂》等书摘引)

世宗嘉靖二年(公元一五二三年),春,高平风沙。正月,应天、凤阳、山东、河南、陕西地震;南畿、青、齐、雍、豫诸州同时地震。二月,诸城大风。四月,畿内蝗;柳州、新安所大饥;全辽大风,折损禾苗大半,又大雨,河水注涨,冲没田禾;全州等卫男女,漂溺一百四十名,牛马四百五十余,倾倒民舍城垣无算。五月,大旱。夏,广西雨雹。七月,长州县大风拔木。秋,腾冲旱;乐会地震。八月,河南大水;湖州、三至、象山、岳州俱大水。九月,南北畿、山东、河南、湖广、江西俱旱;应天、苏、松、淮阳、徽、池等十四郡及徐、滁等地为甚;湖广亦旱;武定大雨雹,又平定大雨雹。(据《明史·世宗本纪》《五行志》及《通纪会纂》等书摘引)

神宗万历二十九年(公元一六〇一年),二月,至五月,畿辅内外半年不雨,旱。又云南省城夏秋不雨;澂江自二月至六月不雨,大旱;贵州夏四月不雨,旱,又京房大旱。五月,贵州大饥。六月,定番州地震。七月,寻甸地震;荥河水溢,冲坏民田;四川水,漂昭化民居,没禾稼;贵州大疫;汾西、汾州诸县及辽州大饥;又永昌饥,永春霖雨数日,大水溢郡城。八月,延绥、榆林二卫所雪、雹相继。十一月,京堂大雷雨。(据《明史·神宗本纪》《五行志》及《通志会纂》等书摘引)

四十一年(公元一六一三年)夏,绛州、平遥大水,人死甚众。四月,兴安雨雹,如弹碎瓦;汉江以北如鸡卵,伤禾稼。七月,泾水暴溢数十丈,没民居;蕲水、广济、沔阳大水;福建大疫;山东大风雨,海溢。秋,洛阳飞蝗蔽天,食禾尽;蒲州、临晋、猗氏、荥河、万泉、安邑、平陆、蒲县及福建俱大旱;临汾、襄陵、洪洞、曲沃、赵城、太平、夏县、垣曲、吉州、隰州、宁乡大水。八月,贵溪地震。十二月,宁都地震。(同前)

从以上所引的几则文字中,我们不难想见,明代二百多年中所受的灾害,是何等严重!

清朝统治中国,共二百九十六年,灾害总计达一千一百二十一次,较明代更加繁密。其中有:旱灾二〇一次;水灾一九二次;地震一六九次;雹灾一三一次;风灾九七次;蝗灾九三次;歉饥九〇次;疫灾七四次;霜雪之灾七四次。至于灾害的严重性,从以下所举各年份的事实,就可看出:

世祖顺治五年(公元一六四八年),山东夏津蝗。春,广州等三州县大饥,人相食。二年,丘县大雨雹。三月,海丰雨雹损麦;泾阳地震。闰三月,昆山雨雹如斗,破屋杀畜。五月,衡水蝗;平乐等州县七大水,白河堤决;东平大雨渰禾;陵川霪雨害稼。六月,无为州大风拔木。夏,饶平旱。八月,海丰飓风,毁庐舍无算。(据《十一朝东华录》及《清史稿》摘引)

六年(公元一六四九年),直隶真定、顺德、广平、大名四府,及山西太原、平阳、汾、辽、泽五府州皆被水;吉州自春徂夏旱。正月,潞安飙风大作;南乐地震;全蜀仍饥。四月,庄浪陨霜杀麦。五月,阳信蝗害稼;阜阳淮河涨,平地水深丈许,坏民舍无算。六月,临淄、寿光大雨雹,平地深数尺,木叶尽脱。九月,定远厅雨雹伤麦。十月,咸宁大雨雹,所过赤地。(同前)

八年(公元一六五一年)春,平湖等四州县饥。正月,苏州、昆山地震。二月,顺德雨雹如斗,击毙牛马。四月,潜山蛟出千百条,江暴涨,坏民居。五月,旌德大雨,蛟发,平地水丈余,溺死人畜无算;潞安霪雨八十余日,伤禾稼,倾倒房屋;邱县大雨雹;汾西雨雹,大者如拳,小者如卵,牛畜皆伤,麦无遗茎。六月,江阴霪雨六昼夜,禾苗烂死。七月,黎城雨雹,大如鹅卵。八月,乌程等州县四大水伤禾。(同前)

十年(公元一六五三年),直隶、湖北、湖南、江苏、安徽、山东各州府县皆灾。四月,贵池雨雹,大如碗,屋瓦皆碎;武宁雨雹如石,杀鸟兽;崇阳雨雹,人畜树木多伤。五月,海宁雨雹如鸡卵,屋树无存;泾阳雨雹如拳;永寿雨雹大如拳,小如卵,积地五寸,大伤禾稼。六月,苏州大风雨,海溢,平地水深丈余,人多溺死;安定、白河雷雨暴至,水高数丈,漂没民居,泾阳大水,田禾淹没;文登大雨三日,海啸,河水逆行,冲压田地二百五十余顷。夏,乐亭旱;兴宁等五州县饥。八月,澄海飓风大作,舟吹上屋,飞空中,官署民房尽毁,压毙男妇,不计其数。十月,袁州雨雹,大如栲栳者甚多,有一雹,形如杼,长一丈一尺有奇。十一月,文安府谷蝗。冬,保安大雪匝月,人有冻死者;西宁大雪四十余日,人多冻死。(同前)

十一年(公元一六五四年),直隶八府,山东二十一州县,江南五州县,浙江二十二县卫旱。又湖广石门蝗;陕西汉阴雹;直隶各府饥。正月,潜山等七州县地震。二月,太湖大风。

四月，天台旱。五月，宝鸡等三州县地震，坏屋压人；长乐雨雹；汉阳雨雹，大如鸡卵，平地深一尺。六月，雒南大雨雹，积地尺许，人不能行；茌平黄河决，村墟漂没；全椒飓风大作，瓦飞；兴安等八州县地震，坏民舍，压死人畜甚众。七月，襄垣旱。十一月，武强旱。冬，湾河大雪，冻死人畜无算。（同前）

圣祖康熙三年（公元一六六四年），江西四十一州县旱；直隶、江南、浙江、福建、湖广、陕西间被水。春，揭阳饥。三月，保安州、龙门地震；晋州骤寒，人有冻死者；莱阳雨，奇寒，花木多冻死。四月，新城、邹平、阳信、长清、章邱、德平、益都、博兴、高苑、宁津、东昌、庆云、鸡泽陨霜杀麦；临城大风伤人。八月，余姚、山阴大水害稼。十二月，朔，玉田、邢台大寒，人有冻死者；解州、芮城大寒；益都、寿光、昌乐、安邱诸城大寒，人多冻死；大冶大雪四十日，民多冻馁；莱州奇寒，树冻折殆尽；石棣大雪连绵，深积数尺，至次年正月方消；南陵大雪深数尺，民多冻馁；茌平大雪，株木冻折。（据《十一朝东华录》及《清史稿》摘引）

二十九年（公元一六九〇年），河南、甘肃旱；江南十五州卫，浙江五县，云南二县水。二月，杭州地震。五月，湖州大雨一月，田庐俱损；六安狂风暴起，屋瓦皆飞，大木尽拔；临邑、东昌、章邱蝗；七月，平陆、武清蝗。八月，余姚大水，蛟出以千计，平地水深丈余；诸暨、上虞皆被水，田禾尽淹。十一月，高淳大雪，树多冻死；武进大寒，木枝冻死。十二月，庐江大寒，竹木多冻死；当涂大雪，橘橙冻死；阜阳大雪，河口冻，舟不通，三月始消；宜都大雪，树鸟坠地死；竹谿大雪，平地四五尺，河水冻；三水大雪，树俱枯；海阳大寒，冻毙人畜；揭阳大雪杀树；

澄海大雨雪,牛马冻死。(同前)

四十二年(公元一七〇三年),山东大水,饥,凡九十四州县灾。其余间被水旱之州县,直隶二十六、河南十九、山东十六、江南三、浙江十三、江西六、湖北五、湖南七、安徽凤阳属亳州等州县皆饥。春房县雨雪大寒。三月,桐乡大雨雹,损菜菽;湖州大雨雹;龙门大雨雹,或如拳、如臂、如首,或长、或短、或方、或圆,积深二三尺,坏民居无算,毙兽畜甚多;崖州大雨雹,如霜,著树皆萎。五月,景州大疫,人死无算。六月,昌邑、掖县霪雨害稼;高密霪雨弥月,禾稼尽没;潮阳飓风伤稼;文登大疫,民死几半。(同前)

世宗雍正二年(公元一七二四年),江浙海潮溢水;春,蒲台大饥。二月至八月,鹤庆不雨。三月,麻城霪雨伤麦。五月,福山雨雹,大如鸡卵;澄海大水,堤决四十余丈;光化、汉水溢,伤人畜禾稼。六月,阳信大疫;夏,海宁、嘉兴旱,井泉涸。七月,泰州海水泛溢,漂没官民田八百余顷;海宁海潮溢,塘堤尽决;余姚海溢,漂没庐舍,溺死二千余人;景州等三州县旱,井泉涸。八月,江浦陨霜,杀稼;秦州雨雹,击毙牛马、鸟雀无算;东安雨雹伤稼。(同前)

高宗乾隆九年(公元一七四四年),直隶水;四川西川诸县水;冕宁诸县水;泸宁诸县雹;江南诸县雹;安徽徽州、宁国二属,浙江绍兴、严州、衢州三属间水。正月,曲沃大寒,井中有冰;光化地震;高邑大饥。四月,西清等四州县旱。五月,东林堤决六十余丈,冲倒民房数百间;大埔洪水入城,漂没民房一百九十余间。六月,汉川等二十三州县大水,溺死居民六百余人。七月,阜阳等八州县蝗:当阳江水暴发,田禾尽淹;武定府

属旱。(同前)

十三年(公元一七四八年)秋,山东邹平等二十州县水;西安、福建旱。春,曲阜等五州县饥。正月,鹤庆、信、宜、象州、恩县、遂安雨雹,大如斗,伤麦豆;昆山大雨冰雹,击死人畜无算。五月,泰州、通州大雨雹,坏屋;滕县大雨雹,大如臼,民舍损坏无算;泰州、通州大风雨,拔木坏屋;历城地震。六月,乐平雨雹伤稼。夏,兰州等十二州县蝗。秋,怀来、怀安、西宁、蔚州、保安雨雹成灾;东平大疫。十二月,上海大寒,雨雪;忠州西乡大雨雹,伤禾。(同前)

德宗光绪二年(公元一八七六年)春,望都等四州县旱;日照、海阳、滦州饥;曹州旱,二麦无收。四月,惠民大雨雹,鸟雀多击死。自冬徂夏,亢旱。五月,遂昌奇寒,人皆重棉;南昌等八州县大水;肥城旱。五月旱,关属一百四十余州灾;福州省城大雨,上游溪流下注,又值海潮涌涨城内,西南东水深七八尺,庙宇、营房、衙署、城乡、民居、田园等均被淹浸,居民登墙爬屋,或扳树而避,城内西南一带尤重;闽清大雨,山水横流,上溪水涨涌入境内,深三四丈,淹毙人口;东省丰工决口,黄河横流,泗河口迤南迤北约五十里,运河堤岸五十里全行冲毁,张家桥至泗河口泗河约二十里,河身溢,济宁南乡各地三百数十村,悉为泽国。六月,黄岩大风雨,拔木坏屋,田禾淹没殆尽。八月,宁津、东光、临榆陨霜杀禾;藁城旱;浙江杭州等府所属之余杭雨,淹没田庐,淹毙人口;台州府属之临海飓风,海潮陡涨,淹毙居民,田禾受伤。十一月,江北旱灾较重,饥民前赴苏、常就食。十二月,山西阳曲等州县,旱雹蝗水交至。(据《十一朝东华录》及《清史稿》摘引)

三年(公元一八七七年),三月,大风暴雨,雷霆震烁,电火电光,引动火药,焚毁火药军装无算,震塌附近民房八十余户,压毙男女甚多。四月,沔阳雨雹;武进、霑化等六州县均旱。五月,宣平大水;福建省城雨,山水骤发,海潮上泛,城内外水深五六尺至丈余。六月,均州雨雹,大如鸡卵;高陵大雨,田禾尽没;青浦地震;高陵大饥,饿死男妇三千余人;湖南、广西水;陕甘旱;东预、畿辅飞蝗;苏浙大风雨,倒塌房屋;福建、广东均水;山西亢旱。夏,昌平等五州县蝗;京师亢旱;顺天各属歉;河南、山西尤重。九月,三姓风雹,田禾被淹。秋,海盐、柏乡蝗;山西、河南、陕西亢旱。十月,豫省亢旱。十一月,山西大旱;潮州水旱;晋省饥民倒毙甚多。(同前)

四年(公元一八七八年)春,东平、三原旱。二月,畿辅直隶二十州县旱。五月,浙江金华、衢州、严州三府属,深山发蛟,同时被水,淹毙人口,冲失房舍;山西被灾尤重。夏,常山等十州县大水。七月,内邱等六州县旱。八月,京山大旱。九月,灵州蝗;东平大雨伤禾。十二月,襄阳地震;唐县等四十州县饥;樊口、长港内通诸湖盛涨,江水倒灌,城市被淹;晋、豫奇灾,居民死者百数十万。(同前)

五年(公元一八七九年),五月,文县大水,城圮,淹没一万八百三十余人;登州各属大雨四十余日;陇右诸州县甘肃阶州、文县、西和等处地震,城堡庙宇官署民房倾坏,伤毙人口甚多。夏秋雨水,淹没田地,秋禾无收,春麦难种,民被灾甚深。六月,永嘉大风雨,坏官厅民居;莱阳怪风突起,屋瓦皆飞,拔木无算。(同前)

以上都是清代灾情较重的年份。其中尤以光绪二年至五年连续四载的大灾荒，因时间距今不算很远，一般还常有讲到。如马罗利就说：

> 至今中国人脑海中，所能追忆灾情最重之一次饥荒，乃当一八七六至一八七九间。……就此三年中，山西、河南以山东之一部分，毫无雨水。据华洋义赈会报告云：在此次空前巨灾之时期中，因受饥饿疾病及强暴之侵迫而牺牲者，约有九百万至一千三百万人之多［见马罗利：《饥荒之中国》（*China，The Land of Famine*）］。

当然，如果就整个清代灾荒历史的严重情况来说，这段话所表述的事实，只不过如九牛之一毛罢了。

七　民国

民国成立以后，灾害也是连年不断。自民国元年至民国二十六年这一段历史时期中，单说各种较大的灾害，就有七十七次之多。计水灾二十四次；旱灾十四次；地震十次；蝗灾九次；风灾六次；疫灾亦六次；雹灾四次；歉饥二次；霜雪之灾二次。而且各种灾害，大都是同时并发。现就逐年《政府公报》及各种新闻纸上提供的直接材料，将历年灾荒实况列举如下：

> 民国元年（公元一九一二年）湘、赣、闽、粤各省大水。
>
> 二年（公元一九一三年）四月，江苏地震。八月，直隶永定

河南岸决口，冀省灾情最重。又江淮泛滥，赣、豫、皖大旱，十二月云南地震。

三年（公元一九一四年）七月，粤、桂、湘、赣等省水。十一月濮阳黄河决口，川、湘、鄂大旱，苏、皖两省虫害，被灾面积六六〇万亩。

四年（公元一九一五年）五月，濮阳河工决口，八月，黄河决口。浙、赣、皖、鄂、湘、鲁、粤、辽、黑大水，十一月，天津地震。

五年（公元一九一六年）八月，江苏水，江北淮河、运河一带大水，灾区达三四〇〇〇方里。

六年（公元一九一七年）冀、鲁、晋水，冀为最重。全国受灾达一万方里，灾民六百三十五万人，冀省被灾县份共一百零三县。二月皖、鄂及长江沿岸一带各省地震，云南地震达三小时之久。

七年（公元一九一八年）湘、鄂、鲁、豫、闽、浙、赣、粤等省均水。二月闽、粤、苏、浙四省地震。

八年（公元一九一九年）豫、湘、鄂大水。

九年（公元一九二〇年）陕、豫、冀、鲁、晋五省大旱，灾民二千万人，占全国五分之二，死亡五十万人，灾区三百十七县。二月，陕西、甘肃地震。

十年（公元一九二一年）六月，川边地震，豫、苏、皖、浙、陕、鲁、鄂、冀大水，以淮河区域罹灾最重。灾区达二七〇〇〇方里，鲁、豫、晋三省被灾区域一四八县，灾民九八一四三三二人。

十一年（公元一九二二年）苏、浙、皖大水，浙最重，浙、皖、苏三省灾民共一千二百万人。湘省旱。九月，武昌、汉口等处飓风，江水泛溢。汕头飓风，海水高出堤岸丈余，全区房屋悉被冲没，死伤人数万。

十二年（公元一九二三年）水旱遍及十二省，受灾面积一万方英里以上，死亡人数在十万以上，损失财产无算。

十三年（公元一九二四年）闽、粤、湘、桂、鄂、豫、赣、冀、鲁、川、察、辽等省大水，淹没一三二五人，灾区面积五千方里，财产损失一万二千五百万元。沿黄河各县禾稻漂没，鄂灾奇重，灾区一百余县，庐田漂没，民无所依。河北大水，被灾面积五千方里，损失二千五百万元。

十四年（公元一九二五年）三月，云南大理地震，先后二次，灾情奇重，灾区占全省三分之二，房屋倒塌，焚烧无数，压死者不下万余人，冻饿死者三四千人。冀、粤、桂等六省，均有虫灾，损失财产约一千三百万元。蜀省饥歉，被灾达八十余县，饿死者三千万人，流离失所者不可胜计。八月，黄河南岸大堤在黄花寺附近决口，被淹区域二千方里，灾民二百万人，被灾村镇共二千余村，财产损失数千余万元。滇、鲁被灾面积八百方里，财产损失二千余万元，蜀省疫疠流行，罹者二十万人。江西附近良田尽成泽国。

十五年（公元一九二六年）鲁、皖两省大水。鲁省南岸，堤坝冲塌，淹没面积八百方里，损失二千万元以上。

十六年（公元一九二七年）五月，甘肃地震，被灾二十余县，压死者三万七千余人，受伤约在四万余人，房屋倒塌四万间。鲁省蝗，旱灾尤重，受灾者九百万人。长江下游大水。甘肃武威县渠涨，被淹人口七百余人，冲没乡村一百四十三村，冲毁房屋三千余间，牲畜死亡共二千余头，田亩被没，不计其数。

十七年（公元一九二八年）绥、晋、赣、黔、湘、皖、川、浙、滇大水，皖尤重，就稻作一项，损失四百余万元。冀、鲁、豫、陕、甘、察、热、黔、闽、鄂、苏、粤、桂遭旱，被灾五三五县，灾民三三三九万余人。共计是年水旱被灾区达二十一省，共一〇九三县，灾民约计达七千万人以上，被灾县份占全国百分之十四，灾民占百分之八。浙省受虫害最重，约损失一万万元。

十八年（公元一九二九年）陕、甘、豫、晋、察、绥、皖等大旱，灾民三千四百万人，其他各省均有罹及。川、鲁及陕北等省有局部水灾，苏、皖、鲁、赣、豫、晋、鄂、冀受虫害，沿湖一带损失达二〇二六五〇〇〇元。

十九年（公元一九三〇年）陕、晋、察、甘、湘、豫、黔、川、热、苏、赣等均水、旱，被灾县份达五一七县，灾民二一一一三〇七八人，死亡人数一〇八六〇人，损失二〇一八二九六二八元。陕、甘灾尤重，居民初则食树皮，继则卖儿鬻女，终则裂啗死尸，易食生人，以上各省罹虫患县份一八八县，灾民八七二四七七〇人，死亡人口二一三九二人，损失一五三，三八七七〇五元。罹风雹灾民达三百万人，损失三千万余元。

二十年（公元一九三一年）苏、皖、赣、鄂、湘、豫、浙、鲁八省大水。被灾区域达三十二万平方里，灾民一万万人，被淹田亩二万五千五百万亩，被淹人口二六五一五四人，农产品损失四万五千七百万元，被灾二九〇县。其中以皖省灾情最重，占八省百分之二十二，县份百四十四中间，有百三十一县大地沉没者达数个月，损失每户平均达四五七元。因江、淮水患被灾区域多罹疫病，陕、甘、川、热等亢旱，陕、湘热、虫。

二十一年（公元一九三二年）豫、陕、皖、甘、青、鲁大旱。晋、陕、豫等省均霜雹，灾区达数十县，晋尤重，五县损害甚巨。吉、黑、晋、豫、皖、赣、冀、湘、陕、鲁、粤、北满等大水灾，晋尤重，淹没七十余万亩，灾民达数千万人。鲁、皖、豫飞虫灾。

二十二年（公元一九三三年）八月，黄河决口。被灾人数三六四二五一四人，死亡人数一八二九三人，房屋倒塌一六八五三六九间，淹没田亩一二七四二六四七亩，牲畜伤害六三六三九头，损失二三二二一四六四八元。绥远、山西、河北、河南、湖南等省影响颇巨。河北省各河堤决，淹没数十村庄，农田四万余顷，黄河上游堤溃，溺死二千人以上。河南滑县尤重，被灾面积达五千余方里，灾民三十余万人。淹没房屋四十五万间，死亡不计其数，财产损失三千余万元。山东被灾区二十余县，灾民百余万人。湖南八月，四大河流大涨，田庐淹没。扬子江上游水势奔腾而下，江水暴涨，沿江各县被淹没。安徽十余县水，江西十四县水，损失数百万元，灾民十余万人。甘省暴风雨，淹没屋宇田园。又地震，瘟疫流行，疫者五十余县，人民损失甚大。晋西中一带，疫病几遍全省。陕、粤、豫、黔、晋、滇、青海、宁夏、绥、闽等省旱，被灾达七十余县，财产损失尤巨。豫、皖、冀、浙、湘、陕、晋、苏、鲁等九省蝗，被害面积六八六三〇三三亩，损失一四七七九二一五元。陕、豫、晋、甘等省冰雹风霜，被灾达一百余县。晋省太原附近冰雹，大如卵，毁损农物甚重。

二十三年（公元一九三四年）鄂、湘、豫、冀、晋、陕、川、皖、赣、闽、察省水，淹田地三六三四九一〇〇〇亩。黄河决口，长垣、濮阳一带，尽成泽国，直至翌年三月，仍大水围城，灾情奇重。苏、皖、浙、鄂、豫、赣、滇、陕等十四省，三一三县，旱、水、蝗，损失达十万万元。本年水旱蝗灾，农田被灾面积一千六百余万亩，损失约一千三百余万元，受灾九省一九五县。七月粤大风，倒塌无数，拔木沉舟，又十二省八十九县风霜灾，安徽旱，饥饿死者，不下数千人，逃亡者数百户。

二十四年（公元一九三五年）成都地震三次。九江等县饥民多自杀。长江、黄河泛滥，鄂、湘、赣、皖、冀、鲁、豫、苏八省，被灾面积六四九〇四四九六公里，灾民二〇五九五八二六人，财产损失四一五七〇一九〇五元。就灾民人数计算每人平均损失二十元。东北各地水冲毁桥梁，溺死男女五百余人，灾民九千人，被灾二十三县。冀、赣、苏、豫、鄂、浙、闽、晋、皖、江、陕、湘等省旱，又虫灾，八省六十八县，疫风雹，十二省八十九县，农作物被害成数在一百分之五十四。又浙、闽、粤、黔、陕、晋、甘、宁、辽九省均水，全国被水灾县份三百三十县，灾民二千三百余万人，财产损失八万四千万元。又晋、陕、鲁、皖旱。

二十五年（公元一九三六年）十二月，太原地震。四川饥饿，死七百余人，饥民争食树皮革根充饥，不下十余万人。皖南之六安县，饿毙数千人，逃亡数百家，饿殍载道。苏北淮阴、泗阳等县瘟疫流行，黑热病，达二千余万人。浙江杭县一带，螟蝗，损失稻量六九〇〇担，价值七五六〇〇元。豫之汲县以北蝗害禾苗殆尽。河北旱，大风，苗麦枯萎，灾民食树叶野菜。河南、四川旱，秋粮无着，灾民达八七五四八人。

二十六年(公元一九三七年)皖、陕、蜀、豫、黔、桂、宁、贵、鲁、甘等省旱,灾民食树皮榆叶等充饥。蜀、豫尤重,蜀省饿死者三千余人,灾民三千余万人。豫灾民男女老幼,达千万人。豫、闽、粤、冀等省瘟疫流行,粤定安县鼠疫,死者不计其数。豫省孟津、鄢陵、洛阳等县,风,苗麦被害,秋收无望,损毁房屋无数,灾民达三十余万人。甘肃省及豫西各县,饥民鬻妻卖子度日,倒尸载道,乞食者达万余人。临沣县稻苞虫为害甚巨,损失百分之五十,害田四百亩。四川省虫灾亦烈,被灾区域占全省五分之四,灾民二千万人。浙省虫,损失谷二六一〇四四〇石,值银七八三一三二〇元,又川、黔、桂及陕北荒旱。闽泉州、福清、莆田、惠安、晋江等县瘟疫流行。

以上材料,自然难免有漏略的地方,不过,就凭这些材料,也可看出民国以后灾荒的惨重情况了。

第二节　灾荒发展的趋势和特征

从前节所述我国数千年来各种天灾流行的情景,已不难想见我国历代饥荒的严重程度。灾与荒本是互相联系不可分的。有灾就会有荒,荒是由灾造成的。而荒重的结果,又会摧伤社会的生产力,并使灾害愈加频繁,这样,两者就构成循环不已的因果关系。这种关系在我国的历史上,表现极为明显。在这一节里,我打算对历代灾荒发展的趋势和特征加以分析。大体说来,可归纳为下列几点:

一、普遍性——所谓普遍性，是就时间和空间两方面来说的。我国历代灾荒，不但在空间上日益趋于普遍化，而且在时间上也愈见普遍。空间上普遍化的结果，形成了无处无灾、无处不荒的现象；时间上普遍化的结果，形成了无年无灾、无年不荒的现象。这从我国历代灾荒的统计数字，可以得到证明。

但是关于这种数字的统计，从来就很不一致。最早的是我国古代阴阳家的统计。如说：

> 三统为一元，一元有四千五百六十岁。初入元有阳元，谓旱九年；次阴九，谓水九年。次阳九，次阴七，次阳七，次阴五，次阳五，次阴三，次阳三。从入元至阳三，灾岁总有五十七年，并前四千五百六十年，通为四千六百一十七岁，一元之气终矣。此阴阳水旱之大数。中间旷隔数百年，久近不齐，而莫逃其厄。（《礼记疏》引《汉志》）

这种统计数字，不是从事实出发，自然没有参考价值。近代学者研究我国灾荒所得的统计结果，可以举出的有以下数家：

> 一、马龙格（D. H. Mallong）：统计我国自纪元前一〇八年至纪元后一九一一年止，共有一千八百二十八次灾荒（包括水、旱、风、霜、雹、蝗、兵、匪等）。平均十八省中，每年必有一省受灾。［见《中国灾荒之原因》（*The Causes of Chinese Famine*）］
>
> 二、何西（A. Hosie）：统计我国自公元六二〇年至一六四三年，共一千零二十三年间，受旱灾约六百一十二年，平均

计算在两年中即受害一年。［见《中国之旱灾》(*Droughts in China*)］

三、竺可桢：统计我国本部十八省自公元一世纪至十九世纪，水灾共六五八次，旱灾共一〇一三次。(见《历史上气候之变迁》)

四、陈达：统计我国自公元前二〇六年至一九三六年，共二千一百四十二年间有一千零三十一年水灾，计每百年有四十八年水灾；又在同时期中有一千零六十年旱灾，计每百年有四十九年旱灾。(见《人口问题》)

这四种统计，都不算正确和全面。

其实，我国历史上水、旱、蝗、雹、风、疫、地震、霜、雪等灾害，自公元前一七六六年(商汤十八年)至纪元后一九三七年止，计三七〇三年间，共达五二五八次，平均约每六个月强便有灾荒一次。拿旱灾来说，这三七〇三年间共达一〇七四次，平均约每三年四个月强便有一次；拿水灾来说，这同时期中共发生一〇五八次，平均约每三年五个月便有一次。如果说汉以前的记载，可靠性过小，那么，我们就从汉立国以后计算，即从公元前二〇六年起计算。到一九三六年止，共计二一四二年。这期间灾害总数已达五一五〇次，平均约每四个月强便有一次。就旱灾来说，共计一〇三五次，平均约每二年强便有一次；就水灾来说，共计一〇三七次，平均约每二年便有一次。现在我把各个世纪各种灾害的频数制表如下：

类别／频数／年代	水灾	旱灾	蝗灾	雹灾	风灾	疫灾	地震	霜雪	歉饥	总计
前十八世纪		7								7
前十六世纪	6									6
前十四世纪	1									1
前十二世纪										1
前十一世纪	1						2			3
前十世纪				1						1
前九世纪		9		1						10
前八世纪	2	1	3				2	4	1	13
前七世纪	8	6	4	1		1	1	1	4	26
前六世纪	4	14	3	2			3	1	3	30
前五世纪		1	2				1	1		5
前四世纪	1									1
前三世纪		1	1			1	1		5	9
前二世纪	13	16	12	7	6		7	3	6	70
前一世纪	12	15	2	3	4		9	2	5	52
一世纪	13	20	17	5	2	2	7	1	2	69
二世纪	37	27	21	17	17	7	44	1		171
三世纪	29	25	6	13	16	12	27	2	10	140
四世纪	26	39	9	15	27	8	32		5	161
五世纪	57	37	9	16	26	9	24	11	7	196
六世纪	34	50	11	9	16	7	22	9	5	163
七世纪	41	41	9	11	11	9	13	8	8	151
八世纪	39	41	9	9	26	4	18	4		150
九世纪	39	48	19	18	26	6	22	9	9	196
十世纪	49	55	24	18	20	3	4	6	3	182
十一世纪	67	54	25	18	26	6	31	5	31	263

续表

类别 频数 年代	水灾	旱灾	蝗灾	雹灾	风灾	疫灾	地震	霜雪	歉饥	总计
十二世纪	60	59	31	45	31	16	34	4	36	316
十三世纪	57	70	36	47	31	7	25	13	36	322
十四世纪	73	54	38	47	37	19	56	25	42	391
十五世纪	71	51	25	12	21	15	40	5	32	272
十六世纪	86	74	43	74	48	31	60	9	39	464
十七世纪	66	86	50	60	61	31	73	31	39	497
十八世纪	62	80	35	52	28	28	66	27	33	411
十九世纪	73	73	28	43	30	32	68	18	42	407
二十世纪（至四十年代）	31	19	10	6	8	7	13	3	4	101
总计	1058	1074	482	550	518	261	705	203	407	5258

注：本表对于灾害次数统计的标准如下：(1）凡见于记载的各种灾害，不论其灾情的轻重及灾区的广狭，也不论其是否在同一行政区域内，只要是在一年中所发生的，都作为一次计算。(2）灾害中有歉饥一项，如记载中已说明造成饥荒的原因为水、旱、蝗、雹等的时候，就按水、旱、蝗、雹灾等计算。如不明白其原因，仅有“大饥”“大无禾”等记载的时候，就列于歉饥一项中。

现在我再按照各个朝代，统计各种灾害的频数，制表如下：

类别 频数 朝代	水灾	旱灾	蝗灾	雹灾	风灾	疫灾	地震	霜雪	歉饥	总计
殷商	5	8								13
两周	16	30	13	5		1	9	7	8	89

续表

类别/频数/朝代	水灾	旱灾	蝗灾	雹灾	风灾	疫灾	地震	霜雪	歉饥	总计
秦汉	76	81	50	35	29	13	68	9	14	375
魏晋	56	60	14	35	54	17	53	2	13	304
南北朝	77	77	17	18	33	17	40	20	16	315
隋	5	9	1		2	1	3		1	22
唐	115	125	34	37	63	16	52	27	24	493
五代	11	26	6	3	2		3			51
两宋(附金)	193	183	90	101	93	32	77	18	87	478
元	92	86	61	69	42	20	56	28	59	513
明	196	174	94	112	97	64	165	16	93	1011
清	192	201	93	131	97	74	169	74	90	1121
民国(至廿六年)	24	14	9	4	6	6	10	2	2	77
总计	1058	1074	482	550	518	261	705	203	407	5258

注：本表计算标准同前表。

可见历代灾荒在时间上的普遍化，极为明显。至于空间上的普遍化，我们只要引用竺可桢先生的统计，便可看出一般的趋势：

区域/频数/年代	河北	山东	山西	河南	江苏	安徽	江西	浙江	福建	湖北	湖南	陕西	甘肃	四川	广东	广西	云南	贵州
一世纪				2														
二世纪	2	3	1	10					3	3	2	1						
三世纪	2	2		7	1	2			1	2		1	1	1				
四世纪		1		1	1	1					1							

续表

年代＼频数＼区域	河北	山东	山西	河南	江苏	安徽	江西	浙江	福建	湖北	湖南	陕西	甘肃	四川	广东	广西	云南	贵州
五世纪		2	1	1	10	1		2										
六世纪		1										1						
七世纪	2	1		3	1	1	1	1				4		1				
八世纪	2	1	1	6	1	1	1	1		1		13						
九世纪	2	3	1	3	2			2				8		1				
十世纪	5	8	1	15	3	4				2	3	1	3		1	1		
十一世纪	9	4	4	19	3	4	3	2	2			3						
十二世纪	4			5	13	6	8	18	6	5		4	3	4				
十三世纪	7	2	1	6	2	3	2	10	1	2		3			1			
十四世纪	18	17	3	26	3	4	4	5	2	4	4	3	5		1			
十五世纪	3	2	5	3	3			3	4					1	1	1	3	
十六世纪	1	2	12	2	2		1	4	3	2	2	6			3	1	12	
十七世纪	24	14	6	14	28	15	19	13	8	13	10	9	1	4	1	1	4	
十八世纪	31	20	2	19	37	31	8	16	2	14	7	5	2		7		2	
十九世纪	52	35	24	31	41	42	28	27	8	36	33	14	17	5	9	3	4	5
共计	164	118	62	173	151	115	75	104	37	84	63	77	33	17	24	7	25	5

注：原表见于一九二六年出版的《地理学评论》四月号，末格有各世纪总数，因不适用，删去。

以上是各世纪各省水灾的统计。世纪愈近，各省水灾的分布也愈普遍。这种趋势，一看就明白。再请看下表：

区域 频数 年代	河北	山东	山西	河南	江苏	安徽	江西	浙江	福建	湖北	湖南	陕西	甘肃	四川	广东	广西	云南	贵州
一世纪		1		5														
二世纪			1	14	1													
三世纪	2	1	1									2		2				
四世纪	1	1	1		3			1					1					
五世纪				2	6							1						
六世纪	1		1	1	1							4						
七世纪	3	5	4	3	1	1				2		5		5				
八世纪	2	1	1	1	2	2	1	1	1		1	5	1					
九世纪	1	3	5	8	9	10	5	8	3	3	4	3						
十世纪	6	5	5	30	4	5	1	2		2	2	6				1		
十一世纪	14	2	1	23	2	7	1	4		2	2	8		2				
十二世纪	3	4	1	2	17	18	5	19	6	5	7	6	4	10				
十三世纪	23	8	12	12	10	2	6	7	6	5	2	6		4	3			
十四世纪	16	6	10	12	6	4	2	6	4	10	5	9	5	2	3	5		
十五世纪	7	5	7	4	3	3	2	14	4	15	9	7	1	2	2	2	2	
十六世纪	5	4	8	3	4	2	9	22	13	23	4	9	1	2	6	7	10	2
十七世纪	5	2	13	1	2	1	1	12	5	8		4				3	5	1
十八世纪	8	8	3	2	5	5		8	5	4		1	6	1		1		
十九世纪	47	30	12	20	24	22	12	15	2	14	11	16	9		2	4	1	
共计	144	112	86	141	100	82	44	119	49	93	47	92	28	30	16	23	18	3

注：同上。

以上是各世纪各省旱灾的统计。其中空间上分布普遍化的情形，同前表一样显著。这种普遍性即表示灾荒广度的日益扩大。

二、连续性——灾荒的连续性，在我国表现得非常突出。各种灾害，本来有着相互的关联，如大旱之后，常有蝗灾，水旱灾害之后，常有疫疠等都是。如果防治疏忽，那么，各种灾害的连续发生，势必难于避免，其为害也就势必更加惨重。我国历代各种灾害，连续不断，甚至有同时并发的情形。如：

> 明世宗嘉靖八年，陕西佥事齐之鸾上言：臣，承乏宁夏，自七月中由舒霍逾汝宁，目击光、息、蔡、颍间蝗食禾穗殆尽，及经陕阌、潼关晚禾无遗，流民载道，迨入关中，重以秋潦，怀庆而北，骄阳五载。（《大政纪》）

这段话不仅描绘了明代灾荒的真实情景，而且可以说是历史上各个时期灾害的一般写照。民国以来的事实，更足以证明连续性是我国历代灾荒的一个重大特点。如民国二十年江淮大水灾之后，便继之以大疫病，国民党政府救济水灾委员会报告书曾说："水灾之后又有疫病，且因疫而死者其数比较淹饿而死者为众。"又如民国二十三年华北、华中各省曾有一度受水旱大灾的侵袭，随后又有蝗灾的致命损害。旧创未复，新祸又起，这已成为我国历史上极常见的事实。

三、积累性——灾荒积累性的表现，几乎是我国所特有的。由于我国灾荒的周期极短，一年一度的巨灾，已成为二千年间的常例。但每次巨灾之后，从没有补救的良术，不仅致病的弱点没有消除，而且因为每一度巨创之后，元气愈伤，防灾的设备愈废，以致灾荒的周期循环愈速，规模也更加扩大。这种事实，就是我国灾荒发展的积累性的具体表现。根据前面的统计材料，我们不难发现就在我国江河流域的中心地区，如山东、河南、江苏等省，灾荒的频数是每经过两三个世纪就上升一次，然后稍稍下降，不久又上升，总的趋势是灾荒的频度愈来愈密，强度也愈来愈深。如河南的水灾在二世纪为十次，以后每世纪只有一次、三次或六次、七次，至十世纪上升为十五次，十一世纪为十九次，以后又降为五次或六次，至十四世纪上升为二十六次，接着又稍稍回落，至十九世纪，竟上升为三十一次。可见我国灾荒的周期积累性，是很明显的。

以上三点，就是我国灾荒长期发展的一般趋势和特征。

第二章　灾荒的成因

第一节　灾荒发生的自然条件

一　自然条件的作用

我国数千年来灾荒所以不断发生,自然条件是一个很重要的因素,这是不容否认的。尤其在社会经济发展较落后的国家,自然条件的支配力更加显著,这也是事实。不过,我国学者历来对于自然条件的影响力,往往作过高的估计,甚至把它看成是唯一的决定因素,这却是不很妥当的。我们在探究历代灾荒发生的自然原因以前,对于自然条件的意义和作用,有必要求得正确的理解。

什么是自然条件?简单说来,自然条件就是居于人类生活主体之外,并给与人类生活以某种程度的阻碍或便利的各种固有的地形、地质、温度、雨量等自然力。

很明显,自然条件对于人类社会是一种外在的力量,它对人类社会发生影响,是以人类社会本身所具备的内在条件为依据的。好比人们生病或死亡,固然导因于外界寒暑菌瘴的侵入,但也必须以人身内部抵抗力的强弱为前提。自然条件的作用,也是这样。所谓地形、地质、温度、雨量等等,正好比寒暑菌瘴,其所以能够为害人类,使人类生活遭受深重的打击,就是因为人类生活上有某种缺陷,以致对引起灾害的各种自然条件,无法加以控制。当然,人类对自然条件能否控制以及控制的程度如何,是随着人类经济生活的进步而有所不同的。就一般情形来说,自然条件的支配力在社会生产力低下的国家表现较强,因社会生产力愈低,克服自然条件的能力就愈弱;反之,社会生产力愈高,克服自然条件的能力也就愈大,在后面这种情形下,自然条件的支配力势难发挥显著的作用。

所以,概括地说来,生产力的发展未达到完全能够控制自然的程度,实为自然条件得以发生作用而加害于人类的基本原因。

但是,如果把我国过去的天灾,完全归咎于生产力的不发展,甚至如某些学者,因错误地把生产力只看成为一种单纯的技术,从而确定我国数千年来的灾荒,都是由于技术不进步所造成,那自然是不对的。因为生产力与生产关系是密切联系的,我们不应脱离生产关系而孤立地考察生产力的发展。如果在一定的历史阶段,生产关系能够与生产力相适应,因而促进生产力的发展,那末,即使在当时的技术水平下,也可能避免天灾的袭击,或减轻灾荒凶险的程度。我国过去无数次的天灾,都因当时社会生产力备受生产关系的束缚,很难得到发展,并且因为当时社会经济结构内部矛盾重重,使当时很少有可能建立大量的防灾设备,并常使已有的防灾设备也遭到破坏。在这种情形下,自然条件的作用就特别显著,人们很难加以控制。其中天然环境较好的,或可侥幸偷生,少受损害,如果遇到自然环境特别恶劣的地方,人们就更难抵御灾害的侵袭。这些地方往往凶荒连年,使人们受到更深的痛苦。

二　气候变迁的关系

气候为自然条件之一，气候的变动，对于旱、潦、蝗、螟、风、雪、霜、雹等灾害的发生，都有重要的影响。

先就旱灾来说。旱灾的形成，大体由于降雨量的不适宜。降雨量的多寡，决定于空中温度的高低，气温增高，绝无下雨的希望。但有时空中温度虽已降低，也未必就能下雨，这是因为上升的空气，流行甚速，足以抵御雨点的下降；也可能是因为云点成雨之后，中途遇到干燥的气流，以致雨点没有达到地面的时候，就被蒸发干尽。同时，雨量的多寡，也受到地形和方位的影响，如新疆大戈壁沙漠中终年无雨；而印度孟加拉地方的降雨量，却每年达到一万四千八百粍，喜马拉雅山麓地带，也常有每年雨量达到一万一千粍的时候。这都是因为这些地方地面高耸，恰当海风上升最初凝缩之处的缘故。

我国各地雨量，极不平均，其所以会这样，据白月恒先生的分析，有以下几个原因①：一、中国东南临海，西南间接临印度洋，所以我国可说是直接间接两面临海；但由海趋向内陆，地形层层渐高，距海近处多为平原，接着为丘陵，随后为高原，为沙漠。地势不齐，水气的分布就会不匀。二、横行山脉易阻雨量，喜马拉雅山就是一个明显的例子；直角形的山脉，也易阻雨量，太行山脉和秦岭又是明显的例子。三、起东北和西北气候风时，每驱逐东南海面水气；但是起东南与西南季候风时，又每输送雨量。所以沙漠风盛行时，

① 白月恒：《民国地志总论》第三卷《气候篇》。

单位:公厘

区域	每年平均雨量	寒期	热期	一年中雨量最大的	一月中雨量最大的	一日中雨量最大的	最干年的雨量
上海	1161.2	391.9	769.8	1439.4 (1906)	324.7 (1909·6月)	122.5 (1907·8月1日)	1008.6 (1900)
香港	2034.7	543.1	1491.6	2473.4 (1902)	684.5 (1902·5月)	282.8 (1904·8月25日)	1416.7 (1901)
青岛	718.2	175.9	568.1	915.0 (1909)	295.3 (1902·7月)	132.3 (1906·7月9日)	445.2 (1901)
牛庄	638.2	135.7	502.5	926.0 (1903)	648.6 (1903·8月)	191.5 (1903·8月22日)	467.7 (1906)
芝罘	587.8	142.7	445.1	955.7 (1903)	430.5 (1904·7月)	196.9 (1903·8月16日)	425.7 (1906)
瑛琊岛	725.3	153.9	517.4	989.0 (1904)	485.5 (1907·7月)	265.4 (1904·8月17日)	360.7 (1901)
佘山	989.4	332.4	657.0	1247.9 (1907)	248.8 (1907·7月)	120.7 (1900·9月5日)	823.5 (1901)
大戢山	1078.0	402.3	672.0	1367.6 (1902)	285.1 (1909·6月)	152.4 (1900·9月17日)	858.8 (1908)
花鸟山北岛	1020.0	355.1	664.9	1563.2 (1905)	336.0 (1905·8月)	100.7 (1904·6月24日)	817.1 (1902)

续表

区域	每年平均雨量	寒期	热期	一年中雨量最大的	一月中雨量最大的	一日中雨量最大的	最干年的雨量
小龟山	914.0	319.6	594.4	1032.3 (1901)	298.8 (1903·7月)	120.7 (1907·6月24日)	181.7 (1904)
佘山天文台	912.2	309.0	663.2	125.3 (1906)	278.4 (1905·8月)	107.9 (1907·8月1日)	803.1 (1903)
镇江	1118.6	300.1	818.5	1394.2 (1906)	476.1 (1901·7月)	254.8 (1910·8月5日)	773.4 (1904)
芜湖	1300.7	385.2	915.4	1623.0 (1906)	400.9 (1909·6月)	317.5 (1905·4月19日)	572.2 (1900)
九江	1610.3	525.9	1084.4	203.2 (1910)	606.0 (1909·6月)	177.0 (1901·6月24日)	102.8 (1902)
汉口	1112.7	280.5	832.2	1609.1 (1909)	533.8 (1901·7月)	195.0 (1909·7月13日)	582.5 (1902)
宜昌	1035.8	183.4	752.4	1335.9 (1910)	399.8 (1908·7月)	181.6 (1910·7月13日)	642.2(1900) 644.7(1902)
重庆	1024.9	379.9	645.0	1419.7 (1903)	291.1 (1903·6月)	132.8 (1903·6月8日)	790.2 (1902)
宁波	1331.0	511.9	819.1	1862.0 (1901)	397.2 (1902·8月)	127.0 (1901·8月19日)	921.8 (1910)

续表

区域	每年平均雨量	寒期	热期	一年中雨量最大的	一月中雨量最大的	一日中雨量最大的	最干年的雨量
温州	1558.4	474.1	1084.3	2044.4 (1908)	453.0 (1908·8月)	144.0 (1910·7月19日)	1129.7 (1902)
福州	1514.6	562.9	951.7	2571.8 (1906)	685.5 (1909·9月)	288.3 (1909·9月20日)	1022.9 (1910)
牛山岛	996.9	289.0	707.9	1284.3 (1903)	332.0 (1901·8月)	254.0 (1906·5月23日)	636.3 (1910)
乌丘屿	844.1	197.4	646.7	1113.4 (1900)	389.0 (1902·6月)	151.2 (1906·5月23日)	560.1 (1910)
厦门	1175.7	330.7	845.0	1645.7 (1903)	388.8 (1904·8月)	183.6 (1903·5月18日)	614.8 (1910)
东淀岛	1035.0	298.0	737.0	1562.0 (1903)	408.7 (1902·5月)	172.7 (1905·9月15日)	695.1 (1910)
东澎岛	1079.4	348.3	731.1	1784.7 (1903)	568.5 (1903·9月)	162.6 (1901·8月4日)	597.9 (1910)
石碑山	1376.3	400.1	976.2	2095.4 (1903)	548.1 (1909·10月)	228.6 (1906·7月26日)	701.6 (1910)
梧州	1339.8	336.2	1003.6	2408.9 (1907)	472.2 (1907·5月)	134.1 (1901·7月3日)	975.4 (1900)

续表

区域	每年平均雨量	寒期	热期	一年中雨量最大的	一月中雨量最大的	一日中雨量最大的	最干年的雨量
龙州	1004.3	302.1	702.2	1526.5（1908）	407.3（1904·5月）	144.8（1904·5月2日）	479.5（1902）
北海（广东）	1985.5	527.1	1458.4	2691.3（1908）	952.5（1900·7月）	319.5（1903·6月27日）	1423.7（1910）
汕头	1509.5	416.2	1093.3	2318.7（1903）	560.7（1902·6月）	223.4（1903·10月28日）	746.1（1910）
三水	1537.9	489.1	1268.8	2760.0（1907）	625.8（1907·9月）	194.0（1900·9月14日）	1231.7（1910）

降雨绝少。有这三个原因，所以我国各地雨量极不齐一。据曾任上海徐家汇天文台台长的佛洛克（L. Froc）汇集各地雨量报告统计的结果，二十世纪初十一年间我国各主要区域中三十一处的雨量见上表[①]：

还有测验不满十年的共十八处。其一年中的平均雨量有如下表：

奉天	598.3	蓁葭浜	1127.9	霍邱	1063.9
沙市	1218.1	哈尔滨	564.0	东涌	799.3
吴淞	1062.3	天津	495.9	云南	1098.5
蒙自	928.1	北鱼山	1127.9	南京	1118.4
山后	499.5	成都	884.6	东犬	1181.4
杭州	1543.3	长春	761.7	南宁	1186.1

根据上列两表，可知我国雨量最多的地方，每年平均可达二千五百九十余公厘；次多的地方也达二千零三十余公厘；而最少的地方每年平均仅有八十九公厘，相差很远。但是仅仅雨量不平均，还不足以发生亢旱之灾。惟有雨量分配不适宜，才成为遭受旱灾的根源。至于雨量分配的适宜与否，又以雨量变迁程度如何而定。我国居亚洲东南部，就海陆关系言，本部与东三省实属于近海区域，蒙古、西藏、新疆等地则属于内陆区域，近海区域即季风区域，而内陆区域则为大陆气候所支配。季风对于农事虽有益处，如夏雨之有利于稻田就是，但这仅是就其常态来说的，非必年年如此。而季风最大的缺点，就是雨量分配的不均。季风区域雨量变迁的

---

① 引见佛洛克所编《一九〇〇年至一九一〇年中国雨量报告书》（*Laplin en Thine 1900—1910*）。

剧烈，实非他种气候所能比。譬如我国河北省的降雨量，变动性就极显著，拿天津的降雨量来说，最多时可达百分之一百五十以上；最少时竟不到百分之五十，在这种情形下，旱灾自不可免。又如北京的降雨量常年平均达二十五英寸，而民国九年仅达十一英寸，距中率为百分之五十六，这一年直隶（今河北）等五省大旱，好些学者都认为降雨量太少是基本原因。气候变迁同旱灾的关系，大体说来，就是这样。

至于水灾形成的自然原因，除地形、地质以外，雨量也很重要。前面已经说过，由于气候的变动，雨量过少时，则发生亢旱。相反，雨量过多时就难免于大水，这是不用解释的。国民党政府救济水灾委员会分析民国二十年长江流域大水灾的原因时，曾作过如下的结论：

> 民国二十年入夏以后，霪雨连绵，经月不止，尤以七月初，七月终，八月初，三次为最巨。……七月间扬子江流域各地雨量在五百公尺以上者有四处，三百公尺以上者有七处，全月平均雨量三百六十一公厘，以视历年同月之平均雨量一百六十·六公厘，大至二倍有奇。至于淮河流域七月份平均雨量亦至三百五十三公厘，天降厥灾，晴雨失常，浩劫之来，盖有由焉。

气候同水灾的关系，大致如上所说。

再看看蝗灾。蝗蝻螟蚜的产生，同气候的关系甚为密切。如飞蝗的卵和螟的幼虫，都隐藏在地下及稻根深处，它们的发育成长，有赖于温度的增高。假使上年冬季严寒，那末，蝗卵幼虫因为受到冰雪的摧残，必多殒灭；如果平日雨量丰沛，也可冲杀虫蛆，破坏虫卵。反之，假使夏令酷热，雨量减少，那末，蝗螟幼虫处在高温度之下，发育一定非常迅速。而这一年的虫害，也势必更加剧烈。如果连年旷旱，气候干燥，那末，蝗灾就会蔓延继起，形势更要猛烈。明徐光启云："按春秋至于战国，其蝗灾书月者一百一十有一：书二月者二，书三月者三，书四月者十九，书五月者二十，书六月者三十一，书七月者二十，书八月者十二，书九月者一，书十二月者三，是最盛于夏秋之间。"（《农政全书》）其所以会这样，是因为夏秋温度本来就高，如不及时下雨，必定更加燥热，这就加速了害虫的生长，为祸自更广泛。民国十八年豫、鲁、苏、皖等省蝗蝻肆虐甚凶，也正是因为这一年所谓"大旱蝗灾"，虽是平常的农谚，但也不无科学根据！

风力对于蝗灾的蔓延，也有相当的影响，飞蝗及其他有翅害虫，常依靠风力来传布。因此，风力和风向，也能够限制蝗灾蔓延区域的大小。据美国学者的试验，蝗蛾幼虫在适宜的条件下，可借风力传送达十二公里之远，这就是很好的说明。

再就风灾来说。凡风速达十米以上的，通称为暴风，暴风的发生，在温带最常见，我国大部位于温带，所以遭遇风灾的机会特别多。按所取的途径区分，暴风约有四种：即西伯利亚暴风、满蒙暴风、黄河流域暴风和长江流域暴风。暴风达到陆上时，常"拔木发屋"，对于农业的损害更甚，园圃中的幼苗，植物的花叶，一遇风暴，便荡然无存。例如海滨，当稻作开花的时候，飓风最多，满田水稻，一旦遇到飓风的侵袭，便很难全熟，甚至完全没有收成。我国除受温带寻常风暴的损害之外，沿海各地，往往更受台风的侵害，台风发源于热带，我国闽、粤、江、浙等地，夏季常遇的台风，都是从赤道附近的太平洋发出，经菲律宾、台湾而来。其移行的方向，是自东向西，每日平均速率约八百余里，其势猛而骤，为害之烈，不下于寻常的风暴。但无论台风或寻常的风暴，都是起因于气压倾度的关系，这一点是没有区别的。

至于霜雹之灾，也莫不是由于气温变迁所致。因水汽凝结时，温度在冰点以下，就形成固体之霜，而空中水汽凝缩过甚，又往往集合为大型的结晶体，冰雹就是这类结晶体中的一种。最大的冰雹重量可达一百克以上，其为害重则杀牲畜毁庐舍；轻则伤折禾黍树木。陨霜的害处，实际上并不弱于冰雹，冰雹多见于夏令，而严霜则降于早春、晚秋，那正是苗芽初茁、子实将熟的时候，禾稼、瓜果一经遇到，便很难避免受害。这种霜雹之灾，范围虽然比较狭小，但总是由天然气候变迁所造成，这是没有疑问的。

三　地理环境的关系

地理环境包括地形和地质两方面。地形和地质对于水灾、地震等的发生，有极大的影响，这是大家所知道的。

我国历代水灾发生最多的地区，是河北、河南、山东、江苏等省，黄河、永定河、淮河、运河等便是这些地区经常发生水灾的祸源。我们所以这样说，是因为这几道河流的地形和地质，都有其独特的缺点，容易招致灾害。

民国以来，长江的泛滥渐多，其所以会这样，据水利专家的考察，长江本身所处的自然环境，是一个重要原因。其中除前述雨量关系以外，地形的影响，也是一个方面。

大体说来，河流是否易于泛滥，与其坡度的大小有极密切的关系。坡度愈小，泛滥性也愈小；坡度愈大，泛滥性也愈大。黄河、永定河等都是坡度特别大的河流。黄河导源于青海的星宿海，全长八千里，流域四十万方英里，上游地势特别高，拔海一万四千英尺，至甘肃西北部，还达到八千英尺，河床固定，水势湍急，周围又都是深沟峡谷，因此，水流在上游，只有剥蚀而无沉积；等到过了河南孟津以东，出山岳入平原以后，地势大大降低，仅达一千数百英尺，这时，因坡度突变甚大，水流速率骤减，于是从上游挟来的土沙，十九沉淀于河底。假若大雨急泻直下，那末，上游所挟的沙量流入平原水道中的就更多，日积月累，河床便逐渐淤浅。据统计，黄河的沉淀量达百分之十一，比欧洲河流沉淀量最大的法兰西的伦河，竟超过四倍以上，伦河的沉淀量不过百分之二点二二罢了。黄河的沉淀量为什么会这样大呢？这是因为它流经的区域，都属黄土地带，又缺乏森林，土质松疏，易被水流冲刷，同时黄土的颗粒细小，冲刷量较他种土质更大。正因为这样，所以黄河含沙特多，俗语说，“一石水六斗泥”，正是黄河含沙多的写照。在低水时期，黄河大致每秒钟平均流半公尺，砂粒占百分之零点二八。洪水期水流速率较低水期增加四倍至五倍，砂粒占到百分之四十五。这样，黄河一日间输出的沙量，估计低水期当有六万四千立方公尺；洪水期则有三千一百万立方公尺，较北京紫禁城的容量更多两倍。照这样推算，黄河当洪水时期，仅八小时内所输出的沙量便能够填满整个紫禁城。如与世界上其他河流相比较，黄河的含沙量，实居第一位。据统计，世界其他各大河流中含沙量最多的是多瑙河，但多瑙河每立方公尺水中的含沙量仅二点一一五格兰姆，而黄河每一立方公尺水中的含沙量竟达五点六二〇格兰姆，较多瑙河约高三倍。黄河既有这样巨量泥沙的沉淀，下流的坡度又极大，于是累日淤积，河床渐高，一遇水势泛滥，自必决溢而造成大祸。自周定王五年至清光绪三十年间，黄河决口竟达一百三十九次，这与黄河所处的地理环境自然是有关系的。

地理学家白月恒先生对于黄河为祸的根源，曾有过如下的分析：

黄河自有始以来，即为中国大害者，其故有五：即水质浊、水势急、水量多、水患骤、水道善移是也。质奚为乎黄且浊？以其下青海绕河套而出潼关也。沿河多沙土，北风又终年簸覆大沙漠尘土于河床河滩之上；兼之上流水势激烈，坍溃两岸山石，随流磨荡，终成砂砾，以故其水质较他水为浊。势奚为急？因其上流束于山峡，敛其漭瀁，弗获横决，然其纵逸之势，沛不可遏，一旦过底柱下孟津而泻于汜水平原，放乎卫、郑、宋、鲁之郊，漫衍低湿，则向之郁塞不伸者，至此一泻千里，若马走坡，若兽走旷，故水势较他水为急。吾人于冬春之间，驱车黄河之畔，见洲渚潆洄，水势渊储，以为河固是浅露也；然而溽暑时至，大雨霔霖，不崇朝而洪涛巨浪坏山攘陵者何故？盖阴山北岭，千峰夹河，夏霖骤至，万涧齐奔。所以向之河岸豁豁沙渚鳞鳞者，奄息决堤漫野，万姓其鱼，沦胥之祸，有若地覆天翻！向之冬春水浅者，因北方雨少，河浅善泄，而夏霖骤溢者，以山多树少，数万里之水量，急走一河，西高东下，朝发夕至，此河患之所以难御也。至于下流为患，尤在善于淤淀，盖同一水也，上流奔腾，则力大可以转巨石；下流停蓄，则力弱不能胜砂砾。黄河性浊含沙独多，上流奔泻，泥沙漂荡，迨其走燕、豫、齐、鲁平畴，则成缓流。凡自陇、蒙、秦、晋携来无数之泥沙，敷于汜水东利津西千里河槽矣。年年堆累，数百载后有不底高于岸外平原者乎？所以轻者决口，重者改道，汩汩洪道，为祸无穷。①

这是地理学者从地理环境方面研究黄河病源的较有代表性的结论。

永定河的情形同黄河也颇相似。永定河上流即桑干河，发源于山西管涔山，经察哈尔入河北，上流地势较高，坡度较大，水流迅速，带沙量亦大。但既入平原，坡度突然变小，水流速度也突减，以至上游挟来的泥沙，超过河流所能负担的量。于是一部分泥沙，不得不沉积于山地平原交界之处。据统计，沉淀量亦达百分之八至百分之十，仅略次于黄河。永定河所以被称为"浑河"，正是从它的沉淀物多、河水浑浊方面来说的。民国六年永定河所带下的泥土，曾一度在四十八小时内将海河河身填高八尺，河道既为泥沙所壅塞，容水量自会减少，而水的来源仍不断增加。在这种情形下，就不能不决堤横流，酿成洪水之灾。还有，河北的河流，除永定河外，其他主要河流如子牙河、大清河及南北两运河都是汇集在天津附近，由海河入海，但是海河河口排水量有限，而水的供给过多，这也是容易造成水灾的原因之一。

再如淮河，发源于桐柏山北，有支流二十余处，长短容量各不相同，但都归入淮水。自黄河夺取淮水故道，把浑浊的泥沙，带入淮河以后，历时既久，河沙沉积，河床便逐渐淤塞。后来，黄河又改道，留给淮河的，就是那已被淤塞的旱路。如遇大雨，河身就不免

① 白月恒:《民国地志总论》第二卷《水道篇》。

漫溢，而各支流又要灌入，因此，水灾的形成，就是很自然的事了。

他如运河的为患，与地理环境也有关系。运河以汶水为上源，至江淮间的一段称里运河，地势西高而东下，西部由北到南，大湖累累，亘三百余里，汪洋浩瀚，都穿过运堤而东泄。其上流北岭、尾闾以东的水，千溪万涧，都汇于高邮、宝应、邵伯各湖，而洪泽湖的水也汇流在这里。因此，里运河西堤以外，储水过多；其中流漕堤一段，西堤低于湖，东堤高于地；下流则各海口离漕堤都有三四百里之远，迂回曲折，不能直达。而下河七邑，四面高中间洼，地形如釜，水由釜边流出，釜底田庐，好像处在水中，偶一泛滥，便为祸不浅。

长江水灾的形成，也有着地理的条件。按长江经重庆以下，滩峡极多，水势湍急，危险异常。自西陵峡以下，地渐平坦，水势稍缓。由宜昌南行，经北岸的虎牙和南岸的荆门两山，水势为之一束。自江源至武汉计二千六百余英里，其中自叙州至宜昌间的坡度平均每英里计一英尺；而宜昌至武汉间的坡度平均每英里仅三英寸。自汉口至海相距约六百七十余英里间的坡度，平均每英里也只有三英寸；而芜湖至吴淞一段间坡度最小，当低水位时，每英里仅半英寸。因地势西高东下，长江上游之水总是挟其多量的河泥奔腾而下，凡遇江宽流缓之处，便沉淀而成洲屿。旱则妨碍交通，潦则壅塞水路，洪水受阻，水面就一定增高。倘若降雨过多，两岸支流和湖泊中的水，又势必同时奔注入江。宣泄不及，自难免横决漫溢，酿成水灾。

由上所述，地理环境与水灾关系的密切，已可概见。

至于地震的发生，与地质关系的密切，更不消说。好些气象学家在研究地震现象时，往往脱离开地质去探求地震发生的原因，如有的认为纬度变迁是地震发生的原因，有的认为地球磁力分布的不同是地震发生的原因;有的用电气骤变的现象来解释;有的用日中黑子、北极微光等天文现象来解释;也有的用季候关系来解释;还有的认为气压轻重的变动是地震发生的原因。意见纷纷,各执已见。虽然他们的统计比附偶有同事实暗合的地方,但都不能成为定律,更不能成为最后的定论。我们认为比较合理的,还是地质学的地震解说。

简单说来,这种主张认为:地球的外壳,是由各种岩层构造而成的。各岩层凹凸之处甚多,它们相交的地方,都有明显的分界,这就是地下的“罅脉”。由这种罅脉所构成的各种地底“罅穴”,常常因为内心收缩与外界的高压,不断发生破裂和互相挤压的情形,遇到抵抗力较弱的地方,就发生倾陷。而每两叠地层之间,或地下两大段岩石交界之处,往往就是抵抗力最弱的地方。因此,破裂倾陷的现象,便常在这些区域发生,这就是地震的由来。翁文灏先生曾就我国各地地质构造的特点,把地震区域划分为十七地带,总别为四大种类:一、发生地堑的垂直断层,如汾、渭地堑,云南湖地都是,甘肃泾源也颇近似,地震多而且裂;二、秦岭山脉的折断处,如甘肃武都及安徽霍山都是;三、水平移动的大断层,或许更有较新的垂直断层,如贺兰山及川南都是;四、沿海陷落地,如山东登莱及闽、粤沿海都是①。这些地震带的地质构造,都有其共同点:即一、地震带都有重大断裂;二、发生大地震的断裂,都是时代较新的即约在第三纪或第四纪之初;三、水平动断层与上下动断层都能发生地震。由此可见,地震起于地层构造的缺陷,是很明显的。

以上说明了历代各种灾害发生的自然条件。

---

① 翁文灏:《地震》(《百科小丛书》)。

第二节　造成灾荒的社会因素

一　社会因素的作用

历代严重灾荒的发生，自然条件固然有相当的影响，但是我们如果详考典籍的记载，进一步研究灾荒形成的最后原因，或促发严重灾荒的基本因素，那我们就会发现，驾乎自然条件之上的，还有最根本的人为的社会条件存在着。自然条件虽为构成灾荒的原因之一，但并不是终极的唯一的原因。地理环境和气候变迁，固然随时随地有招致灾害的可能，但最后所以能够造成严重的灾害，甚至达到极其严重的境地，实与社会内部条件有极大的关系。自然环境属于外部条件，惟有通过社会的内在条件，才能对社会发生影响。譬如长江大河所以会淤塞泛滥，给社会带来灾祸，固然跟自然的土质、雨量和地形的坡度等有关；但是历史上人工浚治的废弛，官吏的侵吞剥榨，实为决定的原因。一般人常以雨量过多来解释我国过去水灾浩劫的由来，如前举国民党政府救济水灾委员会在分析民国二十年江淮大水的原因时，就完全拿雨量过多来解释。其实这种说法并没有充分的根据。例如美国的密士西必河流域，埃及的尼罗河流域，印度的恒河流域，都是世界上著名的多雨地带，但这些流域最近数十年间并没有都发生水灾，过去发生的大水灾，也没有像我国历史上的水灾那样严重。

我国过去数十年间，由于政治的腐败、封建剥削的严酷、战争的频繁，不仅水利组织只有破坏而很少建设，森林也大多被毁灭，加以广大农村经济破产，农业恐慌的侵袭，就使灾荒接连爆发，不可收拾。

可见，纯粹拿自然条件来解释灾荒发生的原因，实在是很肤浅的。

从实际的历史事实来考察，我们完全可以断定，过去的任何时期，人民遭受天灾的损害，究竟达到怎样的程度，同当时的社会经济条件，有着极密切的联系。

一九三六年美国西北部及中部各州谷物生产区的大旱灾，可为最有力的说明。自一九三〇年以后的六年间，美国曾遭受三次大旱灾，而一九三六年的旱灾，竟波及十六州五百五十县，损失达六千万镑。据伦敦《泰晤士报》记者报道，这次大旱灾实为掠夺式的耕作方法（Robber-Agriculture）所造成。因数十年来世界市场粮食价格涨高，美国农民多将原有的牧场改为麦田，这种现象愈来愈普遍。因此，森林被砍，湖泊枯涸，从前水量充足的大河，今日则变为浅水的小溪，狂风从海洋吹入，大陆缺少森林来拦阻，农田土壤就逐渐风化而干燥，一部分且已不适宜耕种。正如美国民族资源委员会（National Commission of America）报告所说：“吾人之土壤，不能因吾人现行之耕作方法，而更增丰厚；反因此种方法，而愈趋瘦瘠，吾人之耕作方法，徒造成无数之荒漠。”这段话正好说明了社会因素对灾荒的严重影响。

我国历史上每一次灾荒的爆发，若仔细研究它的根源，几乎很少不是由于前资本主义的剥削，尤其是封建剥削的加强所致。假使没有剥削制度的存在，或者剥削的程度较轻，农民生产能够保持小康状态，有余力去从事防止天然灾害的设备，那末，“天”必难于“降灾”，凶荒也可能避免。尤其像水旱等灾，更可尽量减少，甚至可以完全消弭。纵或偶然爆发,也不会形成奇灾大祸。我国历代许多学者早已明白这一道理,因而不断有宽徭、减赋、劝农、消灾的言论出现。的确,假使人民的生活果真有充分的保障,平日能够安居乐业,积极设法避免天灾,那末,天灾就有可能预防,即使灾祸降临,也因为平日有所积蓄,决不致发生"饥馑之患"。这个道理是很明显、很平常的。我国三千多年的灾荒史实,已足够证明这一道理的正确性。就一般状况说来,我国历史上每次大灾荒的来临,常与农村剥削的加紧和土地兼并集中的过程相联系,这决不是偶然的现象。因为土地既已集中在少数大地主的手中,广大农民群众缺少土地,不得不忍受地主的压迫和剥削,结果势必日趋穷困,加上租税负担很重,更必无以为生。这么广大的农业人口,既丧失生活手段,平日已陷于半饥饿状态,求一饱而不可得,又怎能有备荒的积蓄?至于对水利的改良,技术的设置,更是有心无力。而历代统治阶级只知榨取民财,所谓"繁役时加,不知存恤"。社会恐慌的危机到处潜伏,内在条件既然这样脆弱,一旦遇外来自然灾患的侵袭,又怎能避免祸害的降临?

近世中外学者,对于我国灾荒问题的研究,也颇多注意到社会、政治、经济等人为的原因,如马罗利分析我国过去饥荒的发生,就曾认为有经济的、天然的、政治的及社会的四种原因。但是他认为其中最根本的原因,是人口过挤这一社会因素。马罗利曾说:

> 致使中国成为饥荒恶神常临之地者,其根本之原因,实由于人口之过挤。

又说:

若将中国自身之人口问题，置之不问，一味听天由命，则过去及现在已遭遇之一切惨剧，势必将重演于中国今日所认为最繁盛之区域。（马罗利：《饥荒之中国》）

这种着眼于人口问题的见解，不是完全没有道理。过去中外学者，抱这种见解的颇多。但这种见解是带有片面性的，人口论者虽然能从社会条件来分析灾荒发生的原因，但他们的所谓社会条件，并不是基本的社会条件。基本的社会条件，应该是一定社会经济结构中人与人的生产关系。我们要想寻求历代灾荒积累、发展和不断扩大再演的根本原因，应该主要从人与人的生产关系中去寻找。

当然，本书不可能对我国历代的生产关系，作全面的分析。不过，我们研究灾荒的成因，只须着眼于历代剥削关系中的若干基本事实，就足以说明问题了。

二　苛政和灾荒

我们考察旧日典籍记载，从来灾荒的发生，带根本性的原因无不在于统治阶级的剥削苛敛。自成周以后，史实的表现，尤为显著。中国社会从西周以后三千年间，虽王朝屡更，而统治的性质基本不变。鸦片战争以后，中国变为半封建、半殖民地的社会，但是封建势力的统治仍然笼罩一切。况且在历代封建的剥削日益加剧，官府赋役征虐之外，再加上社会各统治阶层的暴敛侵掠。这实是丧失农民防灾力的主要原因。

关于官府赋役征虐造成灾荒的事实，三千年来不绝于史册，两周“文献”已有记载。如：

善效乃友内辟，勿使虣虐从狱，受夺叡行道，毕非正命，迺敢斥讯人；则唯辅天降丧，不廷唯死。（周金《𧖴盨铭》）

我征徂西，至于艽野，二月初吉，载离寒暑，心之忧矣，其毒太苦。（《诗·小雅·小明》）

无衣无褐，何以卒岁，……九月叔苴，采荼薪樗，食我农夫。（《诗·豳风·七月》）

不属于毛，不离于里，天之生我，我辰安在？（《诗·小雅·小弁》）

浩浩昊天，……降丧饥馑，……戎成不退，饥成不遂。（《诗·小雅·雨无正》）

伯阳父曰：周将亡矣，……民乏财用，不亡何待，……山崩川竭，亡之征也。（《国语·周语》）

可见周代赋役繁重，农民生活饥困，终于造成奇灾。

秦汉以后，例证更多，历代史称：

天降灾戾，应政而至。间者郡国，或有水灾，防害秋稼，朝廷惟咎，忧惶悼惧。而郡国欲获丰穰虚饰之誉，遂复蔽灾害，多张垦田，不揣流亡，竞增户口，掩匿盗贼；令奸恶无惩，署用非次，选举乖宜，贪苛惨毒，延及平民。（《后汉书·殇帝本纪》）

自水德将谢，丧乱弘多，师旅岁兴，饥馑代有。贫室尽于课调，泉具倾于绝域，军国器用，动资四表。不因厥产，咸用九赋，虽有交贸之名，而无润私之实。民资涂炭，实此之繇。昔在开运，星纪未周，余弊尚重，农桑不殷于曩日，粟帛轻贱于当年，工商罕兼金之储，匹夫多饥寒之患。良田圜法久废，上弊稍寡，所谓民失其资，能无匮乎！（《南齐书·武帝本纪》参《册府元龟》）

顷年山东遭水，而民有馁，终今秋京都遇旱，谷价踊贵。……皆由有司不为明制，长吏不恤其本。自承平日久，丰穰积年，竞相矜夸，遂成侈俗。车服第宅，奢僭无限，丧葬婚娶，为费实多。富贵之家，童妾袨服，工商之族，玉食锦衣。农夫餔糟糠，蚕妇乏短褐，故令耕者日少，田有荒芜。谷帛罄于府库，宝货盈于市里，衣食匮于室，丽服溢于路。饥寒之本，实在于斯。（《魏书·韩麒麟传》）

频年屡征，有事西北运输之役。百姓勤劳，废失农业，遭离水旱。（《魏书·太武帝本纪》）

政治多阙，灾眚屡兴。去年生疫，死伤大半，耕垦之利，当有亏损。（《魏书·孝文帝本纪》）

有时封建帝王因害怕"上天降罚"，在诏谕中也不得不责备自己。如：

朕……鉴之不明，百度都缺。伤痍未瘳，而征役荐起；流亡既甚，而赋敛弥繁。人怨上闻，天灾下降。连岁旱蝗，荡无农收。（《册府元龟》引唐德宗贞元二年诏）

像这类动人的诏告，几乎每代都有。当然，这不过是例行公事

罢了。历来的统治阶级在一度灾荒之后,甚至就在灾荒严重之时,还往往加征倍敛,不稍宽假。这就必然使灾祸愈益加深,人民愈益困苦。如史载:

实擢拜京兆尹,封嗣道王。怙宠而愎,不循法度。时值大旱,关辅饥,实方务聚敛以结恩,民诉府上一不问,德宗访外疾苦,实诡曰:岁虽旱不害有秋。乃峻责租调,人穷无告,至撤舍鬻苗输于官。(《唐书·李实传》)

韩维为学士,承旨入对,帝曰:天久不雨奈何?维曰:陛下忧悯旱灾,损膳避殿,此举行故事,恐不足以应天变。……退又上疏曰:近畿内诸县督索青苗钱甚急,往往鞭挞取足,至伐桑为薪,以易钱货。旱灾之际,重遇此苦。……朝廷……于蠲除税租,宽裕逋负,以救愁苦之民,则迟而不肯发。(《宋史·韩维传》)

顷者大水困城,闾阎骚然,十去九死。……蠲旧逋矣,而新租未除;宽存留矣,而起运如故。……且又苦粮重,……倒行而倍取,得勿困乎?(明欧阳东凤:《水灾请蠲疏》)

有至自南京者,上问所过地方何似?对曰:淮、徐、山东民多乏食,而有司征夏税方急。(《通纪会纂》)

皇太子赴北京,过邹县,岁荒民饥,竟拾菜实为食。皇太子见之恻然,乃下马入民舍,视男女皆衣百结不掩体,灶釜倾仆不治。叹曰:民隐不上闻若此乎!时山东布政石执中来迎,责之曰:为民牧而视民穷如此,亦动念否乎?执中言:凡被灾之处,皆已奏乞复今年秋粮。皇太子曰:民饥且死,尚且征税耶!(同前)

也有灾荒之余，还在谋求增税丰财的事情，如：

执羔……复为礼部侍郎，拜尚书，升侍读。上问丰财之术，执羔以为和籴本以给军兴、豫凶灾，盖国家一切之政，不得已而为之。若边境无事，妨于民食，而务为聚敛，可乎？旧籴有常数，比年每郡增至一二十万石；今诸路枯旱之余，虫螟大起，无以供常税，况数外取之乎？（《宋史·周执羔传》）

这都是残酷的封建剥削所促成的严重灾荒的史实写照。所谓"务聚敛而结恩"、"峻责租调"、"鞭挞取足"、"倒行倍取"的情形，自不仅是前代存在的现象，即在民国以后，也未尝稍减，现略举一二例如下：

陕西自群獠盘据以后，……九百万百姓喘息于恶魔毒爪暴虐之下，求死不得。……大旱两年余，五谷不收，农民破家荡产，村庄尽成一空。……群獠犹不思救济此数万行将待毙之灾民，反吞没捐款赈粮，以养贼兵。更出各种毒刑，以压榨老百姓血髓！至净而后已。于是麦捐、派款、警察捐，……如雪片般。而九百万奄奄一息之灾民，身上榨取，……下令每亩捐麦一斗五升，不论贫富，按亩征收。（民国十九年一月二十八日上海《民国日报》）

各县农家，以连岁灾荒，……各县政府数年来遣征税员常到四乡村中，协同包绅，按亩提款。民众一时无钱付税，便被鞭笞。石乡、时村、李庄、路疃等处，因贫民无款输纳，被征收员乡绅及军警勒迫横殴！曾击毙男女农民十数人，发生绝大

惨案。(民国二十二年五月二十五日上海《晨报》)

以上所列举的种种事实，实在是过于惨酷而鲜明，任何人也无法加以掩饰。然而这还不过是苛政为祸的一般反映哩，亦未足以尽其底蕴了。其实，历朝封建统治者对于民力的摧残，对于天灾的助长，贪图私利，戕害百姓，陆离光怪的事实，还有很多。其中有迁延放弃，以致灾害缠绵不止的。如：

鸿嘉四年秋，河溢平陵，李寻等奏言：议者常欲求索九河故迹而穿之，今因其自决，可且勿塞，以观水势。河欲居之，当稍自成川，跳出沙土，然后顺天心而图之。于是遂止不塞，朝臣数言，百姓可哀。(《通鉴纪事本末》记汉成帝时事)

又如：

初，平帝时，河、汴决坏，久而不修。建武十年，光武欲修之，浚仪令乐俊上言：民新被兵革，未宜兴役，乃止。其后汴渠东侵，日月弥广，兖、豫百姓怨叹，以为县官恒兴佗役，不先民急。(《通鉴纪事本末》记汉明帝永平十二年事)

再如：

建国二年，河决魏郡，泛清河以东数郡。先是莽恐河决为元城冢墓害，及决东去，元城不忧水，故遂不堤塞。(《通鉴纪事本末》记汉王莽时事)

又：

芦沟河决。铎请：自元同口以下丁村以上，无修旧堤，纵使分流，以杀水势。（《金史·路铎传》）

也有决堤救灾、饮鸩止渴的。如：

乾宁三年四月，河泛于滑州。朱全忠决其堤，因为二河，散漫千余里。（《唐书·五行志》记昭宗时事）

又如：

宣和元年五月，大雨。水骤高十余丈，犯都城。……诏都水使者决西城索河堤，杀其势。城南居民冢墓俱被浸。……已而入汴，汴渠将溢，于是募人决下流。（《宋史·五行志》记徽宗时事）

还有"把堵河渠"、惟图私益、坐视泛滥而不救的。如亨丁顿（Ellsworth Himtington）所述：

中国官吏之营私舞弊，亦可使水灾益发不可收拾。如山东省城以北，历次开掘有无数并行之小渠，每隔三十里而一见。此等河渠之功用，即在宣泄运河过量之水。当平日无用之时，渠口塞以泥土，渠底即无水渍，其中土壤优美。……似此价值高贵之沃土，地方之贪官劣绅，即把堵而据之以为己有,遣人于渠底实行耕种,彼等则坐享其成。一旦大雨不止,运河水发,照例应将渠口开掘,以资宣泄。然彼等贪官劣绅,明知一度大水,必有荒年,灾荒既已不免,彼等一切不正当之财源,必将断绝,其他财源既已不保,则此渠底沃土种植之物,更不能遽行放弃。遂不肯开掘渠口。数百年来,凡遇此等官绅当道,渠口从不开掘。一九二一年(即民国十年)之情形,亦即如此,故运河终至于泛滥,淹没附近之平原。而彼官绅把占之渠底,因两岸渠堤高筑,独得免于巨灾;百姓田地,较渠底面积更大什百倍者,尽成泽国。其中足以维持数十万人口生命之一年收获,遂尽归乌有矣![见亨氏所著《种族性格》(*The Character of Races*)]

这就是宋代以来圩田为害的事实说明。考圩田创始于北宋政和以前,即在河的两端,开辟田地,四周筑高堤,横截水势,每遇泛涨,冲决民田,为害最甚。往往可耕的田地不过千百顷,而损害的田地达数十百倍。这类圩田,历来都归权臣大将等所有,如宋朝的永丰圩,最初属蔡京所有,随后赐给韩世忠,后来又归秦桧所有。前代主张治水利的人,大多认为圩田阻碍水道,倡言废掘,但往往因权臣的反对,不能实现。这种圩田的存在,的确是阻遏河流的很大障碍。每逢河水陟涨,即形成巨灾。这类事例,在史籍中历历可见。这就是亨丁顿所述"把堵河渠"的主要根据。他如宋神宗元丰七年史家的记载:

洛中大雨,伊、洛涨溢。天津桥波浪与上阳宫墙齐,夜,西南城破,伊、洛南北合而为一,深丈余,居民庐舍皆坏。唯伊水

东渠有积薪塞水口，故水不入丞相府第。(邵伯温:《闻见前录》)

这是把堵河渠的另一形式的表现。

其他还有因官府豪强与水争地，或把占水利，伐买森林，以致酿成水旱奇灾的。如：

庆历、嘉祐间，多有盗湖为田者。……政和以宋，创为应奉。始庆湖为田，自是两州之民，岁被水旱之患，……所失民田，动以万计。(《宋史·食货志》上引李光言)

浙西民田最广，而平时无甚害者，太湖之利也。近年濒湖之地，多为军下侵据，累土增高，长堤弥望，名曰坝田。旱则据之以溉，而民田不沾其利；涝则远近泛滥，不得入湖，而民田尽没。(同前书引史才言)

陂泽湖塘，水则资之潴泄；旱则资之灌溉。近者，浙西豪宗，每遇旱岁，占湖为田，筑为长堤，中植榆柳，外捍茭芦。于是旧为田者，始陷水之出入，苏湖常秀，昔有水患，今多旱灾，盖出于此。(同前书引张抑言)

浙西围田，相望皆千百亩，陂塘溇渎，悉为田畴。有水则无地可潴；有旱则无水可戽。不严禁之，后将益甚，无复稔岁。(同前书引袁说友等言)

越之镜湖，溉田几半。会稽、兴化之木兰陂，民田万顷，岁饮其泽。今官豪侵占填淤益狭，……致妨灌溉。(同前书)

此次山西大水，酿成巨灾，可谓半由于天，半由于人。而为政之疏略，实亦难辞其咎。言汾堤之决口，实因堤坝失修之故。……并市本一盆地，数十年来赖以避免水患者，一以人稀地旷，……一以干池涸河之多，可容大量之水，故从未酿成水灾。年来……官方极力填埋干河涸地，……迨填平后，即划为官产，投标售卖。……天雨，大水即无法排泄，人为鱼虾，意中事也。（民国二十一年八月十九日上海《新夜报》）

这都是把占水利、与水争地的例子。又如：

托县县城之西，紧接黑河，堤畔杨柳林立，俱为数十年之成材。近二年来，临城小河，水几枯竭，甚至与黄河河流亦断绝。而河堤树木，数年前亦砍伐殆尽，树身为地方官厅售价用去，树根则为贫民发掘，当薪焚烧。新树年来虽亦有所点缀，惜无成活者，致河堤毁坏，河岸土松，今年河水突涨，人民无所措手足。（民国二十三年七月九日《包头日报》）

这是伐卖森林的具有代表性的事实。

此外，因官吏吞没水利经费，以致河防废弛，形成巨灾的事实，也有很多。如：清乾隆末年，和珅当政，担任河道总督的都同他互相勾结，肆行贪污，平时既很少兴修水利，遇到水灾时，又乘机中饱，每年浪费的钱财，难以计算，以致河防日益松懈，河患日益加深，终于造成了自嘉庆二年至二十四年间十七次河决之患。民国以后，类似这样的事，也常常见到。如：

一九三一年之水灾，淹没人家一千四百万户，损害金额达四万万五千万以上。此次水灾，正起于恐慌发生之时，然此次水灾本可防止，可防而不能防，此实吾人所应注意者。盖扬子江堤防修理费，年拨海关附加二百万元，特别附加七百万元，粮税附加一二百万元，厘金附加二百万元，各种特别附加三百万元，合计有一五二〇万元。此巨额资金，一部分入军阀之私囊，一部分则竟投入川江龙公司（鸦片公司），而此公司后来又告破产。（日文《东亚杂志》一九三三年六月号）

又如：

鄂省堤款，数年未加清理，侵蚀挪借，视为故常。前岁水灾发生，此项秘密，遂完全揭露。……除长岳监督毛钟才侵蚀堤款，逃逸无踪。其次……等项，亏蚀更多。各县县长，财政局长，各征收局长，亏蚀或挪借捐款者，多或逾万。（民国二十二年八月二十八日《申报》）

运河沿岸各县治运亩捐，大多为各县当局所挪用。即有少数解省之款，又被省府当局挪充急需，以致治河工款，反告向隅。（二十三年五月十二日上海《大晚报》）

以上所举各种实例，都是历代苛政之下，政府官吏等统治阶层，鱼肉人民，酿成奇灾的铁证。

三　战争和灾荒

战争也是造成灾荒的人为条件之一。战争和灾荒，可以相互影响。一方面，战争固然可以促进灾荒的发展；另一方面，灾荒不断扩大和深入的结果，就某种意义和范围来说，又往往可以助长战争的蔓延。自然，由灾荒所逼发的战争同招致灾荒的战争，性质是根本不同的。由灾荒所逼发的战争，主要形式是农民暴动；而招致灾荒的战争，主要形式是进行封建掠夺的战争。前者留到本编第三章去说，这里所考察的，仅以后者为限。

我国历史上各时期的掠夺战争，破坏的酷烈程度，常超过我们的想像。这种掠夺战争的直接结果，就是整个社会经济的衰败，尤以农业方面受到的打击最厉害，因此溃败也最惨。据可靠的记载，我国远在殷商时代，为争夺奴隶掠取财物而发动的较大规模的战争，已极频繁。孟子说：

> 汤始征，自亳始，十一征而有天下①。

就凭这句话也可以看出汤时战争频繁的情况。再据卜辞研究，殷代战争的频繁，尤其明显。武丁时武功最盛，征伐的次数甚多。据上虞罗振玉的统计，“卜辞”中记载征伐的共有六十一次（见罗振玉《殷墟书契考释》）。其他没有记下来的还有不少。

春秋时代战争剧烈的程度，极为惊人。如史载：

> 宋殇公立，十年而十一战，民不堪命。（《左传》桓公二年）

当时战争的频度，可见一斑。据《春秋》经文记载，春秋二百四十二年间，发生战争达四百余次。其中僭师掠境的有六十次；声罪

① 《孟子》原文为：“汤始征，自葛载，十一征而无敌于天下。”——编者注

讨伐的有二百十三次；包围城邑的有四十四次；进入国都的有二十七次；用诡道而取胜的有十六次；全被虏俘的有三次；以力收夺其国的有十六次；袭击一次；已逃走而去追蹑的二次；聚兵而守的三次；两兵相接的二十三次；驱徙其市朝的十次；毁其宗庙社稷的三十次。以上合计，共四百四十八次。

至于战国时代的战争，其频数较前更多，其中大规模的战争，共达二百二十二次。

自战国至秦，自秦至汉初，前后约百年间，混战的局面，愈趋严重，破坏性也愈强。据《史记·秦本纪》《六国表》所载，自秦孝公至始皇的十三年间，前后破六国之兵，所斩首级共达百数十万，屠城之多，不可以数计。秦将白起大败赵军于长平，一次杀害降卒就达四十余万（长平在今山西高平县西北，那里的省冤谷东西南北各六十步，相传就是白起杀害赵兵的地方）。又如楚汉之战，项羽在新安击杀降卒二十余万；彭城之战，尸横遍地，弄到睢水不流。这都是大规模屠杀的事例。当时的战争，正如墨子所说：

> 庶人数千，徒倍四万，久者数岁，速者数月。上不暇听治，士不暇治其官府，农夫不暇治其稼穑，妇人不暇纺绩织纴。

战争对社会经济生活危害的惨重，可以想见。

汉代以后，战争之繁，损失之大，更加惊人。而且规模愈来愈大，动员的人数愈来愈多。如汉武帝元光二年曾以车骑材官二十余万诱击匈奴，元狩四年令大将军卫青与骠骑将军霍去病伐匈奴，动兵也有一二十万，斩获有数万；随后平两越，灭朝鲜，用兵连年，扰劳天下（见《通鉴纪事本末》）。后汉光武战王莽于昆阳（在今之云南滇中），莽兵败，死亡一百万，屠戮的惨酷，无以复加。三国时，战役更加纷繁，董卓之乱，曹操兵杀害男女数万口于彭城，泗水为之不流①。可见战祸是何等剧烈，而且时间延续甚久，史称："军兴以来，已向百载，农人废南亩之务，女工停机杼之业。"（《三国志·华覈传》）当时干戈遍地，对于社会生产破坏之大，不难想见。

自晋以后，初则有八王之乱，不断杀戮达六年之久；继有桓温、苏峻、桓玄等之乱，兵革未休，而南北朝之对立，战事踵接，更无休止。隋、唐之世，战乱亦多，唐初于东北、西北连年兴兵，天宝以后，内部屡起藩镇之乱，加以外侮纷乘，烽火连年不解；五代争霸，血雨腥风延续五十三年，兵戈不息。宋初燕云十六州没于契丹，对辽用兵不断，仁宗时经略西夏，和战相续，前后也有数十年之久；神宗以来，仍然东西作战不停；徽宗时抵抗金兵，作战共四十载，继与蒙古军力战又四十载，中国北部破坏不堪。元世祖对外用兵，攻城掠地，战役尤剧，仅就至正十八年征日本一役而言，士卒死者已达十余万；末年内战也很猛烈，计自方国珍起兵至徐达克北京，前后二十年，互相攻战，没有一年间断。明代自立国后五十年间，战事在继续进行，如肃清元朝的残余势力，进攻我国西部及南部各少数民族等都是；洪武末年靖难兵起，剧战四年；永乐中数度用兵鞑靼、交趾；嘉靖以后，边寇日紧，战祸不已，疮痍满目。清代二百六十余年，内乱外患，纷至沓来，长期征扰。民国以来，内战不息，计自民国元年至民国二十二年间，国内大小战争约达七百次以上。若以省为单位来计算，则二十二年间发生的战争，当在一百五十省以

① 《三国志·荀彧传》注。

上[1]，两月一小试，五月一大打，杀人盈野，不在话下。就拿民国十九年河南大战来说，据报：

> 因战事死亡人口达十二万余口，受伤人口一万九千五百余口，逃亡在外者达一百一十八万五千余口，被军队拉夫达一百二十九万七千七百余口，其中因以致死者三万余口，而兵士之死亡尚不在内，欧洲大战恐无此等情形也。……又财产损失估洋四万八千五百三十三万余元，被坏房屋损失估值洋五十二万余元，被焚房屋估值洋三千八百一十五万余元，总计为六万五千一百四十六万九千余元，而间接及无形之损失尚不在内。[2]

一时一地的损失就这样严重，战争所造成的全部损失，那就更可想而知了。据梁启超、余天休二人统计：我国历史上内乱的次数，自公元前二二一年（按：即秦始皇称帝之年）起至公元一九二〇年（民国九年）止，二千一百四十年间，共计一百六十次。所费时间共为八百九十六年，平均计算每三年中就有一年内乱。这种统计，虽不完全，但也可看出历代战争频数的一斑。这历史上无数次的战争，直接摧毁社会的生产力，极为深巨。因我国为一农业国家，数千年来农业人口都占百分之八十以上，每有征役，总是以农民为对象，战争一起，农民就首当其冲。每逢征调，急如星火，即使是初婚的人也要出发，杜甫《新婚别》所写的事实，已经不算稀奇了。服

① 据《中华月报》二卷一期的统计。

② 见河南省振务会编十九年《豫灾纪实》。

兵役的人不但要用生命来牺牲，而且往往还要自备车、马、军械、粮秣，负担行军的费用，这种“将钱买死”的事，史书常有记载。如：

楚蒍掩为司马，子匠使庀赋，数甲兵，……赋车籍马，赋车兵徒卒甲楯之数。（《左传》襄公 二十五年）

王师初发之岁，河西供役之年，飞刍挽粟，十室九空，数郡萧然，五年不复。陛下数遣数千人远争，屯戍终年，离别万里。思归去者资装自办，既卖菽粟，倾其机杼，经道死亡。（《旧唐书·褚遂良传》）

而在军队所经过的地方，实行兵差，带来的害处也很大。所谓兵差，实际上就是苛索饷糈，夺杀耕畜，抓配人伕草料。这种情形，秦、汉以来，历代都有。如：

河南府耕牛素少，昨因军过，宰杀及充递车已无大半。今若更发四千余车，约计用牛一万二千余头，假令估价，并得实钱，百姓悉皆愿去，亦须草木尽化为牛！然后可充给头数。今假令府司排遣，十分发得一二，即来岁春农，必当尽废，百姓坐见流亡，而饥荒荐至。（《全唐文》卷六一五一）

时大兵驻关（潼关），军需不赀，而州县百姓存者无几。职飞檄督催，计完粮数十万，刍草数百万，又催大牛一万余只，大车一百余辆。（清史应聘：《容臣陛见敷愚悃揭帖》）

济宁南北要冲，水陆必由之地，大兵一到，米豆动以千计，草束动以万计。（清丁文盛：《兵马往来不绝亟请预筹粮款草题本》）

民国以后，兵差尤其繁重。内战区域，逐渐扩张，从民国五年至民国十三年间，每年战区平均已达七省，而自民国十四年至民国十九年，六年之间，战区展拓，平均竟达十四省。战区既大[①]，兵差的范围就随着增大。而且各地负担兵差的数额，也不断增高，例如：民国十六年十一月至民国十七年五月，奉阎战争，雁北战区各县，负担兵差额数，约占地丁正税的百分之二十三，较地丁正税约增大二百二十五倍。民国十七年山东的昌乐、肥城、聊城、临沂、高苑各县兵差负担，总计达一二八六三九三元。民国十八年河北的井陉、广宗、临城、平山、柏乡、元氏、南皮、高邑各县兵差负担，共计也达一二二一六八〇元[②]。这一年河南大战，各县被征兵差，计现金一〇七二六一七七元，粮食柴草共值七一三一九二六元，车辆牲畜共值八五二三一一〇元，被军队拉伕而死亡的共八九六六人[③]。民国十九年该省战祸又起，战时军队在各灾区计派征款项四千零四十一万五千余元，征发粮草合洋四千八百五十万零五千余元，征发车辆牲畜合洋四千四百八十四万四千余元[④]。以后各年，人民的兵差负担并没有减轻。如：

> 五载以来，地方负责早已使尽过头之力。即以伕差一项言，除早前已派无数不计外，最近二星期内又已派去千名。县府罗掘无法，只好悬赏招募。能得伕三十名者，委以分队长职，一般富有领袖欲且稍有军事经验者，因出面号召，勉以将

① 据周之章的统计。
② 以上数字，据周之章《中国农村中的兵差》摘引。
③ 河南省振务会十八年《豫灾纪实》。
④ 河南省振务会十九年《豫灾纪实》。

事。禾草则近城三十里内,早为军用尽净,欲寻一株,其贵有如兰蕙。(民国二十二年七月二十五日《申报》)

拿这种情形同相隔千余年前的史实来比较,好像是出于同时,而对于民间经济生活的摧残,也很相似。至于反动军队摧毁民命,劫掠民财,以及大军过后疫疠丛生的情况,同过去也没有两样。

在这大规模军事破坏的过程中,农业衰歇,自属当然的结果;而官府的科索,从不稍宽,人民的困苦就愈陷愈深。历代史籍,不断有如下的记载:

军兴日久,民离农畔,父子夫妇不能相恤。(《三国志·孙权传》)

自顷年以来,西有番夷之寇,南有羌戎之聚。岁会戎事,城出革车,子弟困于征徭,父兄疲于馈饷。赋益烦重,人转流亡,荒田既多,频岁仍敛,户口凋耗,居邑萧然。(《旧唐书·代宗本纪》参《册府元龟》)

河东兵革之余,疲民稍复,然丁牛既少,莫能耕稼。重以亢旱、蝗螟,而馈饷所须,徵科颇急。贫无依者,俱已乏食,……其憔悴亦已零矣。……而潞州帅府遣官于辽、沁诸郡,搜括余粟,悬重偿诱人告讦,州县惮帅府,鞭箠械系,所在骚然!甚可怜悯。(《金史·胥鼎传》)

农业既已破坏,农民经济既已破产,一旦遭遇天灾,便更加一发而不可收拾。而且,在战争过程中,往往还有以人工毁坏各种防灾设备,以致酿成奇祸的事实发生。其中尤以决河攻敌的事,最足为代表。当河道初决之时，淹没农田禾稼及民居，已不可胜数，而事后又多不加修补，这就必然增长河患。贻祸后来，自非浅鲜。这种决河的事，在历史上是常见的。如：

秦攻魏，决河灌其都，决处遂大不可复补。（《通鉴纪事本末》卷二十五引王横语）

他如北宋端平元年，暴古决寸金淀（在河南开封县北，由黄河泛滥的水汇成），及明崇祯十四年巡抚高名衡固守开封，抗拒李自成起义军，竟决黄河朱家寨堤灌自成军。这些都是较显著的例子。民国以来，军阀混战，对于水利的破坏，也不亚于前代，较早的例子如：直、奉战争时，吴佩孚以人工决堤，实行水攻。较近的例子，如民国二十年国民党军队利用泛滥的水势进攻红军，想一举歼灭共产党的中央根据地。民国二十二年四川内战时，也有这方面的例子。据报载：

刘文辉步队十七日占领崇宁，黄隐部队退而集中灌县，决堰而死守。因此沿河十余县泛滥成灾，稻田被淹没，荒村陷于全灭状态。（二十二年九月十八日《申报》）

又载：

刘军十九日二次下令总攻。……刘强渡河未逞，令将江都堰掘毁，以减少混河水势，因此河水向外泛滥，沿河各县均蒙水灾。（同前）

这都是因战争直接造成大规模灾荒的铁证。人民平日在军事骚乱与苛征之下，已经穷得无以为生，抵抗天灾的能力，已丧失殆尽；再遭到这样直接的摧毁，固有的防灾设备，也就荡然无存。一遇水灾巨浪滔天，无所措手，怎能免于死亡啊！

综上所述，战争对于灾荒的关系，已极明显。

四　技术落后和灾荒

技术落后，从若干方面考察，也是促进灾荒、使灾荒不易克服的一个原因。近世学者论述我国灾荒的原因时，多从技术落后着眼。这从表面上看来，固然很有道理；但我们在前面已一再指明，中国灾荒问题的本质，不能纯粹从人与自然的关系中去理解，必须进而从人与人的社会关系中探求它的基本原因，才能了解其真相。也就是说，人与人的社会关系是主因，而人与自然的技术关系则是从属于前者的次因，舍弃人与人的社会关系，则人与自然的技术关系，势必不可思议。因技术本身实为社会劳动的成果，它的发展是以社会关系的发展为前提。在某种社会关系制约之下，即有某种技术水准；技术不能超越社会的历史条件以自求发展，因此，我们也不能离开社会的历史条件而孤立地来考察技术问题。

但我们对于技术同灾荒的关系，也不应该忽略。

我国农业技术的落后，实是无可讳言的事实。自西周以来三千年间，我国农业技术的进步非常微小。我国农家，大体上正如马札尔（Madjar）所说："仍然保守二千余年来之旧方法和旧农具之劳动方式。”[①]因为在西周时代，我国农业便已有相当发展，农产品种类，已颇完备，耕种技术，已粗具规模，并已知道制造和运用金属农器，凡耕种所需的各项工具，大体上都已具备。有“歧头”而用以翻土的“耒”；有“一刃”而用以碎土的“耜”；有用来整地的“钱”；有用来摩田的“耰”；有用来掘土的“臿”；有用来迫地去莠的“镈”；有用来获禾刈草的“铚”和“艾”；有用来脱粟的“枷支”。春秋时代，农耕更加进步；战国时代尤为发达。当时铁器的应用，已普遍盛行。《国语》上曾说：

恶金以铸钽夷斤断，试诸土壤。（《齐语》）

《管子》也说：

耕者必有一耒、一耜、一铫，若其事立，……耜铁之重加七，三耜铁，一人之籍也。（《海王篇》）

又说：

一农之事，必有一耜、一铫、一镰、一鎒、一椎、一铚，然后成为农。（《轻重乙篇》）

当时牛耕也已完全代耦耕而盛行，牛犁用得很广，所以管子又说：

① 马札尔：《中国农村经济研究》。

丈夫有二犁，童五尺一犁，以为三日之功。（《乘马篇》）

又说：

躬犁垦田，耕发草土，得其谷矣。（《轻重甲篇》）

铁器与牛耕普遍盛行，农具种类，愈多就愈方便。重农具广泛采用，更有利于深耕。《孟子》所谓“深耕易耨”（《梁惠王篇》），实为与当时技术水平相适应的一般耕耘方式。因此，当时史籍常有如下的记载：

农夫群萃而州处，察其四时，权节其用：耒耜枷芟。及寒，击草除田，以待时耕；及深耕而疾耨之，以待时雨；时雨既至，挟其抢刈耨镈，以旦暮从事于田野。（《国语·齐语》）

昔予为禾稼而卤莽之，则其实亦卤莽而报予；芸而灭裂之，其实亦灭裂而报予。予来年变齐深其耕而熟耰之，其禾繁以滋。（《庄子·则阳篇》）

五耕五耨，必审以尽。其深殖之度，阴土必得，大草不生，又无螟蜮。（《吕氏春秋》）

故晦欲广以平，甽欲小以深。下得阴，上得阳，然后咸生。（同前）

粪田畴，美土疆。（《吕氏春秋》）

导水潦，利陂沟。（《管子·五辅篇》）

同时，施肥灌溉的技术，也已普遍进步，成为当时农业的常识。

当时农业生产力的发展,已可见一斑。长期以来,我国农民一般仍沿袭当时的农业技术,未见有根本显著的进步。民国以后,除少数区域,由于特殊的社会条件,采取新式农耕机器以外;其余最大多数农村中的农业耕种技术,仍一如数千年前的状态。累世相传,未尝放弃,有时且更有部分退化的现象。以这种停滞落后的农业技术,自不足以克服自然灾害。

我国农业技术所以长期停滞落后而很少进步,当然是有着深刻的原因的。这种原因,只有从历代农民经济生活的关系中去求得解释。

长时期以来,由于封建制度下土地关系的束缚,我国农民,一般都受着重赋徭役的剥削,战争的破坏,地主商人的侵吞兼并,以及各种无限制的封建掠夺和摧残,已陷于极度穷困的境遇,对于农业技术的改进,心有余而力不足。增进生产力与土地所有关系矛盾的存在,贯穿着我国两三千年间的历史。在这种情况下,新技术的采用,成为很难实现的幻想。我们试一观察历代农民的经济状况,就不难找出问题的关键所在。

当春秋、战国时代,最初由于生产力的提高,生产量也随着增加。若据《汉书·沟洫志》所载"收皆亩一钟",又据孟子所说"一夫百亩"来计算,则当时农夫所耕百亩之田,收入当可得百钟,每钟又按六斛四斗计算(据"师古注"),则有六百石。照理农家经济,应该比较丰裕,但实际上不然。史称:当时的征敛,往往达三分之二,如:

民三其力,二人于公,而衣食其一。(《左传》昭公三年齐晏子语)

农民终岁入不敷出，是很平常的事情。据当时李悝估计，农业最发达的魏（今河南）国，农家一户五口，耕地百亩，每亩获一石半，其经济状况如下：

一夫挟五口，岁亩收一石半，为粟百五十石。除什一之税十五石，余百三十五石；食，人月一石半，五人岁终为粟九十石，余有四十五石；石三十，为钱千三百五十；除社闾尝新春秋之祀，用钱三百，余千五十；衣，人率用钱三百，五人岁终用钱千五百。不足四百五十。不幸疾病死丧之费，及上赋敛，又未与此。（《汉书·食货志》）

如果把这种收支状况，按数字编排，可制为下表：

收　入		支　出	
米150石	钱4500	租　　税	钱　450
		食	钱　2700
		衣	钱　1500
		祭祀尝新	钱　300
		合　　计	钱　4950
不足	钱450		

按这样计算，农民实无日不处在极度穷困的生活状况中，苟延残喘。加以兵役繁重，连年征杀，农业生产更受到破坏。结果正如孟子所说："乐岁终身苦，凶年不免于死亡。"在这种生活条件下，技术的改进，自不可能，一遇灾害的侵袭，当然难于避免死亡的威胁。

秦、汉以后，农民的生活，一如往昔，很少有改善。我们从典籍记载中，可以见到：

富者田连阡陌，贫者无立锥之地。或耕豪民之田，见税什五，故贫民常衣牛马之衣，而食犬彘之食。（《汉书·食货志》）

今农夫五口之家，其服役者不下二人，其能耕者不过百亩。百亩之收，不过百石，春耕夏耘，秋获冬藏，伐薪樵，治官府，给徭役，春不得避风尘，夏不得避暑热，秋不得避阴雨，冬不得避寒冻。……急政暴虐，赋敛不时，朝令而暮改，当具有者，半价而卖，亡者取倍称之息。于是有卖田宅鬻子孙以偿债者矣！（《汉书·食货志》）

宋武帝时，遣台使督郡县。或尺布之通，曲以当匹；百钱余税，且增为千。……百姓骇迫，不堪其命，恣意赃贿，无人敢言。（《文献通考》）

隋、唐时代，农民有田的大多不满五十亩，而赋税仍很重，农民生活愈加贫困。史称：

关辅百姓贫，田多荒芜。诏诸道上耕牛，委京兆府劝课，量地给牛，不满五十亩不给。高以圣以所忧乃在贫乏，今田不及五十亩，即是穷人，请两户共给一牛。（《新唐书·袁高传》）

自定两税法，货重钱轻，乃计钱而输绫绢。既而物价愈下，所纳愈多。绢匹为钱三千二百，其后一匹为钱一千六百，输一者过二。虽赋不增重，而民愈困矣！（《新唐书·食货志》）

而且当时除正税外，还有许多杂税。附于田赋方面的，就有草税、租脚及运脚等。因为中唐以后，苛敛繁兴，有因中央政府应一时的急需而征税的；有因地方藩镇为满足额外要求而擅自征税的；有因官吏勒索而不得不进奉的。凡此种种，不一而足。据当时杨炎的统计，各项科敛名目，竟达数百种之多，杨炎曾说：

> 至德之后，……人户凋耗，版图空虚。军国之用，仰给于度支、转运二使。四方大镇，又自给于节度团练使，赋敛之司，增数而莫相统摄。于是纲目大坏，朝廷不能复诸使，诸使不能复诸州。四方贡献，悉入内库，权臣猾使，缘以为奸。或公托进贡，私为赃盗者，动以万计。随人署置，俸给厚薄，由其增损。故科敛之名凡数百，废者不削，重者不去，新旧仍积，不知其涯。（《唐书·食货志》参《新唐书·杨炎传》）

又有下面这样的记载：

> 常赋之外，进奉不息，韦皋、剑南有日进；李兼、江西有月进。杜亚、扬州，刘赞、宣州，王纬、李锜、浙西，皆竞为进奉。……通津达道者税之，莳艺蔬果者税之，死亡者税之。节度观察，或先期税入，以为进奉，然十献其二三耳。（《唐书·食货志》）

在这样的苛税下面，农民的贫乏可想而知。有时农民不得已逃税，但政府对逃税的农家，又实行括户的办法。这时，农民所受之痛苦，就更数十倍于平常，因搜括的结果，责还欠租动辄追溯至二三十年。如：

天宝中王𫓹为户口使，方务聚敛。以其籍存而丁不在，乃按旧籍，除当免者，积二三十年，责其租庸，人苦无告。（《新唐书·杨炎传》）

也有强迫未逃户替逃户还税的。如：

南县长原乡本有四百户，今才百户，阌乡本有三千户，今才千户。由于均摊逃户：十家之内，五家逃亡，即令来逃之五家均摊其税。如石投井，不到底不止。（《新唐书·李勃传》）

这么一来，农民经济势必破坏到不可收拾。

两宋时，公赋私纳，也十分苛重。农民不但耕种收获不敷支出，而且有时鬻牛易产，也难偿还赋税，农民中许多陷于破产。史称：北宋时"天下之田，有一亩而税数十者"。（《续资治通鉴长编》）"贫民卖田而不推税，……产去税存。"（《续古今考》）且常有一石正苗，缴纳到三石的情形。如：

乐平正苗二万七千五百余石，每石加盐米四斗，蘼米二斗八升二合。于是一石正苗，非三石不能了纳。（《文献通考》）

南宋时的情况，有如下述：

别科米麦，有一亩地纳四五斗者，……（秦）桧再相，密谕诸路暗增民税七八。……（《文献通考》）

正税外，敷科繁重，税米有输至五六斛，税一缗有输及十七八缗者。（同前）

自绍兴九年，所有赋财，十分为率，储一分充上供，始十三年年增二分，鄂州原储一分，钱一万九千五百七十缗。今已增至一十二万九千余缗，……民力凋敝，无所从出。（《宋史·食货志》）

普通佃户，即使把一年的收入全部用来缴纳，还是不够。王炎曾说道：

每亩所输于官者，役钱以四百八十文为率，苗以一斗为率。而计其得于田者，膏腴之田，一亩收谷三斛；下等之田，一亩二斛；若有田不能耕，佃客税而耕之者，每亩取得一斛一斗而已。且以三斛计之，秋熟之时，粜谷一斗为钱二百五十文，是二斗谷方能办一亩役钱。馀有一斛，用以输米斗，凡诸色费用，皆取办于是。若以四角为亩，则每亩所收犹不能足，况下等所收不多；佃户耕之者，其入更少，何以堪其责乎？（王炎：《双溪集》）

宋代农家的生活，实在是很苦了。

元、明、清三代，农民纳租时的租率也很高，额外的“差发”、“加征”和“科派”更重，农家经济，还是少有发展的可能。元代官田佃奴，竟需要供给官吏全家衣、食及游乐挥霍的费用：

诸职官之田职佃户，有至五七百户，下至九品，亦不下三

五十户。出给执照,……令供给一家所用之费。(《元典章》)

明代佃田租额,一亩少的四五斗,多的到一石二三斗,农民所得很难图一饱,当时情形,有如顾炎武所述:

吴中之民,有田者什一,为人佃作者十九。其亩甚窄,而凡沟渠道路,皆并其税于田之中。岁仅秋禾一熟,一亩之收,不能至三石,少者不过一石余;而私租之重者至一石二三斗,少亦七八斗。佃人竭一岁之力,粪壅工作,一亩之费可一缗,而收成之日,所得不过数斗。至有今日完租,而明日乞贷者。(《日知录》)

清代的农民经济,据监察御史丁寿昌所说:

田不分官民,税不分等则,一切以三斗起征。……而一条鞭法,上下忙银耗米,轻赍、勒折、浮收尚在其外,竭一亩之久,不足交一亩之租。农民朝纳官粮,夕成饿莩;甚至有以田地白售于人而不取价值,而人畏其粮重而无肯收受者。(《皇朝道咸同光奏议·请永减苏杭漕粮疏》)

王家相也曾说:

苏松多水田,自五月莳秧以后,至十月获稻之先,……竭数人半载之力,种熟一亩之田。逮完粮所余,不过数斗。仅得储数月之粮,户鲜盖藏,已非一日。故农民有丰年常食麦栖者

矣。(《皇朝道咸同光奏议·敬陈八折收漕不可十事疏》)

清代农民穷苦的情形,也可说是无以复加。

民国以后,农民经济的普遍穷困,更为一般人所共晓。拿地租来说,各地佃户所缴纳的地租,无论是定额谷租或分额租,都占农田产量半数以上。据民国十九年国民党政府主计处所发表的统计资料①,地租占产量的成数约如下:

田别 租别	上等水田	中等水田	下等水田	上等旱田	中等旱田	下等旱田
分租占产量%	51.5	48.2	44.9	47.8	45.3	43.7
定租占产量%	46.3	46.1	46.2	45.4	44.6	44.3

在佃农所得的成数中,若再除掉各项生产成本,那么,实得之数,还不足以维持一家老幼最低限度的生活。据各地部分调查结果,佃户一家,每年收支,大都入不敷出。下表所统计的浙江、杭县等十一县每家佃农的平均收支②,就是显明的例子:

依下表总计,平均每家佃农一年辛勤劳动的结果,只落得二十六元四角八分三厘的亏负。何况又有各种额外负担,先后逼迫:如租地前交付押租的制度,盛行于全国半数以上的县份,这种押租,无疑地会加重佃农的负担。而逐年增加的繁重田赋,及十数倍至三四十倍于正赋的附加,有时再加上三月两次的预征制度(如四川),又使自耕农陷于破产,至于苛捐杂税和临时摊派,更把一般农民驱入绝境。

① 《统计月报》二卷二期。

② 据民国二十四年《中国经济年鉴续编》。

收入		支出	
稻	114.547 元	膳食	107.968 元
麦	56.236	衣服	12.000
猪	15.000	农具	6.000
其他	15.000	肥料	12.000
合计	200.783	种子	5.389
		田租	68.909
		其他	15.000
		合计	227.266

历代农民在这极度穷困的经济条件下，辗转呻吟，要想维持最低限度的生活都不容易做到，又岂能谋求技术的改良？而且他们所能得到的耕地，多极狭小。如宋代的佃农，平均每户所耕之地，不到十亩，日本周藤吉[①]曾考证如下：

> 王周之田六十四亩(有佃户八户)，汤滂之田十六亩(有佃户五户)，涨溢之田九亩三十三步(有佃户三户)，俞尚之田十三亩二角四十八步(有佃户三户，但其中有一户并耕王周之田)，共计百三十亩许有佃户十八家，其中耕种十亩以上者仅两户，其余所耕悉只十亩以下。(周藤吉:《宋元时代佃户之分析》)

民国以后，农民的平均耕地更少。据估计，河北保定农家中占百分之六五点二的贫农和雇农，每家平均所有耕地，仅六亩六分[②]。

① 应为周藤吉之。——编者注

② 据前中央研究院、社会科学研究所和北平社会调查所协同调查所得，引自陈翰笙的《现代中国土地问题》。

而广东省占农家总数百分之二的中农，每家平均所有耕地也只有六亩。至于占有百分之七十四的贫农和雇农，所得耕地平均仅两亩①。同时耕种地段的平均面积，也有普遍缩小的趋势②，像这样极零细和分散的农田，实也无法谋技术的改良！

我国农民二千多年来，一向都是以粗劣的农具，在狭小的耕地上进行粗糙的耕种。再加上历代剥削的苛重，农民多卖妻鬻子，或典当耕牛农具。劳动力低贱的程度，往往甚于耕畜和器械。这种情形，使农业技术更趋退化。

而且，历代的统治阶级，还时常用更恶劣的方法，直接破坏农业生产技术。汉代铁官鼓铸农器的专卖政策，就是很明显的例子。当时一般有正义感的文人，曾经激烈地反对过这项政策。如说：

> 农，天下之大业也，铁器，民之大用也。器用便利，则用少而得作多；农夫乐事劝，功用不具，则田畴荒，谷不殖。用力鲜，功自半，器便与不便，其功相什而倍也。县官鼓铸铁器，大抵多为大器，务应员程，不给民用，民用纯弊，割草不痛，是以农夫作剧，得获者少，百姓苦之矣。（桓宽：《盐铁论·水旱篇》）

又说：

> 今县官作铁器，多苦恶，……集其原，一其贾，器多坚䃘，

① 一九三三年估计，见前引陈翰笙文。

② 同本书第104页注②。

善恶无所择，吏数不在器难得，家人不能多储，多储则镇生，弃膏腴之日，远市田器，则后良时，盐铁贾贵，百姓不便，贫民或木耕手耨土扰啖食。（同前）

因官制铁器“割草不痛”，以致农民“木耕手耨”，这种政策破坏农业生产，妨害农业技术的进步，已昭然若揭。

技术拙劣，效率极低，平日生产不足，于是稍遇自然灾害，便束手无策。有时虽是轻微的天气变化，也足以引起重大的打击。最常见的是：许多地势较高的田地，常因天久不雨，河水干浅，人力畜力引吸不及，以致造成旱灾。由此可知技术落后对于灾荒影响的严重了。

不过，我们还要反复指出，我国历代存在的那种农业生产关系，是造成技术落后的根本原因，这一点必须认识清楚。

第三章　灾荒的实际影响

第一节　灾荒促成社会变乱

灾荒严重发展的最主要结果，就是社会的变乱，所谓社会变乱的主要形式，不外人口的流移死亡、农民的暴动和异族的侵入，现就这三方面分述如下：

一　人口的流移和死亡

我国历代由灾荒引起的人口流移，虽因历代官私记载的缺漏，仅有"民庶流亡"等空洞文句，而没有切实的数目可资统计；但从少数史籍记载的片断文字看来，为数也很可惊。动辄达数十百万之多。如：

> 元狩四年冬，有司言关东贫民徙陇西、北地、西河、上都、会稽，凡七十二万五千口。（《汉书·武帝纪》）
>
> 末年……饥旱，……流民入关者数十万人。（《前汉书·食货志》）
>
> 永兴元年，秋七月，郡国三十二，蝗，河水溢，百姓饥穷，流

冗道路，至有数十万户，冀州尤甚。(《后汉书·桓帝纪》)

建安初，关中百姓流入荆州者十余万家。(《晋书·食货志》)

河东、平阳、弘农、上党诸郡流入之在颍川、襄城、汝南、南阳、河南者数万家。(《晋书·王弥传》)

时流人在荆州十余万户。(《晋书·刘弘传》)

巴蜀流人汝班、蹇硕等数万家，布在荆、湘间。(《晋书·杜弢传》)

汉南流民襁负而至者，日以千数。(《周书·贺兰祥传》)

关西百姓流移就谷，相与入汉川者，……十余万口。由是散在益梁，不可禁止。(《晋书·李特载记》)

大业末，许绍任夷陵通守，是时……流户自归者，数十万口。(《唐书·许绍传》)

同光三年，是时两河大水，户口流亡者十四五。(《旧五代史·庄宗本纪》)

流民转徙东下者六七十万人。(潘长吉:《宋稗类钞》卷一)

韩琦知益州，岁饥，流民载道。……檄剑关民流移欲东者，勿禁，凡抚活流亡共一百九十万。(《康济录》)

庆历三年，陕西饥，……河中、同华等饥民相率东徙，发廪赈之，凡活一百五十万人。(同前)

庆历八年，河北京东西大水，饥，……流民……各以远近受粮，凡活五十余万人，募为兵者又万余人。(《文献通考》)

许昌是岁适大水，灾伤，西京尤甚，流殍自唐邓入吾境，不

可胜计。(宋叶梦得:《石林避暑录》卷一)

孝宗乾道二年,两浙江东大饥,淮民流徙江南者数十万。(《宋史·孝宗本纪》)

至大元年,……北来贫民八十六万八千户。(《康济录》记元武宗时事)

宣宗宣德四年,……山西饥民流徙南阳诸郡,不下十余万。(《通鉴纲目三编》)

景泰四年,正月,……山东、河南饥民就食者坌至,……全活百八十五万余人,给饥民五十五万七千家。(《明史·王竑传》)

成化十三年,……籍流民得十万余户。(《明史纪事本末》)

成化二十年,九月,巡抚左佥都御史叶琪奏,山西连年灾伤,平阳一府逃移者五万七千八百余户,内西邑县饥饿死男妇六千七百余口,蒲、隰等州,临晋等县,饿莩盈途,不可数计。(何乔远:《名山藏》记明宪宗时事)

光绪二年,十一月,江北旱灾较重,饥民四出,兼以山东、安徽灾黎纷纷渡江,前赴苏、常就食者千万。(《东华续录》)

这些数字,虽不具体,但也足以表示大量人口流移的一般趋势。大抵灾荒程度愈重时,人口流移率也愈高,这是理所当然的。民国以后,因灾荒所造成的农村人口流移现象,也很严重。例如民国十七年至十九年的西北大灾荒,据陕西赈务委员会事后调查所得,三十七县妇女在灾荒期中离村的共达一百余万,其中被贩卖的达三十余万,迁逃的有七十余万[①]。这还是专就农村妇女来说的。如果再加上农村男子,那末,陕西大灾荒中离村人口当在二百万左右,约占全省人口六分之一。又据陕西官方调查,全省五十八县,民国十九年灾后较灾前的民国十七年,两年间人口差数,除西安市增加一二七七人,榆林县增加一〇九二九人外,其他各县总共减少九四四七一九人,几乎减少一百万人[②]。其中除死亡一部分外,其余大部分都是流移他乡。至于灾情较严重的县份,如武功人口从十八万减至九万余人;扶风人口从十六万减至十万余人;岐山人口从十七万减至十三万人[③]。其中大部分也都是出于流亡。又民国二十年长江大水,鄂、湘、赣、皖、苏各省农村人口流离失所的也很多。据调查,每千人中离村的平均有一百二十五人,约占灾区总人口百分之四十,其中百分之三十一,属于全家迁徙,百分之九,属于单身出走[④]。

从东北各地移住民人数的递增,也可证明我国本部各省灾民移出之多。据统计,民国以后,北方黄河流域各省人民,随着灾荒的发展,移徙到东北去的,逐年都有增加。如民国十二年移住东北的农民为三十九万人。民国十五年就增加到五十九万人。民国十六年以后,每年都达一百万人以上[⑤]。这都是灾荒招致人口流移的重要例证。因为民国以后十多年来,华北鲁、冀、豫等省,屡降灾

① 石笋《陕西灾后的土地问题》、《农村新姿态的展开》,载《新创造》二卷一、二期合刊。

② 何挺杰《陕西农村之破产及趋势》,载《中国经济》农村经济专号。

③ 郑震宇《农村复兴与荒地清理》,载《地政月刊》一卷十二期。

④ 据一九三一年水灾区域的经济调查,《金陵学报》二卷一期。

⑤ 王海波《东北移民问题》。

荒，所以灾民离村移住东北的特别多。其中仅就山东一省来说，当民国十六年至十八年间，济南、沂州、泰安、兖州、东昌、济宁等十一县，一部分灾民移住东北的就达七万余人[①]。其他各省地一定不下此数。

灾荒引起农村人口大量流移的现象，也可从近代各重要都市人口激增的情形，得到说明。如拿民国初年和民国二十六年的人口来比较：南京人口由二十七万弱增到一百万人；上海人口由百万左右增到三百万人以上；北京人口由八十万左右增到一百六十万；天津人口由七十五万增到一百一十万；广州人口由八十万左右增到一百余万。在长期的封建制度和半殖民地半封建制度下，我国都市人口，死亡率常超过生殖率，这样大量的人口增加，主要原因当然不是由于自然的增殖，而是由于农村人口的移集。由于我国城乡资本主义都不发达，这种移集现象同资本主义国家因都市工业发达及农业资本主义化所引起的人口集中现象，又有所不同。我国农村人口大量移集都市，很大程度上就是由于灾荒的影响。如南京棚户人口，据调查所得，其中十分之九以上，都是从农村中移来，而移徙的原因，大半都是由于灾荒[②]。民国二十四年间，国民党政府的中央农业实验所曾就二省一千零一县的农村进行较详细的农民离村调查。结果查得全家离村的共一百九十二万余户，占农户总数百分之四点八；仅有青年男女离村的共三百五十余万户，占总农户数百分之八点九。这些农民大多数都是因为灾荒的逼迫

① 据旅吉、山东会馆及哈尔滨总商会两机关统计，引自王海波《东北移民问题》。

② 吴文辉《南京棚户调查》。

而不得已离村的。

这大量流移的受灾人口，虽然成群结队，相继离村，但流徙到别的州郡以后，求食很困难，甚至有被地方官吏下令捕逐的。如：

宣德三年，工部侍郎李新自河南还，言：山西民饥，流移至南阳诸郡，不下十余万口，有司军卫各遣人捕逐，民死亡者多。（《大政纪》述明宣宗时事，并见《通鉴纲目三编》）

像这类事实，历代多有发生，民国以后，也很常见，结果老弱者只好忍受饥饿，坐以待毙！在饥饿流移以及被捕逐的过程中，死亡的数目自然不少。至于江河骤决，地震猝发，疫疠流行，因而引起死亡的，也不在少数。

据过去官方的和半官方的统计材料，我国农村人口死亡率约为千分之二十五至二十六，即平均每年每千人中约死二十五人至二十六人。除印度外，这实是世界各国最高的死亡率①。而绵延不断的灾荒，实是造成这最高死亡率的一个重要原因。可惜历代官私各种史籍，对这种情况没有相当完备的记载。不过，我们就从一二零星的数字和笼统的记述中，也不难推知我国农村和城市的人口，在历次灾荒中死亡的，为数实在很大。现就典籍所载，选择略有部分概括的数字，并具有一定代表性的，列举于后，并稍加分析，借以明了灾荒引起人口死亡的一般状况。

先就汉代来说，据“两汉书”所记，如：

---

① 乔启明《中国农村人口之结构及其消长》，载《东方杂志》第三十二卷第一号。

二年，六月，关中大饥，米斛万钱，人相食。（《汉书·高帝本纪》）

二年，春正月，地震，羌道武都道山崩，杀七百六十人。（《汉书·高后纪》参《五行志》）

后三年，关东饥，死者以千数。（《汉书·文帝本纪》）

元鼎二年，夏，大水，关东郡国四十余，饥死者以千数。（《汉书·武帝本纪》）

元封二年，河决，大寒，三辅人民死者十二三。（同前）

本始四年，河南以东四十九郡，地震，杀六千余人。（《汉书·宣帝本纪》）

元始二年，旱、蝗，民疾疫，……赐死者一家六尸以上葬钱五千；四尸以上三千；二尸以上二千。（《汉书·平帝纪》）

连年久旱，亡有平岁，……北边及青徐地，人相食，……饥民死者十七八。（《汉书·王莽传》，参《食货志》）

建武十四年，会稽大疫，死者以万数。（《后汉书·钟离意传》）

永和二年，夏，旱，……雒城旁客死骸骨万余人。（《后汉书·周畅传》）

延熹九年，司隶豫州饥死者什四五，至有灭户者。（《后汉书·桓帝本纪》）

各州郡中因水旱饥死的，动以千计，甚至于“灭户”，而疫疠的为灾，一家中死的竟常达“六尸以上”，死亡之多且烈，可想而知。这大量人口的死亡，从当时户口调查的数字变动中，也可见到。查汉代户口，当平帝即位时，约为一二二三三〇六二户，五九五九四九七八口①。这数字据《汉书·地理志》所载，虽然发表在元始二年（公元二年），但它所揭示的户口实况，应看作是元始二年以前的情形，较为合理。到光武中元二年（公元五七年），据《后汉书·郡国志》所载，则仅有四二七九六三四户，二一〇〇七八二〇口，计减少七九五三四二八户三八五八七一五八口。这巨大差数的发生，一部分原因，也许是由于内乱中户籍的不备，但主要原因，却是灾荒中人口的大量死亡。因自元始二年，旱、蝗、疾疫交作，民间一家死亡的多到六口以上。随后连续五十三年中（自元始三年至中元元年），灾荒还是不断发展，计有九次蝗灾；八次旱灾；七次水灾；四次雨雹之灾；三次疫灾；二次地震；二次风灾；一次霜雪之灾，总计有三十六次灾害。其中破坏较大的，如王莽建国二年（公元十年），河决魏郡（在今河北大名附近），酿成冀鲁等省大水灾；光武建武二十二年（公元四六年），京师及郡国九十大蝗；郡国四十二地震，二十六年（公元五〇年）郡国七大疫，二十八年（公元五二年）郡国八十蝗，及二十九年（公元五三年）武威、酒泉、清河、京兆、魏郡、弘农（即今甘肃、山东、河北、陕西等地）大蝗。这数次灾荒中，死亡的人当不少，不过史册没有记载罢了。至于其中破坏最大的，则有地皇三年（公元二二年）的大旱蝗灾，引起"天下大饥"，一直延至光武登基的次年（建武二年，公元二六年），关中一带，还是能见到"人相食"的凶像②。这就是前面所举的"连年久旱，……人相食，……死

① 据《汉书·地理志》载："讫于孝平……民户千二百二十三万三千六十二，口五千九百五十九万四千九百七十八。"

② 按《后汉书·光武帝纪》，建武二年，载："关中饥，民相食。"这里并未说明究竟是哪一种灾荒所致，但根据该段末"初，王莽末，天下旱蝗，……至是野谷旅生"一句推断，想必是前次灾荒的延续。

者十七八"的大灾荒。此外建武十三年(公元三七年)的扬、徐郡大疫,及十四年(公元三八年)的会稽大疫,死亡人数也很多。会稽(在今江苏,汉时也隶属扬郡)大疫,前面已加引证,谓"死者以万计",可见扬、徐(包括今山东、江苏、浙江、安徽等地)两郡大疫,范围当更广,死亡人数当更多。也可见元始二年与中元二年前后两次的户口差数中,包括有大部分灾荒死亡的人口,实不能否认!

魏、晋、南北朝以后,历次灾荒中死亡的人数,也极难估计,现略举史籍中断片的记录,以见一斑:

至于永嘉……幽、并、司、冀、秦、雍六州大蝗,草木及牛马毛皆尽。又大疾疫,兼以饥馑,百姓又为寇贼所杀,流尸满河,白骨蔽野。……人多相食,饥疫总至。(《晋书·食货志》)

晋末……生民通尽,……或毙于饥馑,其幸而自存者,盖十五焉。(同前)

延兴三年,……州镇十一水旱,……相州民饥,死者二千八百四十五人。(《魏书·孝文帝本纪》)

景明二年,……青、齐、徐、兖四州大饥,民死二十万余口。(《魏书·宣武帝本纪》)

延昌二年,二月,六镇大饥,……饥民死者数万口。(同前)

大统二年,关中大饥,人相食,死者十七八。(《北史·魏文帝本纪》)

皇兴二年,十月,豫州疫,民死十四五万。(《魏书·灵征

志》）

频岁大水，州郡多遇沈溺，饥馑尤甚，重以疾疫，相聚死者十四五焉。（《隋书·食货志》）

大业八年，岁大旱，又大疫，人多死，山东尤甚。（《隋书·炀帝本纪》）

永淳元年，冬，大疫，两京死者相枕于路。（《旧唐书·五行志》）

贞元元年，春旱，无麦苗，大饥，东都、河南、河北……死者相枕，……夏蝗，东自海，西尽河陇，群飞蔽天，旬日不息，所至草木叶及畜毛，靡有孑遗，饿殣枕道。（同前）

天福八年，时州郡蝗旱，百姓……饥死者千万计。（《旧五代史·晋少帝本纪》）

景祐四年，十二月，……并、代、忻州并言地震，吏民压死者三万二千三百六人，伤五千六百人。（《宋史·仁宗本纪》）

绍兴元年，越州及东南诸路郡国饥，淮南、京东西民流常州平江府者多殍死。（《宋史·五行志》）

嘉定二年，春，两淮、荆襄、建康府大饥。米斗钱数千，人食草木。淮民刲道殣食尽，发瘗胔继之，人相搤噬！流于扬州者数千家，渡江者聚建康，殍死日八九十人。是秋诸路复大歉，常润尤甚。冬，行都大饥，殍者横市，道多弃儿。（同前）

至大元年，春，绍兴、庆元、台州疫，死者二万六千人。（《元史·五行志》）

至顺二年，四月，衡州路属县比岁旱蝗，仍大水，民食草木殆尽，又疫疠死者十九。（《元史·文宗本纪》）

至正十八年，两河民流入京师，重以饥疫死者枕籍，宦者朴不花请市地收葬之，前后凡二十余万人。（明《昭代典则》记元顺帝时事）

天顺五年，七月，河南水，黄河溢涨，汴、襄间浒没官民庐舍，民死者多。……九月，滨海诸县，潮挟雨大至，死者万余人。（何乔远：《名山藏》）

以上所举数字，当然是极微小的一部分。由于我国历代统计资料根本缺乏，我们实无法完全明了死亡的实数。若根据笼统含糊的记载而随意估计，也多危险。不过，不管怎样，上面所举各例证，已足以表明魏、晋以后各次灾荒对于人口死亡的巨大影响，则是没有疑义的。

清代以后，对灾荒中死亡的人口，还是缺乏精确的统计。不过我们对近百年间历次重要的灾情，所能知道的，当较前代为详，所以死亡的人数，也可大略加以估计。先看清代：嘉庆十五年（公元一八一〇年），山东春夏大旱；河北七州县大水大饥；浙江地震；湖北雨雹；死亡之数总计约九百万人。嘉庆十六年（公元一八一一年），山东大旱；河北等地十三州县大水；十六州县大饥；甘肃大疫；川边四川地震；死亡当在二千万人左右。道光二十六年（公元一八四六年），江苏、山东、江西都有水灾；陕西大旱；浙江地震，死亡约二十八万人。二十九年（公元一八四九年），直隶地震、大水；浙江、湖北也有大水；浙江大疫；甘肃大旱，死亡约一千五百万人。咸丰七年（公元一八五七年），河北十余州县及陕西十余州县大蝗；湖北大水，又七州县旱、大蝗；河决，山东大饥，总计死亡约八百万人。光绪二年至四年（公元一八七六至一八七八年），江苏、浙江、山东、直隶、山西、陕西、江西、湖北等省大水；安徽、陕西、山东又大旱，死亡约一千万人。光绪十四年（公元一八八八年），河北、山东地震，河决；河南郑州大水；河北也有大水，死亡约三百五十万人。仅这些年代的大灾荒，死亡人口，合计至少当有六千二百余万之多。列表如下：

时　　期	死亡人口估计
嘉庆十五年（一八一〇年）	9000000
嘉庆十六年（一八一一年）	20000000
道光二十六年（一八四六年）	280000
道光二十九年（一八四九年）	15000000
咸丰七年（一八五七年）	5000000
光绪二、三、四年（一八七六、一八七七、一八七八年）	10000000
光绪十四年（一八八八年）	3500000
合计	62780000

民国以后二十余年间，历次重大灾荒中死亡的人数，虽有一部分较详细的统计，但整个说来，还是极不完全。所以至今对于历次灾荒死亡的总人数，还无法确知。不过，根据比较可靠的统计材料，我们对这二十余年中最主要的几次灾荒的死亡人口，已可以大略确定如下：

时　　期	死亡人口估计
民国九年	500000
民国十一年	50000
民国十二年	100000
民国十三年	100000
民国十四年	578000
民国十六年	37136
民国十七、十八、十九年	10000000

续表

时　　期	死亡人口估计
民国二十年	3700000
民国二十一年	77974
民国二十二年	28293
民国二十三年	41800
民国二十四年	3000000
民国二十五年	140000
合计	18353203

可见仅根据这少数较可靠的统计数字，我国自民国九年至民国二十五年的十六年中，死于灾荒的人口已达一千八百余万之巨，假若我们能够把所有遗漏的数字，全部统计进去，那么，死亡的人数，当更加惊人。可见历次灾荒给与人口死亡的影响，是何等严重！

二　农民起义

农民穷乏与饥饿，既达极点，流移死亡的现象，继续扩大，在这种情况下，农民的普遍起义，势不可免，所谓"铤而走险"这句话，不是没有道理的。农民起义，往往逐渐酝酿，愈演愈剧。当最初发动时，声势并不怎样浩大，但最后却往往演变为武装大起义。我国历史上累次发生的农民起义，无论其范围的大小，或时间的久暂，实无一不以荒年为背景，这实已成为历史的公例。然历代政府、官吏、豪商、劣绅互相勾结，平日既竭力鱼肉人民，临难又乘机剥削，贪图私利，置"下民"的生死于不顾，使已濒于绝境的饥饿群众，更加"忍无可忍"，不得不起而为生存抗斗，这又往往是促成农民起义的直接原因。如：

万历二十二年，二月，不雨。至夏五月，谷涌贵。饥民大噪，掠劫城中，越三日乃定。先是连岁不登，三四月间每石谷价至五钱，阖城米肆尽闭，东门李章家故饶，仓多陈朽，列米于肆，故高其价，令籴者鳞次。陈七往籴，自辰至午次未及，大哗于门，李殴之；众乘机遂乱，尽掠其米，入焚其仓，烈焰亘天。巡抚李孚远闻变，遣坐营古应科提兵往捕之，凶首尽逸去，所缚者收拾灰烬之饥民，……欲枭之，……求宽解，始捆打割耳以徇。是夜邓三鼓众攻焚古应科之屋。……吴和尚劫烧北门蔡审家，城内外闻风抢掠者十余处。（《福建通志》载明神宗时事）

历史上类似这样的事实，不胜枚举，所谓"民变"由于"官逼"的情形，已昭然若揭。而农民起义酝酿发生的过程，也已大略可见。最初较和缓的形式，多是抢米和分粮。在历史上，几乎每次由灾荒所引起的农民起义，都以饥民抢米、分粮为前奏，明邱濬曾说：

劫禾之举，此盗贼祸乱之萌。小人乏食，计出无聊，谓与其饥而死，不如杀而死。……闻粟所在，群趋而赴，哀告求贷，苟有不从，即肆劫夺，且曰：我非盗也，迫于饥寒不得已耳。……窃弄锄挺以扞游徼之吏，不幸而伤一人，势不容已，遂至变乱矣。（《大学衍义补》）

历代史籍还常有如下的记载：

长庆二年，淮南奏和州饥，乌江百姓杀县令，以取官米。

（《唐书·穆宗本纪》）

寻知襄州，饥民成群，入富家，掠囷粟。（《宋史·马寻传》）

从易知虔州，会岁大饥，有持杖盗取民谷者，请一切减死论，凡生者千余人。（《宋史·陈从易传》）

岁饥，……双流朱氏独闭籴，邑民群聚发其廪。（《宋史》宗室《不愿传》）

建州岁饥，民群趋富家，发其廪。（《宋史》宗室《善俊传》）

这实是饥民骚动的最原始形式，其爆发大都是局部的、分散的，因此，在同一时间内，常达数十百起。甚至地方驻军领袖，为取得群众的拥护，也往往以顺从群众要求，率领抢米为能事。如：

大业十三年（公元六一七年），春，李密与翟让领精兵千余人，出阳城北逾方山自罗口袭兴洛仓，破之，开仓恣人所取，老弱襁负，道路不绝，众至数十万。（《旧唐书·李密传》）

刘武周与同郡张万岁等十余人，候河间府尹王仁恭视事，……斩仁恭于郡厅，封其首，出徇郡中，无敢动者。于是开廪以赈贫乏，驰檄境内，其属城皆归之，得兵万余人。（《唐书·刘武周传》）

涿郡物殷阜，仓粟盈积；又临朔宫中多珍产，……罗艺乃宣言于众，曰："吾辈讨贼，甚有功效，城中仓库山积，制在留守之官，而无心济赏，此岂存恤之意也。"以此言激怒其众，众人皆怨。既而旋师，郡丞出城候艺，艺因执之，陈兵，而留守赵什

住等惧，皆来听命，遂发库物以赐战士，开仓以赈贫乏，境内咸悦。（《唐书·罗艺传》）

榆林郡内大饥，李子和潜引敢死士得十八人，攻郡门，执郡丞王才，数以不恤百姓，斩之。开仓以赈穷乏，自称永乐王。（《唐书·李子和传》）

民国以后，每当灾荒严重的时候，抢米的风潮也很盛。譬如：民国二十三年，正当全国灾荒日益发展的时候，豫、皖、苏、浙四省于两个月内，便已发生较大的抢米事件二十二起，参加人数在数百至一二千以上①。其他在不同的时间、地点发生的，每日也有数起。

集合这无数饥民抢米、分粮的斗争，遂形成各地方的农民斗争局面，加上官吏绅商事前事后的鱼肉压迫。饥饿之火，燃遍大地，农民斗争的局势，必然迅速展开。历史上各时期所谓“流寇”、“盗贼”的啸聚倡乱，十九由这而起。现择历代重要史实列举如下：

（一）周——周代因灾荒而引起的骚动，典籍已有记载。当厉王二十一年至二十六年（约公元前八五八——前八五三年），连续六年的大旱灾爆发以后，西周领土内，即普遍展开饥饿农奴的起义。《诗经》写道：“天方荐瘥，丧乱弘多。”（《小雅·节南山》）“民之未戾，职盗为寇。”（《大雅·桑柔》）“民之无食，相怨一方。”（《小雅·角弓》）最初为饥饿所迫，起而斗争的领袖，多是平日伏处于河滨陇畔、微不足道的“庶民”（即农奴）。故又写道：“庶曰式臧，复出为恶。”（《小雅·雨无正》）“彼何人斯？居河之麋，无拳无

① 见中国经济情报社《中国经济论文集》第一集希超的文章。

勇,职为乱阶,既微且尰,尔勇伊何?为犹将多,尔居徒几何?"(《小雅·巧言》)当时"庶民"斗争的情形,于此可见。

(二)汉——西汉的灾荒,至新莽末年而大爆发,饥民遍全国,斗争随之而起。史称:

> 连年久旱,百姓饥穷,故为盗贼。(《汉书·王莽传》)

当时各地原始性的起义,不下数十起,其中较大的如下①:

> 天凤四年,临淮瓜田仪依阻会稽长洲。
>
> 琅琊吕母聚党数千人,杀海曲宰,入海中为盗,其众浸多至万余。荆州饥馑,民众入野泽掘凫茈而食之,更相侵夺。
>
> 新市人王匡、王凤为平理诤讼,遂推为渠,帅众数百人,于是诸亡命者,……皆往从之。
>
> 南阳马武,颍川王常、成丹等,……共攻离乡,聚臧于绿林山中,数月间至七八千人。
>
> 南郡张霸、江夏羊牧等与王匡俱起,众皆万人。
>
> 五年,琅琊樊崇起兵于莒,众百余人,转入太山,群盗以崇勇猛,皆附之,一岁间至万余人。同郡人逄安、徐宣、谢禄、杨音各起兵,合数万人,复引从崇,共还攻莒,不能下,转掠青、徐间。
>
> 东海力子都亦起兵抄击徐、兖。
>
> 地皇二年,南郡秦丰聚众且万人。

① 据《通鉴》及《汉书·王莽传》摘引。

平原女子迟昭平亦聚数千人在河阻中。

三年，绿林贼王常、成丹西入南郡，号“下江兵”，王凤、王匡、马武及其支党朱鲔张卬等，北入南阳，号“新市兵”，皆自称将军，……新市贼王匡等进攻隋。

平林人陈牧、廖湛复聚众千余人，平林兵以应之。

东汉自安帝永初以后一百年间，水旱饥馑，交相煎迫，民生十分困难，各州郡贫民的斗争和起义，遂相继爆发。在全国范围内，东起山东的琅琊，西至甘肃的凉州，南达交趾，北抵幽冀，此起彼伏，如火燎原。计自安帝永初三年至献帝建安十四年（公元一〇九——二〇九年），前后一百年间，以贫民为基础的骚乱和起义，重大的有如下述①。

安帝时代：

永初三年，七月，张伯路等寇略缘海九郡。

四年，海贼张伯路复与渤海、平原剧贼刘文河、周文光等攻厌次，杀县令。

五年，九月，汉阳人杜琦、王信叛，与先零诸种羌，攻陷上邽城。

顺帝时代：

阳嘉元年，海贼曾旌等寇会稽，杀句章、鄞、鄮三县长。

① 据《后汉书》诸帝纪摘引。

三月，扬州六郡妖贼章河等，寇四十九县，杀伤长吏。

三年，益州盗贼劫质令长，杀列侯。

永和二年，江夏盗贼，杀邾长。

三年，九江贼蔡伯流寇郡界及广陵，杀江都长。

汉安元年，广陵盗贼张婴等寇郡县。

二年，十二月，扬、徐盗贼，攻烧城寺，杀略吏民。

建康元年，南郡、江夏盗贼寇掠城邑。

八月，扬、徐盗贼范容、周生等，寇略城邑。

冲帝时代：

同年，十一月，九江盗贼徐凤、马勉等，称无上将军，攻烧城邑。

十二月，九江贼黄虎等，攻合肥。是岁，群盗发宪陵。

质帝时代：

永嘉元年，正月，广陵贼张婴等复反，攻杀堂邑江都长，九江贼徐凤等，攻杀曲阿东城长。

三月，九江贼马勉称皇帝。

四月，丹阳贼陆宫等围城烧亭寺。庐江贼攻寻阳又攻盱眙。历阳贼华孟自称黑帝，攻杀九江太守杨岑。

桓帝时代：

建和元年，陈留盗贼李坚自称皇帝，伏诛。

二年，长平陈景自号皇帝子，署置官属。又南顿管伯亦称真人，并图举兵，悉伏诛。

和平元年，扶风妖贼裴优自称皇帝，伏诛。

永兴二年，太山，琅琊贼公孙举等反叛，杀长吏。

永寿二年，太山贼公孙举等，寇青、兖、徐州。

延熹三年，太山，琅琊贼劳丙等，复叛，寇掠百姓。太山贼叔孙无忌攻杀都尉侯章。

五年，长沙贼起，寇桂阳、苍梧。……长沙零陵贼起，攻桂阳、苍梧、南海、交趾。艾县贼焚烧长沙郡县，寇宜阳，杀县令。

六年，桂阳盗贼李研等寇郡界。……南海贼寇郡界。

八年，桂阳胡兰、朱盖等复反，攻没郡县，转寇零陵。……渤海妖贼盖登等称太上皇帝。

九年，沛国戴异得黄金印，无文字，遂与广陵人龙尚……称太上皇，伏诛。

永康元年，庐江贼起，寇郡界。

灵帝时代：

建宁二年，丹阳山越贼围太守陈夤，夤击破之。

三年，济南贼起，攻东平陵。

熹平元年，会稽人许生自称越王，寇郡县。

中平元年，巨鹿人张角自称黄天，其部师有三十六万，皆著黄巾，同日反叛，安平、甘陵人各执其王以应之。……南阳黄巾张曼成攻杀郡守褚贡。……汝南黄巾败太守赵谦于邵陵。广阳黄巾杀幽州刺史郭勋及太守刘卫。

同年,交趾屯兵,执刺史及合浦太守来达,自称柱天将军。……巴郡妖巫张修反寇郡县。

二年,黑山贼张牛角等十余辈并起,所在寇钞。……北宫伯玉等寇三辅。

三年,江夏兵赵慈反,杀南阳太守秦颉。

四年,荥阳贼杀中牟令。……凉州刺史耿鄙,讨金城贼韩遂,鄙兵大败,遂寇汉阳。

同年,扶风人马腾,汉阳人王国并叛,寇三辅。……渔阳人张纯与同郡张举举兵叛,……寇幽、冀二州。……零陵人观鹄自称平天将军,寇桂阳。

五年,黄巾馀贼郭大等起于西河白波谷,寇太原、河东。……汝南葛陂黄巾攻没郡县。……益州黄巾马相攻杀刺史,……自称天子,又寇巴郡,杀太守。

青徐黄巾复起,寇郡县。……凉州贼王国围陈仓。

献帝时代:

初平三年,青州黄巾击杀兖州刺史刘岱。

四月,黑山贼于毒攻复邺城。

建安十二年,黄巾贼杀济南王。

这连续不断的农民大起义,无疑地是由于严重的封建剥削所造成的;但是这与后汉以来数十余次灾荒也是有关系的。

（三）魏晋——魏晋纷争割据的局面，存在很久，政治废弛已极，天灾屡屡发生，农民因饥饿被迫起来斗争和起义的事实甚多。还在三国期间，农民起义的声势就很盛。当时斗争不但发生于曹魏统治的区域，并且普及于全中国，其中属于魏地的①，如：

文帝黄初六年，利成郡兵蔡方等以郡反，杀太守徐质。

明帝太和元年，西平麹英反，杀临羌令。

废帝正始时，寿春流民十余万口，流迸山泽。

高贵乡公甘露二年，玄菟郡高显县吏民反叛，长吏郑熙昌为贼所杀。

属于蜀地的②，如：

后主建兴五年，广汉绵竹山贼张慕等寇钞军资，劫略吏民。

延熙时，陇西怨讟之众，骚动不宁。

属于吴地的③，如：

吴大帝黄武四年，鄱阳彭绮等数万人，自称将军，攻没诸县。

---

① 据《三国志·魏书》帝纪及列传摘引。
② 据《三国志·蜀书》各传摘引。
③ 据《三国志·吴书》诸传摘引。

> 七年，丹阳吴会山民攻没属县。
>
> 嘉禾四年，庐陵、会稽李桓、罗厉等起为乱，攻南海。

又

> 零陵廖式等寇苍梧、郁林，攻围城邑。
>
> 赤乌五年，建安、鄱阳、新都三郡山民作乱。
>
> 会稽王五凤二年，零陵有山贼陈毖等。
>
> 景帝太平二年，鄱阳、新都、会稽等郡民，杀都尉为乱。
>
> 永安七年，吴郡海盐县海贼杀司盐校尉，庐陵、豫章郡民张节等为乱。
>
> 归命侯甘露元年，永安施但等数千人为贼。

到了西晋，较显著的骚乱和起义①，则有：

> 元康九年，四月，郸人张承基等妖言署置，聚党数千为乱。
>
> 泰安二年，五月，义阳蛮张昌举兵反，伪号汉。
>
> 永嘉元年，二月，东莱人王弥起兵反。
>
> 五月，牧马师汲桑聚众反。
>
> 永嘉三年，七月，平阳人刘芒荡自称汉后，诳诱羌戎，僭帝号于马兰山。
>
> 永嘉四年，吴兴人钱琀反。
>
> 九月，雍州人王如举兵反于宛。新平人庞实，冯翊人严

① 据《晋书》纪传摘引。

嶷，京兆人侯脱起兵应之。

十二月，平阳人李洪帅流人入定陵作乱。

永嘉五年，湘州流人杜弢据长沙反。

五月，益州流人汝班，梁州流人蹇抚作乱于湘州。

这些斗争和起义，或在青、冀、并、豫，或在荆、湘，散布有数州之广，为时断续有十余年之久。随后南北朝农民的斗争，与地主阶级及异民族间的战争，互相掺杂，很难严格区分，所以不再叙述。

（四）隋——隋自大业三年以后，连岁水旱，至大业六年，民间流亡的人便纷纷斗争，攻陷州郡。当时各地斗争和起义情形，略如下述[①]：

大业六年，朱涯人王万昌举兵作乱。

大业九年，正月，杜彦冰、王阔等陷平原郡。平原李德逸聚众数万，称阿舅贼，劫掠山东。灵武白榆妄称奴贼，劫掠牧马。

二月，济北人韩进洛聚众数万，为群盗。

三月，济阴人孟海公起兵为盗，众至数万。北海人郭方顶聚徒为盗，自号庐公，众至三万。

五月，海北人甄宝车聚众万余。

七月，余杭人刘元进举兵反，众至数万人。

吴人朱燮、晋陵人管崇拥众十万余，自称将军，寇江左。

贼帅陈瑱等众三万，攻陷信安郡。

① 据《隋书·炀帝本纪》摘引。

九月，济阴人吴海流，东海人彭孝才并举兵为盗，众数万。

梁惠尚帅众四万，陷苍梧郡。

东阳人李三儿、向但子举兵作乱，众至万馀。

十月，吕明星帅众数千，围东郡。

齐人孟浪、王薄等，众十余万，据长白山，攻剽诸郡。

清河贼张金称众数万，渤海贼师格谦自号燕王，孙宣雅自号齐王，众各千万，山东苦之。

扶风人向海明举兵作乱，称皇帝，建元白乌。

十年，二月，扶风人唐弼举兵反，众十万，推李弘为天子，自称唐王。

四月，彭城张大彪聚众数万，保悬薄山为盗……宋世谟陷琅琊郡……延安刘迦伦举兵反，自称皇王，建元大世。

六月，郑文雅、林宝护等众三万，陷建安郡。

十一月，司马长安破长平郡。

离石胡刘苗王举兵反，自称天子，以其弟六儿为永安王。众至数万。

王德仁拥众数万，保林虑山为盗。

十二月，孟浪众十余万，据都梁宫。

十一年，二月，杨中绪率众数万，攻北平。

上谷人王须拔反，自称漫天王，国号燕。魏刁儿自称历山飞。众各十万。

七月，淮南人张起绪举兵为盗，众至三万。

十月，彭城人魏麒麟聚众万馀为盗，寇鲁郡。卢明月聚众十万，寇陈、泗间。李子通拥众渡淮，自称楚王。

十二月，谯郡人朱粲拥众十万，寇荆襄，自称楚帝。

十二年,正月,雁门人翟松柏起兵于灵丘,众至数万。

二月,东海卢公暹率众万馀,保于苍山。

七月,冯翊人孙华自称总管,举兵为盗,高凉通守洗瑶举兵作乱。

八月,赵万海众数十万,自恒山寇高阳。

九月,东海人杜伏威、扬州沈觅敌等作乱,众至数万。

是月,安定人荔非世雄杀临泾令,举兵作乱,自称将军。

十二月,鄱阳操天成举兵反,自号元兴王,建元始兴,攻陷豫章郡。……鄱阳人杜士弘自称皇帝,国号楚,建元太平,攻陷九江卢陵郡。

十三年,正月,窦建德设坛于河间之乐寿,自称长乐王,建元丁丑。

徐园朗率众数千人,攻东平郡。

弘化人到佥成聚众万余人,为盗。

二月,朔方人梁师都杀郡丞唐世宗,据郡反,自称大丞相。

王子英破上谷郡。

李密、翟让等陷兴洛,密自称魏公,称元年,开仓以赈群盗,众至数十万。

三月,庐江人张子路举兵反,李通得众十万,寇庐江。

房宪伯陷汝阴郡,光禄大夫裴仁基、淮阳太守赵佗等,并以众叛,归李密。

七月,武威人李轨举兵反,攻陷河西诸郡,自称梁王,建元安乐。

十月,太原杨世洛聚众万余人,寇掠城邑。

从上述事实看来，隋代帝国版图之内，真是没有一片干净土哩！

（五）唐——唐代后期，当僖宗乾符年间，因长期遭受水旱饥馑，积累为患，人民困苦不堪，斗争和起义也就到处发生，其中最有力的，有如以下所举①：

> 乾符元年，有濮州人王仙芝率众暴动，两年之间，攻陷濮州、曹州。
>
> 徐州民反，商州民亦作乱，逐其刺史王枢。
>
> 二年，宛句人黄巢亦聚众反。
>
> 四年，六月，江西人柳彦璋陷江州，执刺史陶祥。
>
> 五年，江西人徐唐莒反，陷洪州。
>
> 六年，十二月，朗州人周岳反，陷衡州，逐刺史徐颢。桂阳人陈彦谦反，陷郴州，杀刺史董岳。
>
> 中和元年，十月，永嘉人朱褒反，陷温州。
>
> 十一月，遂昌人卢约反，陷处州。
>
> 二年，南城人危全讽反，陷抚州，危仔倡陷信州。
>
> 三年，十月，全椒人许勍反，陷滁州。
>
> 四年，二月，舒州人吴迥反，逐刺史高澞。
>
> 光启元年，正月，南康人卢光稠反，陷虔州。
>
> 四月，武当人冯行袭反，陷均州。

这前后十二年的农民斗争同样是以封建地主阶级的反动统治

① 据《唐书》诸帝本纪及列传摘引。

和长期的灾荒为背景的。

（六）宋——宋代灾荒的频繁，多于前代，所以起义和斗争的事实也很多。当太祖淳化时，民间已屡有起义，如王小波领导的起义，声势赫赫，就是一个显著的例子。真宗时，王小波战死，赵延顺继之。仁宗庆历间，又有贝州王则一领导的起义。神宗、哲宗时，因四方饥馑，山东、江苏等地，纷纷起义。至徽宗时，这种情况更有发展，晏州、沅州、河北、山东、淄、清、淮诸州，民变群起。现就史籍所见，略举如下[1]：

> 神宗时，郓介梁山泺多盗，……所杀不可胜数。
>
> 徽宗大观初，河北、山东群盗起。
>
> 政和末，燕民叛，有董庞儿者，率众为剧寇。
>
> 宣和元年，……京东东路，盗贼窃发。
>
> 二年，睦州清溪妖贼方腊反，三年正月陷婺州，又陷衢州。
>
> 是时，江西、广东两界，群盗啸聚。
>
> 六年，河北、山东盗起，淮贼亦蜂起。山东有张万仙者，众至十万。又有张迪者，众至五万。河北有高托山者，号三十万。其余二、三十万者，不可胜数。
>
> 七年，两河、京西流民为盗者众，山东寇贾进等亦十万人。
>
> 李复鼓众以乱，淄清之附合者数万人。
>
> 涞水人董才聚众为贼，攻败城邑。

① 据《宋史》各帝纪及《名臣言行录》续集、《续资治通鉴》、《三朝北盟会编》等摘引。

淮南盗宋江，横行河朔，剽掠十郡，官军莫敢撄其锋。

冀州云骑卒孙琪聚兵为盗，号一海虾。

河北、山东大盗李成彦、孔舟等，聚众各数十万。

这都是当时较大的起义。

（七）元——元代农民起义，在顺帝初年，便已开始。首先发动于广东、河南、四川三省。后来西番杀镇西王起事，江西、袁州、漳州贫民相继起义，山东、燕南发生的骚动事件，达三百余起。辽阳、开元、海兰及硕达等路，也有聚众暴动的事实发生。到顺帝至正六年以后，斗争纷起，史不绝书，最显著的如以下各例[①]：

至正六年，六月，群盗并起山东。是年盗陷滦河、通州，沿江盗起，剽掠无忌，有司莫能禁。

十一年，八月，徐寿辉、邹普胜举兵为乱，以红巾为号。

九月，刘福通陷汝宁、息州、光州，众至十万。

十三年，五月，泰州白驹场亭民张士城及其弟士德、士信为乱，陷泰州及兴化县，遂陷高邮据之，僭国号大周。

元代的社会秩序，受到这种连续的起义和斗争的冲击，就被破坏无余！

（八）明——明代当李自成、张献忠领导大规模起义之前，约二十年，由于连岁灾荒的影响，许多地方的斗争，已先后踵起。据史

① 据《元史》帝纪、列传摘引。

籍所记[①],如:

天启元年,四川永宁土司奢崇明反,陷川东、川南,围成都。

二年,贵州水西土目安邦彦反,陷黔省西部,围贵阳。

崇祯元年,十二月,陕西饥民苦加派,流贼大起,分掠鄜州、延安。

二年,闰三月,流贼犯三水。

三年,流贼犯山西。

四月,流贼犯蒲县。迨是年六月,流贼王嘉元起事,米脂贼张献忠聚众应之。

后来在李自成、张献忠统率下的农民大起义,蔓延全国,终于推翻明朝的统治,这是大家都知道的事。

(九) 清——清代历次的斗争和起义,虽含有极浓厚的反清复明的民族主义色彩,但参加的群众,大多还是由饥饿所驱使。计当时以饥民群众为基础的起义和斗争,较显著的[②],如:

顺治七年,李建泰据太平反。

十七年,十月,山东于七反。

康熙二年,福建王铁佛扰延平、建宁等处。

乾隆三十九年,山东临清寿张人王伦作乱,用白莲教诱人

① 据《明史》本纪摘引。

② 据稻叶君山《清朝全史》及《国朝耆献类徵》摘引。

练气。八月，率党入城，越四日破阳谷，遂陷堂邑，杀署县陈枚，乱运河，犯临清，烧城门。

道光二十八年间，广东、广西地方大饥，群盗所在剽掠，而广西之柳、庆、思、浔、梧、宁五府一州间为尤甚，庆远则张家福、钟亚春；柳州则陈亚贵、陈东愚、山猪羊；武宣则刘官生、梁亚九；象州则区振组；浔州则谢江殿，而亚癸尤悍且众，其余不得主名者尚数十股。

这无数农民武装起义的结果，就爆发而为道光三十年著名的金田起义。当时洪秀全、杨秀清等，虽以基督教相号召，但他们所率领的也大都是饥饿的群众。

上述历代各时期各地的农民起义，虽因封建社会地域性的限制，多数保持相当孤立的状态，各自为战，很少形成密切而广泛地联合的战斗组织。但每有规模较大的农民起义，最后的发展，往往足以颠覆旧有的封建政权，而新兴的封建势力，就往往借以攫取统治的地位。史书所载，历历可证。而这些较大规模发生的起义，又是以空前的灾荒为背景，这几已成为普遍的规律。再看下列文字，我们当更能相信这一论断。

连年久旱，百姓饥穷，故起为盗贼。(《汉书・王莽传》)

海内饥荒，……常为盗贼。(《旧唐书・李密传》)

山东饥，群盗起，……水潦为灾，民力刓敝，……民无产者，……入高鸡泊为盗。(《新唐书・窦建德传》)

京东岁凶，多盗。(《宋史・虞奕传》)

河朔饥，盗起。(《宋史・郑仅传》)

宣和六年,……连岁凶荒,于是饥兵并起而为盗。(《续资治通鉴》)

所在盗起,盖由岁饥民贫。(《元史·顺帝本纪》)

延安府自去岁至今一年已不见雨,草木枯焦,……民有不甘食石而死者,始相聚为盗,……彼饥民以为死于饥与死于盗,死相等耳,与其坐而饥死,何不为盗而死,尚得为饱死鬼乎?(马懋才《上崇祯皇帝疏》)

山西列郡俱荒,……三年于兹,……饥民相聚为盗。(《明史·王宗沐传》)

畿辅、山东、山西、河南比岁旱饥,民间卖女鬻儿,食妻啖子,铤而走险,急何能择,一呼四应,则小盗合群。(《明史·马孟祯传》)

这种情形,不仅存在于历史上的各朝代,而且也存在于近代。这里不想多引事实了。孟子说:"凶岁,子弟多暴,非天之降才尔殊也。其所以陷溺其心者,然也。"这句话,是在一定程度上反映了客观的规律的。

三　民族之间的战争

灾荒的延长,自然会消磨民族内在的力量,内力不充,外力就得以侵入,这是很平常的道理。我国历代各民族乘灾荒而互相侵扰的事实,不胜枚举。最早的例子,如:周幽王时犬戎的袭击,那时西周正连续遭遇空前的大旱灾与地震,"川竭山崩"(《国语·周语》),"饥馑荐臻"(《诗·大雅·云汉》),民族内在的抵抗力完全丧失。于是西北游牧民族的犬戎，与东方的申人、鄫人就联合进攻。史书记载说：

申人、鄫人召西戎以伐周，周于是乎亡。(《国语·周语》)

西周亡于犬戎，平王就不得不东迁，这是历史上的一段故事。

秦、汉时，匈奴进扰攻掠，也多利用了汉族地区内部凶荒动乱的机会。汉高祖定天下，“承秦之敝，……而大饥馑，……民无盖藏。”(《汉书·食货志》)前“关中大饥，人相食”(《汉书·高帝纪》)，国力虚弱，匈奴就大举来攻，“围马邑，……引兵踰句注，攻太原，至晋阳下”。终于“纵四十万骑困高帝于白登七日”(《史记·匈奴传》)。文帝之时，数岁大旱，民力衰惫，正如贾谊所说：“公私之积，犹可哀痛，失时不雨，民且狼顾。”(《汉书·食货志》)国力空虚，以致引起匈奴先则“入居河南地，侵盗上郡，葆塞蛮夷，杀略人民”。继则以“十四万骑入朝那萧关，杀北地都尉卬，虏人民畜产甚多，遂至彭阳，使奇兵入烧回中宫，候骑至雍甘泉”。又“岁入边，杀略人民畜产甚多，云中、辽东最甚，至代郡万余人”。最后“大入上郡、云中各三万骑，所杀略犹众，而去，……胡骑入代句注，边烽火通于甘泉、长安”。(《史记·匈奴传》)

魏、晋之间，中国本土，连年水旱凶荒，社会经济矛盾，急剧爆发，这种客观条件，大大有利于北方民族的南侵，于是就有匈奴、羯、鲜卑、氐、羌等五胡之乱，北中国分裂了一百三十六年之久。

北宋时，辽金也是乘中国本部灾荒严重的时候侵入的。我们知道，两宋的灾荒，超过了前代，四百八十七年间，共发生灾荒八百七十四次。当仁宗、神宗、徽宗、钦宗当政的各年间，辽、金、西夏、交趾曾相继侵入，在那存亡危急之秋，也正是宋朝饥荒遍地、民不聊生的时候。交趾王李乾德起兵，取钦、廉、邕州等地时，就曾宣传因宋朝作青苗、助役法以困民，所以不得不出兵相救。这虽是一种号召的借口，但也足以证明这事件同灾荒的关系。因为当青苗法弊病毕露、为人责骂的时候，正是大旱灾弥漫全国之时，李乾德侵入中国本部，自然不肯承认是乘他人灾荒危难的机会。他之所以拿青苗问题来号召，显然是为了掩饰他的侵略行为，以避免完全丧失民心。后来金人陷汴京，虏徽、钦二帝，蹂躏中原，也是以当时继续发展的灾荒为背景。

南宋偏安江左，防灾设备愈虚，而灾害不减，加上政府残酷军需剥削，使农民更陷于穷困，因此，强悍的蒙古军队，就能扫荡中国本部，夺取宋朝的江山。灾荒同民族间冲突的这种关系，前代史家早已有过记载。如《宋史》记高宗建炎时金人的侵入就说：

> 建炎三年，山东郡国大饥，人相食。时金人陷京东诸郡，民聚为盗，至东载干尸为粮。（《宋史·五行志》）

类似这样的记载，所在多有，不必一一细举。这里所述的，还不过是宋代的情形。

此后如明代所谓“南倭”、“北鞑”、“女真”及“缅寇”等的侵入，也莫不以中国国内灾荒为其进攻的机缘。至于近代，我国所受外国的侵略，虽有种种原因，但灾荒深重，加深了我国的贫困，也是重要的因素之一。

第二节　灾荒招致经济衰落

灾荒流行的结果，一方面引起社会的各种变乱，已如上述。另方面，又必然直接间接地影响整个社会经济，破坏已有的繁荣，阻碍国民经济的发展，促成或加深经济上的衰落现象。关于这种情形，可从以下两方面考察。

一　劳动力激减和土地荒废

充分的劳动力，为构成农业生产力的一个基本要素。尤以我国过去二千余年以小农经济为基础的封建社会，这一点最为突出。劳动力的盛衰，直接关系到农业经营所得的多寡；间接关系到农村各种事业的兴废。如果劳动力衰颓，农村所得既随着激减，各种农村事业也随着衰歇，于是农村就不得不愈趋崩溃。我国历代因灾荒的发生，造成农村劳动力激减的情形，极为严重。虽然，招致农村劳动力的减少，还可能有其他的原因。但最直接、最重要的一个原因，就是灾荒，这一点是没有疑义的。事实上每经一度凶荒丧乱，人口必然锐减。人口锐减，则劳动力消失；劳动力消失，则农业荒芜；农业荒芜，则财源枯竭，各种生产事业趋于停滞，形成了社会的总贫乏。因此典籍常有如下的描述：

> 今兹吾人，迫以荒馑，……困于死亡，乡关依然，烟火断绝，种饷既乏，农耕不兴，东作愆期，西成何望，……国计犹虚，

公储未赡。(《陆宣公集》)

这是前代饥荒严重,以致农村人口减少、农业劳动力激退的一般写照。他如清代嘉庆十五年至光绪十四年的七十八年间,农村人口丧失于灾荒的,达六千二百余万之巨。民国九年至二十五年的十六年中,农村人口丧失于灾荒的,又达一千八百余万。灾荒促使劳动力减少的情景,十分明显。事实证明,民国前后数十年间,我国各地农村曾普遍受到严重的灾荒的侵袭,而受灾后的农村,人口无不激减,如陕西在民国二十二年所调查的人口总数,仅等于六十年前(同治十二年)的百分之九十六,若与二十年前(民国二年)的人口相比,则仅等于百分之九十五;又如甘肃民国二十二年的农村人口,仅相当于二十年前的百分之九十;宁夏民国二十二年的农村人口,仅相当于二十年前的百分之八十①;再如民国十七至十九年的大灾荒,使陕西的凤翔、武功、扶风、白河、宝鸡等五十六县的人口,减少了一百余万②。所有各地农村各时期人口的减少,除一部分系流移他乡以外,其余大部分,多是在灾荒中死亡的。灾荒招致农村劳动力激减的趋势,可以想见。

至于灾荒引起土地的荒废,那是更显而易见的。因为农村人口在灾荒之后既已锐减,耕种农田的劳动力,自然会很缺乏,即使有田地可耕,因人力不足,也只好任其荒芜。还因为各种灾害往往直接破坏农田土质,如洪水所淹没的农田,无论所经时间的长短,

① 见中央农业实验所《农情报告》,第二卷第五期。

② 石荀《陕西灾后的土地问题》和《农村新恐慌的开展》,载《新创造》二卷一、二期合刊。

土质总不免会受到破坏，时间愈久，则破坏愈甚，因土壤一经大水的浸渍，其中所含的大部分碱性化合物全被分解，水退之后，地面就留有一层白色的沉淀，这种沉淀，如果没有适当的科学方法和设备，便不易排涤，这就使土质一时很难恢复原状。有时水中含沙特多，或大河改道，所过之处，地面尽为沙碛，寸草不生，如同沙漠。土质遭到破坏的结果，就使田地长期不能耕作。因此，历来灾荒，不但使农地在灾时不能利用，而且每经一度巨灾之后，荒地面积势必增加，没有开垦的土地，固无开发的可能，就是已经耕种的熟地，也不能不听任其荒芜。历史上各时期的情形，莫不是这样。所以，历代士大夫常以田亩荒芜的危机相警告，而吁嗟叹息的声音，时有所闻，如：

良田渐废，见谷日少。（《三国志·吴书·孙休传》）

耕者日少，田有荒芜。（《通鉴》述北齐永明间事）

京畿周环二三十州，幅员数千里，地之垦者，十才二三，税之入者，又十无五六。（《宋史·食货志》）

力不能耕，则废为荒地。（《宋史·食货志》）

雨泽愆期，地多荒白。（同上）

弥亘数千里，无人可耕。（同上）

民国以后，历年垦殖面积的多少，以及荒地增多的实际状况，从没有十分精确的统计。不过，据已有的材料考察，民国以后耕地垦殖指数，表现为逐年降低，这一点是可以肯定的。这种降低的趋势，主要表现在一般耕地面积的变化和荒地的递增上面。现先说耕地面积的变化。《中国年鉴》第一回曾记载：根据北京农商部的统计，民国三年至民国七年间，我国耕地面积的变化，约如下表：

年　份	耕地面积	年　份	耕地面积
民国三年	1578347925 亩	六年	1365186100 亩
四年	1442333638 亩	七年	1314472190 亩
五年	1509975461 亩		

以后灾荒的严重，年甚一年，耕地面积更加锐减。据民国十七年国民党政府主计处统计，全国耕地田亩总数不过一二四八七八一〇〇〇亩，较民国七年又减少七千万亩。民国三年以后至民国十七年间耕地面积逐渐递减的情形，如下表：

历年耕地面积对民国三年的百分比

民国三年	100	六年	86
四年	91	七年	83
五年	95	十七年	79

由此看来，民国以后，一般耕地面积的缩减趋势，已很明显。现再说历年荒地面积递增的情况。据前北京农商部调查，民国三年至民国七年间荒地的增加，如下：

年　份	耕地面积
民国三年	358235867 亩
四年	404369947 亩
五年	390361021 亩
六年	924583899 亩
七年	848935748 亩

以后各年，荒地面积的增加，也日甚一日。如民国十一年农商部所发表的全国荒地面积，总数达八九六三一六七八四亩，较民国

省名	报告县数	山地		平地		泽地		未详		单位亩
		面积	占所报荒地面积(%)	面积	占所报荒地面积(%)	面积	占所报荒地面积(%)	面积	占所报荒地面积(%)	总计
江苏	35	548412	53.46	42149	4.11	435342	42.43	—	—	1025903
浙江	35	57441	36.63	70807	45.15	20216	12.89	8355	5.33	156819
福建	14	3703	22.08	2989	17.81	82	0.49	10000	59.62	16774
安徽	37	37674	6.97	164383	30.41	338491	62.62	—	—	540548
江西	42	84660	36.26	145241	62.21	3576	1.53	—	—	233477
湖北	9	915014	89.09	21890	2.13	90160	8.78	—	—	1027064
湖南	8	390750	99.09	66	0.03	3487	0.88	—	—	394313
广东	14	4597034	97.91	4249	0.09	82212	1.75	11365	0.25	4694860
贵州	8	5909	44.41	7386	55.52	10	1.07	—	—	13305
山东	65	2197506	24.10	486947	5.34	6434157	70.56	—	—	9118610
山西	105	—	—	46722	0.47	—	—	9816136	99.53	9862858
河南	72	2770	0.84	316062	95.24	11945	3.61	1000	0.31	331777
河北	6	3081840	99.82	5400	0.18	—	—	—	—	3087240
辽宁	6	—	—	6133540	39.53	—	—	9385412	60.47	15518952
吉林	27	1080946	5.41	174000	0.87	241544	12.11	16293000	81.61	19964490

续表

省名	报告县数	山地		平地		泽地		未详		单位亩
		面积	占所报荒地面积(%)	面积	占所报荒地面积(%)	面积	占所报荒地面积(%)	面积	占所报荒地面积(%)	总计
黑龙江	53	—	—	577580000	1.00	—	—	—	—	577580000
新疆	6	—	—	6747	99.48	35	0.52	—	—	6782
热河	4	—	—	9746000	1.00	—	—	—	—	9746000
察哈尔	4	—	—	520000000	1.00	—	—	—	—	520000000
西康	8	30	0.03	456631	99.97	—	—	—	—	456661
绥远	9	—	—	—	—	—	—	3563838	1.00	3583838
总计	567	13003689	1.11	1115411209	94.73	9836257	0.83	39089106	333	1177340216

七年又增加四七三八一〇三六亩。再如民国十九年内政部统计司根据民国十八年至十九年十月二十一省五百六十七县的呈报，估计全国荒地面积为一一七七三四〇二六一亩，全表见下页（民国二十年十一月发表）：

根据表中估计的结果，荒地面积已较民国三年增加三倍以上。至于表中所脱略的陕西一省，实为天灾最重、荒地不断增加的省份，据陕西建设厅调查，该省荒地总数为三百三十万亩。但据天津《大公报》及西安《民意日报》二十年调查十九县所得的结果，每县被荒废不耕的田地，平均占总耕地面积百分之七十，其比率如下[①]：

县　名	灾后被荒废耕地占总耕地百分比	县　名	灾后被荒废耕地占总耕地百分比
武功	80	榆林	100
兴平	50	紫阳	100
扶风	80	永寿	100
岐山	50	澄城	70
大荔	75	醴泉	90
盩厔	95	韩城	65
三原	40	临潼	40
陇县	100	蓝田	100
咸阳	30	乾县	80
白水	50		

陕西灾害最严重的时期，是民国十七年至十九年，到民国二十二年，陕西农地还是大量荒芜。例如渭河两岸，素为灌溉便利、物产丰富的区域，但自民国十七年灾荒以后，直到民国二十二年，还有十六万亩无人耕种的荒地[②]。由此可见，前举国民党内政部统计

① 引自罗克典《中国农村经济概论》。

② 见民国二十二年三月十五日《大公报》。

司所发表的全国荒地指数，实是被大大缩小了的数字，而且它的调查期间，只截至民国十九年十月以前。其实，民国二十年，因各地空前大水灾，全国直接受害田亩，据国民党政府主计处调查，就共有十四万万一千七十万亩之多。这些受灾田亩，虽不会全数荒废，但至少在五年内，当有三成到四成不得不抛荒，假若把这些抛荒的实际数目，合并在原有荒地面积中计算，那么，总数当远较以往数年为大。然而，即使就现有的统计资料来说，我国荒地的激增，也已成为不可移易的事实。按照上述的各种统计，试以民国三年为基年，则历年荒地面积，对于民国三年的百分比，增长的趋势，约如下：

民国三年	100	民国七年	237
四年	113	十二年	250
五年	109	十九年	325
六年	259		

荒地的不断增加，同时也证明了全国耕地的激减，这都是灾荒所造成的结果。

二　国民经济的破败

灾荒的不断发展，不仅陷农民大众于饥馑死亡，摧毁农业生产力，使耕地面积缩小，荒地增加，形成赤野千里，而且使耕畜死亡，农具散失，农民往往不得不忍痛变卖一切生产手段，使农业再生产的可能性极端缩小，有时农民因灾后缺乏种子肥料及其他生产资料，以至全部生产完全停滞。总之，灾荒所造成的直接后果，就是整个农村经济的崩溃。从古以来，这种农村经济崩溃的事实，大概表现为以下两方面：

（一）农产品收获量大大减少——我国历史上每经一度灾荒之后，农产品收获量必定大大减少。这从下列文字中可以见到：

> 朕……鉴之不明，百度都缺，伤痍未瘳，……天灾下降，连岁旱蝗，荡无农收。（《册府元龟》引唐德宗贞元二年诏）
>
> 自去年以来，河东、关辅亢旱为患，秋稼不收，百姓困穷。（唐编制《赈恤诸道遭旱百姓敕》）
>
> 天色亢阳，缺少雨泽，田禾干枯，……今来诸乡，早禾多有干损，……所布田禾，缘雨水失时，……干槁不通收刈。（《朱子大全集·奏南康军旱伤状》）
>
> 今兹不幸，复罹枯旱之灾，……早田什损七八，晚田亦未可知，正得薄收，其数亦不能当早田之一二。（同前书《乞放免租税及拨钱米充军粮赈济状》）
>
> 河南饥，……遣人视之，民所收有十及五者；有十不及一者；亦有荡然无收，掇草实为食者。（《广治平略》记明成祖永乐时事）

民国以后，农产品收获量也逐年递减。据农商部统计，民国三年全国稻米收获量为二一三三四八三〇〇〇石，到民国九年便递减为八八七六三〇〇〇石，六年之间，竟减到二十四分之一。民国十年以后，因灾荒日趋严重，农产品收获量的减少更甚，如陕西在民国十七年以后的大旱灾中，每年的农产品收获量都不足一成，多数县份甚至全未播种，数年没有收成；又如河南在民国十七年大旱灾中，各县农产品收获量平均也不足二成，其中有九分之一的县份，全无收获。全国情形，也相差无几。如民国十八年是全国灾荒颇重的一年，这一年各种农产品收获量，都大为减少。据国民党立法院统计处调查，全国这一年稻米收获量仅占平常年的百分之六六；小麦仅占平常年的百分之五九；玉米仅占平常年的百分之六六；小米仅占平常年的百分之六二；高粱仅占平常年的百分之六三；棉花仅占平常年的百分之六十，总计全国农产品收获量，全年约减少十分之四①。民国二十年全国大水灾，其中以苏、赣、浙、皖、湘、鄂、豫、鲁八省受灾最重，农产品的减少也特别多。据国民党政府主计处统计局调查，稻米损失八千九百四十二万担，计占平常年产额百分之三八。也就是说，这一年稻米的收获总量，较平常年减少百分之三十八。此外，高粱、小米，损失共一千四百零七万担，占平常年产额百分之二九；棉花损失一百四十二万担，占平常年产额百分之二四②。民国二十三年大旱灾，江浙等省农产品的损失也很严重。据中央农业实验所调查，江浙两省稻米损失二万万一千余万担，占平常年产额百分之三七；高粱损失三千余万担，占平常年产额百分之二七；玉米损失二千余万担，占平常年产额百分之二九；小米损失四千余万担，占平常年产额百分之二五；棉花损失五百余万担，占平常年产额百分之三六；大豆损失三千余万担，占平常年产额百分之三十。这一年各省农产品损失的详细情形如下表（单位为千市担）：

① 陆精治《中国民食论》。
② 民国二十二年《申报年鉴》。

省别	稻		高粱		玉米		小米		棉花		大豆	
	民国二十三年较平常年收成量损失的百分比											
	损失数量	%	损失数量	%	损失数量	%	损失数量	%	损失数量	%	损失数量	%
江苏	41230	48	2383	23	2869	34	436	12	1232	33	7687	37
浙江	34862	36	93	36	576	35	145	23	760	72	2089	39
安徽	33741	62	3770	49	949	43	199	18	751	89	4828	37
山东	—	—	8429	24	3633	28	9119	24	540	26	5083	23
河南	—	—	4194	22	4928	39	7946	32	519	22	3263	20
湖北	18907	16	403	7	121	2	164	3	586	22	1322	16
湖南	50822	39	617	27	265	29	126	11	148	23	1012	31
江西	35928	45	107	32	257	28	1187	37	125	42	2060	44
河北	—	—	9500	39	9199	40	16668	53	934	32	3582	37
山西	—	—	1202	12	1172	16	2102	13	148	20	463	20
陕西	494	10	408	25	1537	29	2042	49	241	34	249	24
总计	215984	37	31186	27	25501	29	40134	25	5984	36	31638	30

又据中央农业实验所调查，这一年全国大灾荒之后，各种主要农作物产量，平均当十足年产量之百分比，为：籼粳稻五七，糯稻五五，小麦六八，大麦六八，高粱六三，小米六四，玉米五九，棉花五六，大豆五五。总计这一年的农产品收获量约减少十分之四左右[①]。民国二十四年，全国大部分省份，也都有灾害，所以农产品的收获情况也很不好。据中央农业实验所发表的报告，这一年全国各种主要夏季作物产量，平均当十足年产量之百分比，为：籼粳稻七〇，糯稻六八，高粱六四，小米六四，玉米六六，棉花五四，大豆五一。总的说来，这一年夏季农作物产量减少了十分之三至十分之五。又据该所发表的报告，民国二十四年冬季作物因灾害关系，损失也很重，例如：小麦损失数量二十一省合计一万万九千二百七十二万余担，大麦损失四千一百八十七万余担，豌豆损失二千一百五十九万余担，蚕豆损失一千零三十九万余担[②]。

以上都是民国以后国内灾荒引起农产品收获量激减的重要事实。这种事实的另一方面表现，就是外国农产品输入的激增。就稻米一项来说，我们知道，外米输入，在海关册上开始有记载的一年是同治六年（一八六七年），但那时输入数额有限，每年约数十万担。到了光绪三年（一八七七年），因华北大旱，外米输入便突增到一百余万担。民国以后，灾荒频繁，外米输入更有增加趋势，尤以民国十年以后，每年外米输入都在千万担以上，而其间增减情形，又莫不与灾荒有关。如民国十八年大旱灾后，民国十九年洋米的进口便激增至二千万担左右；民国十九年长江流域收成较丰，民国

① 民国十四年《申报年鉴》或《农情报告》。
② 民国二十五年三月二日、三日《中央日报》、《朝报》。

二十年洋米的进口便减至一千万担；民国二十年江淮大水灾，产米区农产品的收获大受影响，所以民国二十一年洋米进口量又大大增加；加上外米受倾销政策，民国二十一年与二十二年间，外米进口数量便极为惊人，两年进口数量，各在二千万担以上，而其价值则各在一万万五千万元以上，占进口货物中的首位。后政府征收洋米进口税，外米输入较为正常，至民国二十三年便跌入一千余万担。但自民国二十三年夏季大旱灾之后，粮食又很恐慌。因此，民国二十四年外米进口又突然增加，计值九千余万元，仍占进口货的首位①。现将历年稻米进口增加的数字，列表如次：

时　　期	进　口　量	时　　期	进　口　量
同治六年(1867)	713494 担	十六年	21091586
光绪三年(1877)	1050901	十七年	12656254
民国元年	2700391	十八年	10822805
十年	10629245	十九年	19891103
十一年	19156182	二十年	10740810
十二年	22434962	二十一年	22486639
十三年	13198054	二十二年	21419000
十四年	12634624	二十三年	12753349
十五年	18700797	二十四年	93332870 元

除稻米外，其他农产品的进口，也都受灾荒的影响，例如：小麦进口，在民国初年仅数千担；民国十年以后，华北屡有灾荒，进口便突增至数百万担；其后西北与华北连年旱灾，外麦进口就又突增至千万担以上。又如棉花，民国初年进口每年仅数十万担，民国十年以后便增至数百万担。这都是国内农产品收获量大大减少的

① 见吴文辉《灾荒下中国农村人口与经济之动态》，载《中山文化教育馆季刊》四卷一期。

反映。

（二）农家经济的穷竭——我国一般农民经济，平日已极窘困，大多数农户如果不依赖借债、典当，便不能长期维持生活，一经灾荒，农民的经济状况，愈加恶劣，更非借债典当不可。因此，在灾荒时期，农民更常受高利贷的残酷剥削，而农村借贷的利率，又常随灾荒程度的加剧而增高。历史上这类事实，不胜枚举。最显著的例子，如：

> 凶荒不遑赈救，人小乏则取息利，大乏则鬻田庐，敛获始毕，执契行贷，饥岁室家相弃，乞为奴仆，犹莫之售。（《新唐书·食货志》）
>
> 遇凶年，则利息倍称，不足以偿逋债，……为农者何所望焉？（《白氏长庆集》）
>
> 元丰三年，臣僚言：日前富家放贷，约米一斗，秋成还钱五百，其时米价既平，粜四斗始克偿之，农民岂不重困？（《文献通考》记宋神宗时事）
>
> 比年多稼不登，富者操奇赢之资，贫者取倍称之息。……富家责偿愈急，……资储罄然！（《宋史·食货志》）

民国以后，每遇灾荒，农村借贷的利率，更迅速增高。如陕西的借贷利息，在民国初年为月利三分，而民国十七年大灾荒之后，更急剧增高，有所谓大加一的，月利达十分；又有所谓银子租的，借洋十元，三个月即须还本，外加米麦三四斗；又有所谓回头制度，借出八元，作为十元，每月三分或四分行息，每隔二月或三月本利积算，更换新借契一次，换契两次以后，不再续换，到期不偿，债主就可把契上所载的田地房产，任意作抵，回头在一年以内，可把八元变成四十多元。此外，还有其他各种高利贷，如连倒根、牛犊赈、驴打滚都是利上加利，或四个月以内，或一个月二十日以内，甚或一个月以内，本利就可相等①，凶猛之势，无异虎狼。

至于典当店的乘机掠夺榨取，更为常见的事。如陕西灾荒最严重的时候，西安当铺往往全数关闭，仅有临时的便民质所，这种小典当店，对于灾民的质押物，估价极低，一件值十八元的新袍子，只当一元二角，普遍灾民能够用来押当的器物，少有值十八元的，所以灾民押当一次，往往只得一二角钱，勉强维持一餐②。

在每次大灾荒之后，必有无数灾农依靠借贷、典当为生。灾荒期中，售尽农具，而又卖妻鬻子的贫苦农民，灾后要想恢复生产，固非借贷不可；即一般中下农家，也非告贷不能活，例如：陕西在灾荒严重时，贫农及中农，无不依赖借贷和典当来度日，如果拿借贷和典当两者来比较，则借贷更多于典当。因农村中当铺甚少，在灾荒期间，农民多依靠借贷来流通金融。但借贷也须有抵押品，而最普通的抵押品，就是土地，若借期已满，而款未清还，抵押地便成为典地，以所得典价偿付债款本利；典地若再到期不赎，债主便可收为已有，或由债主代卖，用所得卖价来偿还典价。这种以土地为典押的借贷形式，在灾区中最为流行，而且随着灾荒的发展，更有着普遍流行的趋势。如陕西凤翔县民国十七年农民押出的土地，占所有土地百分之一强。至民国二十二年押出的土地，便增加到百分之五强。押出土地的农民，全是贫农和中农。渭南县农民押出的

① 陈翰笙《崩溃中的关中的小农经济》。

② 《中国农村经济资料》正编。

土地更多,民国十七年押出土地,占所有土地百分之五强。民国二十二年即增加到百分之十五强,其中以贫农的土地为最多,中农的土地次之。绥德县农民押出的土地,较凤翔、渭南两县还要多,计民国十七年押出的土地,占所有土地百分之十七强,民国二十二年便增加到将近百分之二十九,其中以贫农押出的土地为最多。民国十七年贫农所有土地有百分之三十全数押出,民国二十二年更有百分之五十八的土地全数押出①。由此可见,以土地为抵押的借贷形式,实普遍流行于灾区。

此外,灾区农民,还常有拿农作物预卖或预押的,这也是灾区流行的另一种借贷形式。办法就是:当农民缺钱使用而需要向有钱人借款时,就把自己耕地中的农作物拿来预卖或预押,等到收获后再用农作物来偿还借款,利息就在农作物的比价内除算。不论是土地抵押的借贷形式,或是预押农作物的借贷形式,一般利率都很高。被灾的农家,在这种苛刻的条件下进行借贷,所受的损失,极为惨重。所以,多数穷苦农民,根本没有力量进行借贷。一般农家经济,在灾荒的影响下,愈加穷困,几乎完全没有能力来从事农业生产的恢复。这种情形,在历代灾荒之后,都大略相同。如:

贫民有田业,而以匮乏,不能自农,……四州贫民无以耕。(《后汉书·和帝本纪》)

……郡县……多欲附农,而种粮缺乏。……(《宋书·文帝本纪》)

百姓有地无牛,……是时蝗旱之后,牛多疫死。(《册府元

① 农村复兴委员会《陕西农村调查》。

龟》记唐德宗贞元元年事)

宋、亳、颍三州,……穷民不便种子。(《五代史·唐书·明宗纪》)

江浙两淮州县,去岁旱伤之后,贫民下户,并流移归业之人,难得稻种,却致妨废农务。(《朱子大全集·乞给借稻种状》)

河朔戎寇之后,耕具颇缺,牛多瘠死。(《宋史·食货志》)

东作方兴……民有牛无种,有种无牛,……有牛一头者,带耕二家。(《康济录》引明林希元疏)

七八月正值普种秋麦之时,……但牛具种子,灾民无力营措。(《筹济编》引清高斌疏)

今时已入冬,二麦犹未下种,……渑池北乡土人云:现值种麦时期,无钱买种,无牛耕种,眼看来春收成,又将失望!(民国十八年九月《申报》载赈委田杰生通电)

大同等处地方,自去岁饥荒,百姓无食,……今……田土仍然荒废,耕种无资,衣食奚赖?(《大清会典》记康熙二十年事)

即使有一部分农民能够勉强继续耕种,也多是粗劣从事。例如:陕西农村在民国十九年大灾之后,农民多无耕牛、农具和种籽,能够勉强进行耕种的,很多都是以人代牛。“……其法以两人扛一长椽,有绳系椽之中,下拖一犁,前者挽,后者推,行颇迟,数步一歇,汗如雨下,间有小孩帮耕挽犁者。……”[①]像这种耕作方法,自

① 民国十九年十月二十三日陕西《中山日报》。

然不能充分利用土地,更怎能有生产的进步?所以历次灾荒的结果,使整个中国农业,很难进行扩大再生产,甚至不能维持简单再生产,通常只有在少量耕地之上,勉强从事极小规模的再生产,农村经济到了这个地步,就不能不全面崩溃;而慢性周期的饥馑自不可避免。

同时,伴随着这种周期性灾荒的蔓延,日益扩张的农业衰落和农村破产的局面,又直接间接影响到都市,使都市工商业失去繁荣,金融恐慌的程度增高。这样,就造成了国民经济的严重破败。

第二编　历代救荒思想的发展

第一章　天命主义的禳弭论

我国数千年来,灾荒频度之繁,强度之深,广度之大,既如前述,救治的思想自然也有很多。这种思想的原始形态,就是天命主义的禳弭论。考我国自商代盘庚迁殷之后,已脱离氏族社会时期。当时在经济生活及政治生活中单一阶级的支配权已完全确立。因此,当时人们就认定人间一切事物,都可由支配阶级的力量加以统治;但由于当时生产力低下,人类对于自然的控制能力,还是极其薄弱,而在农业生产领域中,人们感觉自然的支配力量,特别强大。于是当时人们依据自己社会内阶级元首支配的情形,推想在整个自然界中,也必定有一个支配自然万有的最高主宰存在。而这最高的主宰,就是所谓"天帝"。于是原始社会"万物有灵"的观念,就转变而为崇拜最高主宰的天帝,一神教的观念也就产生。在这种观念的支配下,人们对于一切人事休咎,莫不认为是天帝所决定,对自然的灾害,生产的丰歉,都用这种观点来解释。他们认为人间的一切灾害饥荒,都是天帝有意降罚于人类。卜辞中常有如下的文句:

庚戌卜贞,帝其降堇。(《殷墟书契前编》)

我其已穷,乍帝降若;我勿已穷,乍帝降不若。(同上)

> 口㽕贞今三月帝命多雨。(《殷墟书契前编》)
>
> 帝令雨足年。(《殷商贞卜文字考》)
>
> 贞帝令雨弗其足年。(同上)
>
> 今二月,帝不令雨。(《铁云藏龟》)

他如《尚书·微子篇》中,也有"天毒降灾荒"的字句。这也是那种以为雨、旱、饥馑,都是天帝降罚的思想的反映,从而要想免除灾害,就只有祷禳于天帝。这种观念,直到周代还占支配地位。我们可以从"周金文字"及《诗经》记载中看出这一点。如:

> 天疾畏降丧,是德不克尽,作忧于先王。(《师訇殷》)
>
> 天降丧乱,饥馑荐臻。靡神不举,靡爱斯牲。……昊天上帝,则不我遗。胡不相畏,先祖于摧。……昊天上帝,则不我虞。敬恭明神,宜无悔怒,……瞻仰昊天,曷惠其宁。(《诗·大雅·云汉》)

但至周末春秋战国时代,由于社会经济的变动,这种天命主义的观念,就开始动摇。史载:

> 鲁僖公二十一年夏大旱,公欲焚巫尪。臧文仲曰:"非旱备也。修城郭、贬食、省用、务穑、劝分,此其务也。巫尪何为?天欲杀之,则如勿生;若能为旱,焚之滋甚。"公从之。(《左传》僖公二十一年)
>
> 齐大旱,景公召群臣问曰:"天不雨久矣,民且有饥色,吾使人卜之,祟在高山广水。寡人欲少赋敛,以祀灵山,可乎?"

群臣莫对,晏子进曰:“不可。祀此无益也。夫灵山固以石为身,以草木为发,天久不雨,发将焦,身将热,彼独不欲雨乎?祀之无益。”景公曰:“不然,吾欲祀河伯,可乎?”晏子曰:“不可。祀此无益也。夫河伯以水为国,以鱼鳖为民,天久不雨,水泉将下,百川竭,国将亡,民将灭矣。彼独不欲雨乎?祀之何益。”(《说苑》)

不过,当时人们的思想,还是没有摆脱天命主义的支配。所以像晏子这样的人,虽然认为祀灵山与河伯之举并无益处,但也只是主张形式的改良罢了。因此,当景公进一步问:“今为之奈何?”晏子就答道:“今诚避宫殿,暴露于灵山,与河伯共忧,其幸而雨乎!”(《说苑》)

可见春秋战国间,天命主义的思想,虽经过一度相当剧烈的动摇,但那种较为新兴的思想,还是没有根本冲破天命主义的范畴。自秦、汉以后,禳弭的思想,还很活跃。不过这时对于灾害发生的解释,已不如从前那样简单,而是以较复杂的阴阳五行来解说。如:

大旱雩祭而请雨,大水鸣鼓而设社,天地之所为,阴阳之所起也。或清焉,或怒焉,何如也?曰:大旱,阳灭阴也。阳灭阴者,尊厌卑也。固其义也虽大甚,拜请之而已。敢有加也?大水者,阴灭阳也。阴灭阳者,卑胜尊也。以贱陵贵也。逆节,故鸣鼓而攻之;朱丝而胁之。为其不义。此亦春秋之不畏强御也。变天地之位,正阴阳之序。贞其道而不忘其难,意之至也。(《春秋繁露》)

京畿去年秋不雨,冬无雪,方春蝗生,黄河水溢。盖不雨者阳之亢,水涌者阴之盛。宜雪冤狱,敕有司行祷百神,陈牲币祭河伯,塞其缺。被灾之家,死者给葬具,庶几可以召阴阳之和,消水旱之变。此应天以实不以文也。(《元史·王思诚传》)

这都是用阴阳关系来说明灾害发生的例子。历代这类文字过多,不胜枚举,也不必一一列举。这里,有一点还应该说明的,就是自秦汉以来,人们已有比较切实可行的治灾救荒的思想,天命主义的禳弭思想,已不是人们唯一的思想了。不过,历代天命主义的思想,在人们的意识领域中,长期占支配地位,因此,秦汉以后,各种治灾救荒的思想,也还是处在天命主义思想的统驭之下。这是我们不可不注意的一点。

直至现代,治灾救荒的思想,虽已逐渐普遍取得科学的根据,或者说,救荒思想的科学基础已初步奠立。但由于社会条件的限制,天命主义禳灾思想的残余还是顽强地存在着。如:

夫天道之征象,视人事以为转移。自来官厅,每当水旱之际,往往祈祷神明,禁止屠宰,天人感召,求无不应,非迷信也,为民请命也。现在旱灾已成,险象环生,人心惶惶,不可终日。……为此环请政府,本视民如伤之怀,体天道好生之德,举行求雨禁屠,以为之倡。一面通令各县所属,虔诚奉行,精神所感,庶几立沛甘霖。事迫眉睫,道在诚求,务请迅赐施行,福利所被,实有不可思议者。(民国二十二年七月《申报》)

民国以后若干年来，这种思想，实际上还是普遍流行于广大民间。现代科学的治灾救荒思想，就大体说，还是居于民间意识范畴之外。因为直至民国以后，我国社会经济结构的内部条件，仍然束缚人民思想的进步，仍然使人民难以接受新的科学知识，这是天命主义所以能够长期残留的根本原因。

第二章　消极救济论

第一节　遇灾治标

除禳弭的思想外，历代也还有较切实际的各种救荒议论。这些议论，多是由事实的逼迫而产生。它们产生以后，就往往成为实际政策的根据。按它们的内容来说，有属于事后救济的；有属于事先预防的。现在就按照这两方面的内容，把它们分别为消极救济论和积极预防论。

属于消极救济论的，还可区分为遇灾治标和灾后补救二种。而在遇灾治标中，又包括赈济、调粟、养恤、除害四项，分述如下：

一　赈济

《月令》："仲春振乏绝"。《左传》文公十六年："振廪同食。"这里，振就是赈的意思。可见赈济的思想已经发生很早。历代好些学者在这方面还有许多片断的文字表述。如：

> 刘陶游太学时，有上书言：人以货轻钱薄，故致贫困，宜改铸大钱。陶上议曰：当今之忧，不在于货，在乎民饥。比年以

来，良苗尽于蝗螟之口，杼轴空于公私之求。所急朝夕之餐，……岂谓钱货之厚薄，铢两之轻重哉！民可百年无货，不可一朝有饥，故食为至急也。（《后汉书·刘陶传》）

宋吕东莱曰：荒政始于黎民阻饥。……凶荒之岁，为符信发粟，赈饥而已。（《文献通考》）

又按宋董煟《救荒全法》，人主当行六条中有：四、遣使发廪，六、散积藏以厚恤黎元二条；宰执当行八条中有：六、建散财发粟之策一条；又监司当行十条中有：二、视部内灾伤大小而行赈救之策一条；又太守当行十六条中有：二、准备义仓以赈济，九、委诸县各条赈济之方，十、因民情各施赈济之术三条；又牧令当行二十条中有：六、申上司请发义仓以赈济一条。这都是专论赈济的条款。董煟又说：

救荒有赈济、赈粜、赈贷三者。名既不同，用各有体。……赈济者，用义仓米施及老、幼、残疾、孤、贫等人，米不足，或散钱与之，即用库银籴豆、麦、菽、粟之类，亦可。务在选用得人。（《康济录》）

明嘉靖八年：王尚絅上救荒八议。三、救贫民乞支散庾积。（同前）

万历间苏抚周文襄忱言：救荒……有八宜，极贫之民宜赈济，次贫宜赈粜；远地宜赈银。（同前）

这都是前代片断议论中较为重要的例子。其中能集各家之说，而成为较有系统的议论的，当推明代的林希元与王圻二人。林

希元曾说：

救荒……有三便。曰：极贫民便赈米；次贫民便赈钱；稍贫民便赈贷。（《康济录》）

又说：

救荒有先先策；有先策；有正策；有权策。……正策，权策者，已然者也。一、开仓赈贷。二、截留上供米赈贷。三、自出米及劝籴富民赈贷。四、借库银循环粜籴赈贷。五、兴修水利补葺桥道赈贷。……大略赈济方法，旬给升斗，官不胜劳，民不胜病，仰而坐待，仓米卒无以继。莫若计其地理远近，口数多寡，人给两月粮，归治本业，可无妨生理也。……权策，如毕仲游先民未饥，揭牓示曰：郡将赈济，且平粜若干万石，实张大其数，劝谕以无出境，民皆安堵。已而食果渐艰，饥民十七万，所发粟不及万石，以民粟继之，而家给人民，民无逃亡。（《臣鉴录》）

王圻《赈贷群议》第三议赈济中说：

赈所以赒穷民，若稍得过之家，虽遇大祲，犹能百计求活。惟穷民坐以待毙。赒之期宜急，赒之法宜均，须借仁明掌印官亲查，临仓调停给散，不使有遗，吏胥不致渔猎。定期赴领随给，不能耽延等候。万一荒村远壤，则用舟车载至其地散之，庶枵腹之民，不致毙之仓下，仆之中途矣。

第六议发仓中又说：

积谷专为救荒计。若岁凶谷价腾涌，民嗷嗷待哺，司牧不必拘待报之常期，即宜发粟救济，年终汇报。以朝廷所蓄，活朝廷赤子，谁曰不可？宋李允元通判宁州，岁饥发仓粟数万赈之，民得不流。国朝夏原吉抚三吴饥民，奏发仓谷三十余万石，民赖以济。夏寅以吴中饥，投书抚台发廪二十万斛，籴十万石，三吴赖以全活，皆可为法。倘虑散易敛难，待报闻而后发，民不为沟中瘠者鲜矣。

第九议给粟中还说：

凶年行赈给之钱费，而鲜实馆之粥，聚而难散，惟出公余之廪，借富室之蓄，计口给粟，人不过升合，家不过斗釜，庶几拯溺救焚之一策也。(《筹济篇》)

清代的一些学者，对于赈济的义理和程序，有许多话是说得很好的。如魏禧在《救荒策》中说道：

当事者，米贵而未尽，民饥而未死，有策以济，而民无所重困，所谓急则治标是也。(《魏叔子集》)

蒋莘田以江南、江西荐饥，上"救荒策"，大略言：赈济之法，莫善于公，莫不善于聚，县各为赈，勿聚于府；乡各为赈，勿聚于城；人各为赈，勿委于吏。(《二林居集》)

又如陆曾禹曾说：

百姓之身家，国之仓廪所由出。年岁丰登，民则为上实仓储。旱潦告灾，君即为民谋保聚。盖君犹心，而民犹体。体安心始泰，未有百姓困阨于下，而君臣能相安于上者也。诚能发积储以救群黎，则一方安乐，薄海内外皆安乐矣。（《康济录》）

方观承也说：

田禾灾，而赈恤行，赈所以救农也。农民力出于已，赋效于公。凡夫国家府库仓廪之积，皆农力所入。出其所入于丰年者，以赈其凶灾。……孟子曰：乐岁终身苦，凶年不免于死亡。此农民之待赈为切，而急赈加赈之泽为甚厚也。（《赈纪》）

历代关于赈济的重要议论，大略如上所述。

二　调粟

调粟的思想，渊源甚远。孟子就曾说过：

河内凶，则移其民于河东，移其粟于河内。河东凶亦然。（《梁惠王章》）

管子也说：

万物之满虚，随财准平而不变。（《管子·国畜篇》）

凡五谷者，万物之主也。谷贵则万物必贱，谷贱则万物必贵，两者为敌，则不俱平。故人君御谷物之秩相胜，而操事于其不平之间。（同前）

物多则贱，寡则贵，散则轻，聚则重。人君知其然，故视国之羡不足，而御其财物。谷贱则以币予食，布帛贱则以币予衣，视物之轻重，而御之以准。故贵贱可调，而君得其利。（同前）

又说：

岁有凶穰，故谷有贵贱；令有缓急，故物有轻重。人君不理，则蓄贾游于市，乘民之不给，百倍其本矣，智者有什倍人之功，愚者有不赓本之事。人君不能调，故民利有百倍之失，民有饥饿不食者，谷有所藏也。人事不及，用不足者，利有所并藏也。故善者委施于民之所不足，操事于民之所有余。民有余则轻之，故人君敛之以轻，民不足则重之，故人君散之以重。故君必有什倍之利，而财之扩可平。人君知其然，故守之以准平。大贾蓄家，不得豪夺吾民矣。（同前）

李悝也曾说过：

籴甚贵伤民，甚贱伤农。民伤则离散，农伤则国贫。故善平粜者，必谨视岁，岁有上、中、下熟，大熟则上籴，三而舍一；中熟则籴二；下熟则籴一，使民适足，价平则止。小饥则发小熟之所敛；中饥则发中熟之所敛；大饥则发大熟之所敛，而粜之。故虽遇饥馑水旱，籴不贵，而民不散，取有余，以补不足也。(《汉书·食货志》)

以上是调粟议论中最初传布的一些议论，其中尤以孟子和李悝所说，最为简要。两人的言论中，已包含有移粟就民、移民就粟及平粜等理论的要领。后世学者大多是据此而加以发挥。

汉代以后，调粟的议论日益系统化，并且具体化。这从汉以后颁布的一、二诏令就可看出。如晋武帝泰始二年的诏中写道：

夫百姓年丰则用奢，凶荒则穷匮，是相报之理也。故古人权量国用，取赢散滞有轻重平粜之法，理财均施，惠而不费，政之善者也。此事久废，天下希习其宜，加以官蓄未广，言者异同，财货未能达通其制，更令国宝散于穰岁，而上不收，贫弱因于荒年，而国无备。豪人富商，挟轻资，蕴重积，以管其利。故农夫苦其业而末作不可禁也。……今宜通籴，以充俭法。(《晋书·食货志》)

事实的急需，更使一般人认识调粟的重要。如史载：

元嘉中，三吴水潦，谷贵人饥。彭城王义康立议：……富商蓄米，日成其价。宜班下所在，隐其虚实，令积蓄之家，听留一年储，余皆敕使籴货，为制平价。此所谓常道行于百代，权

宜用于一时也。(杜佑《通典》)

类似这样的奏议,历代多有。因环境所迫,调粟的理论也愈来愈充实。如宋董煟《救荒全法》中,所谓监司当行十条:其六,发常平之滞积,其七,毋崇遏粜,其八,毋启抑价;及太守当行十六条。其五,申明遏籴之禁。都是注重调粟的主张。又明林希元曾说:

有旱,有水,谷种既没,则饥馑立至。当先广籴他郡,又检灾伤,无可生理者,贷之,随地利可栽种者致之,令贫富皆约食。曰:此惜福救灾宜尔也。昔程珦知徐州,久雨坏谷,珦募得豆数千石贷民,使布水中,民不艰食;又各州县有上供粮米者,先事奏请截留,而以其粜钱计奉朝廷,则米价自落,国赋不亏。……粜常平米用平价,又借库银于多米地方,循环粜籴,用贵米时,价减四之一,而民已有所济。至富民之价,切不可抑之,抑之,则闭籴,而民愈急,势愈嚣,其乱可立待也。况官抑价,则客米不来,境内乏食,而上户之粗有蓄积者,愈不敢出矣。(《臣鉴录》)

这又是调粟议论中比较具有实际性的。而王圻在《赈贷群议》第五议平粜中,说得尤其扼要。他说:

古称商贾之事,可通于官府大都,年凶谷贵,小民病之。若发官廪减价出粜,而四方巨侩,贩运谷米,一时辏集,价自平矣。耿寿昌增价籴,减价粜,祖其法而善用之,减不可太减,增不可过增。使不越原值,庶官廪不竭,而惠可继。然所以佐平粜者，在无遏籴。俾商贩谅我之公，凡道经我境者，俱运米而来。又在无抑价，俾商贩闻价值倍常，自将辐辏而至。何患米价不渐平哉！（《续文献通考》）

后代各时期，因情形不同，具体的议论也有所不同。如清陆曾禹说：

籴莫贵于早，粜莫贵于时，但使不知张公詠守蜀平粜之法，恐利归富户，而害在穷民。何也？穷民待哺之时日虽多，所籴之米粟有限。一则官不须其多籴；二则彼亦无钱多籴。奸人窥破其微，贿属官吏，串通斛手，日买数十石而去，不逾月而官米毕矣。奈此地米价稍减之名，忽又遍传商贩，商贩闻之，惧亏本而不来；官长察之，叹仓空而无继，米有不骤贵之理乎？奸人于是卖其所籴之米，不数旬而获利无算。是穷民之食贱米，不过数旬，而穷人之食贵米，必需几月。食贱米者十不过二三，食贵米者十必八九。惠之者非即所以害之耶？故赈粜当兼行保甲之法。此法一行，既无冒滥，亦不失恩赈，粜者察之。（《康济录》）

又如屈成霖说：

平粜法，先察城乡富户某某存米若干，共有余米若干，每日共应需食米若干。结有成数，将各富户均匀。酌定若干日派拨附近贫民若干户，每户计口日食米若干升，先给一票，临籴执验，戳一日记，以杜复籴。派拨既定，各为张一榜文，使众共知。或有官廪平粜，亦应分拨城乡富户，画一定价，依照前式，归还库帑，官乃不次巡查。急公者多方奖劳，违玩者立法纠惩。如此，则规避、捏报、私贩、冒籴、拥挤、复籴等弊，一概尽除。若不亲身料理，则诸弊丛生，仍无实济。（《荒政辑要》）

董煟也曾谈论过闭籴的害处。如说：

天下一家，饥荒亦有路分。今邻郡以吾境内丰稔而来告籴，义所当恤。此宜物色上流丰熟去处，劝诱大姓或本州发钱差人转籴，循环籴贩。非惟可活吾境内之民，又且可活邻郡邻路之饥民，尚何难籴之有。脱使此间之米，不许出吾界，他处之米，亦不许入吾界。一有饥馑，环视壁立，无告籴之所，则饥民必起而作乱。（《救荒活民书》）

这些言论，除了一般地申述调粟的重要性以外，更涉及到实施的具体方法了。

三　养恤

我国历代谈论救荒的人士，无不强调施粥、居养、赎子等的重要性。这里所谓养恤，也就是指的这些方面的内容。

前代关于养恤的议论，要算两宋以来各学者所发表的言论，最为切要而详尽。

宋程明道说：

救饥者，日得一食则不死矣。当先营宽广居处，切不得令相枕借宿，戒使晨入，午而后与之食。择羸弱者作稀粥，早晚两给，勿使至饱，俟气稍完，然后一给，其力能自营一食者，皆不来矣。比之不择而与，当活数倍多也。(《程氏遗书》)

司马光说：

圣王之政，使民安其土，乐其业，自生至死，莫有离散之心。以臣愚见，莫若谨择公正之人，为河北监司，使察灾伤州县，守宰不胜者易之，多方挪融斗斛，各使赈济本州县之民。若斗斛数少，不能周遍，且须据版籍，先从下户次第赈济，则所给有限，可以预约矣。若富室有蓄积者，官给印历，听其举贷，量出利息。候丰熟日，官为收索，示以必信，不可诳诱，则将来百姓务争蓄积矣。如此饥民知有可生之路，自然不弃旧业浮游外乡。居者既安，则行者思反。若县县皆然，岂得复有流民哉(《文献通考》)。

司马康说：

自古圣贤之君，非无水旱，惟有以待之，则不为甚害。愿及今秋熟，令州、县广籴民食，所余悉归于官。今冬来春，令流民就食，候乡里丰穰，乃还本土。凡为国者，一丝一毫，皆当爱惜。惟于济民，则不宜吝。诚能捐数十万金帛，以为天下大本，则天下幸甚。(《宋史·司马康传》)

袁甫说：

区处流民之策，……惟曰散处其民于下，总提其纲于上而已。……每处流民，随所在分之。凡赡养之费，惟分则易供；居止之地，惟分则易足。……非但劝民出粟，或拨上供之数；或拨措管之钱；或乞科降，则上下当相视如一家。或请团结，则彼此当联络为一体。而所谓团结者，不止一途而已。能劳苦庸其力；有技艺者食其业；其间有为士者，散于庠序；为商者使之贸迁。则心有所系，而奸无所萌，此皆分说也。分之愈多，养之愈易。（《江南通志》）

这几位学者的议论，实总集了两周、秦汉以来关于这一问题的各种零星言论的大成，他们对养恤的原则以及关于养恤的各项具体问题，都有论及。明、清以后，各学者对这一问题所发表的言论，实未尝超出其范围。

例如，明林希元讲到居养给药的重要性时，曾说：

时际凶荒，民多疫疠，极贫之民，一食尚艰，求医问药，于何取给？往时江北赈济，亦发银买药，以济贫民。……臣愚欲令郡县博选名医，多领药物，随乡开局，临症裁方，多出榜文，播告远近。但有饥民疾病，并听就厂领粟，赴局支药。遇死者给银四分，令人埋葬，生死沾恩矣。（《康济录》引）

又如，席书讲到施粥的重要性时，曾说：

饥馑殊甚，卖牛畜，鬻妻女，老弱展转，少壮流移，甚或饿死于道。廷议赈恤，但饥民甚多，钱、粮绝少，惟作粥一法，不须防奸，不须审户，至简至要，可以救人。世俗谓作粥不可轻举，缘有行之一城，不能散布诸县，以致四方饥民闻风骈集，主者势力难及，来者壅积无算，逐谓作粥不宜轻举。不知初举而民即受惠，三四举而即可安辑，其效速，其功大，此古遗法。扶颠起毙，未有先于此急于此者。（同前）

毕懋康也说：

救荒法，无如煮粥善。相应先尽各州县见在仓粮，尽数动支，又动本院赎银，收买米、豆、杂粮，煮粥接济。然所谓救荒无奇策者，患在任之不真，任之不力耳。若有真心，自有良法。又何灾不可弭也。（同前）

清陆曾禹曾说：

时至饥年，以守土牧民官视之，则曰流民，以天子宰相视之，莫非赤子。忍令其冒雨冲风，吞饥忍饿，而流离于道路哉？未流者，已流者，欲归者，欲留者，行路者，途宿者，他国民远来众，前人无不有以处之矣。后之仁人，轸恤乎离乡求活之苦，皆当法前贤遗事以救之也。（同前）

在专门谈论居养的问题时，陆曾禹又说：

民之大事，生死而已。生惟疾病可忧，死则暴露为惨，药局之开，命医之举，宜急行焉。生之于床席，活之于垂亡。虽乏神犀，赖兹慈母，庶无忝耳。不幸死矣，苟不助银令人速掩，血泪染尸，兽餐初毙，青燐夜泣，白骨飘零，生不能充肠而足食，死复暴露于荒郊，遭此惨伤，可云保民之政无歉欤？治民病，掩骼，埋胔，皆大典也。每岁宜然，况饥年乎？（同前）

以上各家的议论，虽很素朴幼稚，但在过去，影响还是不小的。

四　除害

蝗蝻、疫疠，都有很大害处，但都是可以消除的。过去，人们多以为蝗蝻不可除，不应除，而疫疠也无法消灭。他们的理论根据，不外是一切天灾，都是神灵谴罚，非人力所能避免。不过，即使在这种观念支配之下，也还是有人不受迷信蒙蔽，而提倡以人力来袪除灾害，这在当时是很可贵的。

我国最早倡议除蝗的，是秦苻坚时的刘兰。但当他主张讨蝗而效果不大时，还是不免有灾降自天、非人力所能除的想法。提倡治蝗最有力的要算姚崇。在他的《治蝗疏》中，他曾经写道：

秉彼蟊贼，付畀炎火，汉光武诏曰：去彼螟蜮，以及蟊贼，此除蝗议也。且蝗畏人易驱，又田皆有主，使自救其地，必不惮勤。请夜设火坎，其计且焚且瘗，及可尽。古有讨除不胜者，乃人不用命耳。……且讨蝗纵不能尽，不愈于养以遗患乎？（《唐书·姚崇传》）

后来明代的朱熊也说：

天灾不一，有可以用力者，有不可以用力者。凡水与霜非人力所能为；至于旱伤则有车戽之利，蝗蝻则有捕瘗之法。苟可以用力者，岂得坐视而不救哉？为守宰者，当速为方略以御之。（《康济录》）

徐光启关于除蝗的议论，尤为详尽，并且有相当的科学价值。下面是他的“除蝗疏”的要点：

一、蝗灾之时，……最盛于秋夏之间，与百谷长养成熟之时，正相值也。故其害最广，小民遇此，乏绝最甚。若二三月蝗者，按《宋史》言：二月，开封府等百三十州，蝗蝻复生，多去岁所蛰者。《汉书》安帝永和四年、五年，比岁书夏蝗。而六年三月，书去岁蝗处复蝗。子生曰蝗蝻，蝗子则是去岁之种蝗，非蛰蝗也。闻之老农言：蝗初生如粟米，数日旋大如蝇，能跳跃群行，是名为蝻，又数日即群飞，是名为蝗，所止之处，喙不停啮，故“易林”名为饥虫也。又数日孕子于地矣。地下之子，十八日复为蝻，蝻复为蝗，如是传生，害之所以广也。秋月下子者，必依附草木，枵然枯朽，非能蛰藏过冬也。然秋月下子者，十有八九而灾，于冬、春者百止一二，则三冬之候，雨雪所摧，陨灭者多矣。其自四月以后而书灾者，皆本岁之初蝗，非遗种也。故详其所自生与其所自灭，可得殄绝之法矣。

一、蝗生之地：按蝗之所生，必于大泽之涯。然而洞庭、彭蠡、具区之旁，终古无蝗也，必也骤盈骤涸之处，如幽、涿以南，长、淮以北，青、兖以西，梁、宋以东诸郡之地，湖滦广衍，叹溢无常，谓之涸泽，蝗则生之。历稽前代，及耳目所睹记，大都若此。若他方被灾，皆所延及与其传生者耳。略摭往牍，如元史百年之间，所载灾伤路、郡、州、县几及四百。而西至秦、晋：称平阳、解州、华州各二；称陇、陕、河中、绛耀、同陕、凤翔、岐山、武功、灵宝各一；大江以南称江浙、龙兴、南康、镇江、丹徒各一，合之二十有二，于四百为二十之一耳。自万历三十三年北上，至天启元年南还，七年之间，见蝗灾者六，而莫盛于丁巳，是秋奉使夏州，则关、陕、邠、岐之间，遍地皆蝗。而土人云：百年来所无也。江南人不识蝗为何物，而是年亦南至常州，有司士民尽力扑灭乃尽。故涸泽者，蝗之原本也。欲除蝗，图之此其地矣。(《农政全书》)

清陆世仪的关于治蝗的根本思想，虽仍不能摆脱诚心诚意祈祷神佑的观念，但他的关于蝗害可除的肯定说法，也还是可取的。他曾说：

火不厌盛，坎不厌多，令老壮妇孺，操响器，扬旗旛，噪呼驱扑，……所谓田祖有神，秉畀炎火者也。则卷扫而瘗埋之。处处如此，即不能尽降，亦可以渐灭。苟或不然，束手坐待，姑望其转而之他，是谓不仁；畏蝗如虎，不敢驱扑，是谓无勇；日生月息，不惟养祸于目前，而且遗祸于来岁，是谓不智。当此三空四尽之时，蓄积毫无，税粮不免，吾不知其何底止也！蝗，秋、冬遗种于地，不值雪，则明年复生。是年冬大雪深尺，次年蝗复生，盖岩石之下有复藏，而雪所不及者，不能杀也。四月中，淫雨浃旬，蝗遂烂尽，以此知久雨亦能杀蝗。蝗所过处，悉生小蝗，春秋所谓蝝也。禾稻经其喙啮，秀出者亦坏，然尚未解飞，鸭能食之。鸭群数百入稻畦中，蝝顷刻尽，亦捕蝝一法。(《张清恪切问斋文钞》)

又陆曾禹说：

蝗蝻之生，人知之乎？刻剥小民不为顾恤，地方官吏侵渔百姓之见端耳！在上者以爱民为心，灾之散也，捷若桴鼓，一、在修德格天，一、在捕瘗除患也。蝗有蒸变而成者；有延及而生者。不知延及而生，实始于蒸变而成，若致力水涯，不容蒸变，祸端绝矣！既成之后，非多人不能扑灭。古人言：法在不惜常平义仓米粟，博换蝗蝻，虽不驱之使捕，而四远自辐辏矣！倘克灭迟滞，则捕者气沮，诚哉是言也！故将蝗之始末盛衰，条分于后：以十所阐发蝗之生灭，以十宜细说蝗之可除，知之详，则治之切耳。

一、蝗之所自起：必先见于大泽之涯，及骤盈骤涸之处。崇祯时，徐光启疏以蝗为虾子所变而成，确不可易。在水常盈之处，则仍又为虾。惟有水之际，倏而大涸，草留涯际，虾子附之，既不得水，春夏郁蒸，乘湿热之气，变而为蝻。故涸泽有蝗，苇地有蝗也。

二、蝗之所由生：蝗既成矣，则生其子，必择坚格黑土高亢之处，用尾栽入土中，其子深不及寸，仍留孔窍，势如蜂窝。一蝗所下十余，形如豆粒，中止白汁，渐次充实，因为分颗，一粒中即有细子百余。盖蝻之生也，群飞群食；其子之下也，必同时同地。故形若蜂房，易寻觅也。

三、蝗之所最盛：而昌炽之时，莫过于夏秋之间。其时百谷正将成熟，农家辛苦拮据，百费而至此，适与相当，不足以供一啖之需，是可恨也！

四、蝗之所不食：蝗所不食者，豌豆、绿豆、豇豆、大麻、商麻、芝麻、薯、蓣及芋桑、水中菱芡，若将秆草灰、石灰二者，等分为细末，或洒或筛于禾稻之上，蝗则不食。

五、蝗之所自避：良守之所在，蝗必避其境而不入。牧民者，果能以生民为己任，省刑罚、薄税敛、直冤枉、急赈济，洗心涤虑。虽或有蝗，亦将归于乌有，而不为害矣。

六、蝗之所宜祷：蝗有祷之而不伤禾稼者，祷之未始不可；如祷而无益，徒事祭拜，坐视其食苗，不亦可冷齿耶！

七、蝗之所畏惧：飞蝗见树木成行，或旌旗森列，每翔而不下。农家若多用长竿挂红白衣裙，群然而逐，亦不下也。又畏金声炮声，闻之远举，鸟铳入铁砂或稻米，击其前行，则前行惊奋，后者随之而去矣。

八、蝗之所可用：蝗若去其翅足，曝干，味同虾米，且可久贮不坏，以之食畜，可获重利。

九、蝗之所由除：蝗在麦田禾稼深草之中者，每日清晨尽聚草梢，食露体重，不能飞跃。宜用筲箕栲栳之类，左右抄掠，倾入布囊，或蒸、或煮、或捣、或焙、或掘坑焚火，倾入其中。若只掩埋，隔宿多能穴地而出。蝗在平地上者，宜掘坑于前，长阔为佳，两旁用木版或门扇等类，接连八字摆列，集众发喊，手执木版，驱而逐之入于坑内。又于对坑用扫帚十数把，见其跳跃往上者，尽行扫入，复以干草发火烧之，然其下终是不死，须以土压之，过一宿乃可。一法：先燃火于坑内，然后驱而入之。诗云："秉畀炎火"是也。蝗若在飞腾之际，蔽天翳日，又能渡水，扑治不及，当候其所落之处，纠集人众，各用绳兜，兜取盛于布袋之内，而后致之死。

十、蝗之所可灭：有灭于未萌之前者，督抚官宜命有司查地方有湖荡、水涯，及乍盈乍涸之处，水草积于其中者，即集多人给其工食，侵水芟刈，敛置高处，待其干燥，以作柴薪；如不可用，就地烧之。有灭于将萌之际者，凡蝗遗子在地，有司当令居民里老，时加寻视，但见土脉坟起，即便去除，不可稍迟时刻。将子到官，易粟听赏。有灭于初生如蚁之时者，用竹作搭，非惟击之不死，且易损坏，宜用旧皮鞋底、或草鞋、旧鞋之类，蹲地掴搭，应手而毙，且狭小不伤损苗种。一张牛皮，可裁数十枚，散与甲头，复可收之。有灭于成形之后者，既名为蝻，须开沟打捕，掘一长沟，沟之深广各二尺，沟中相去丈许，即作一坑，以便埋掩。多集人众，不论老幼，沿沟摆列，或持扫帚，或持打扑器具，或持铁锸，每五十人用一人鸣锣。蝻闻金声，则必跳跃，渐逐近沟；锣则大击不止。蝻惊入沟中，势如注水，众各用力，扫者自扫，扑者自扑，埋者自埋，至沟坑俱满而止。一村如此，村村若此，一邑如是，邑邑皆然，何患蝻之不尽灭也？（《康济录》）

这是前代关于除蝗的最精辟的议论。至于消除疫疠的思想，则因客观历史条件的限制，没有得到发展。

第二节　灾后补救

灾后补救也是消极救济论中的一种，包括安辑、蠲缓、放贷、节约等项内容。现分述如下：

一　安辑

《周礼》地官旅师："凡新甿之治皆听之，使无征役。"所谓新甿，就是指新迁徙来的人。按"甿"与"氓"通，"氓"从"亡"从"民"，所以这句话的意思，指的是对流亡的居民，应免去其征役的负担，这是古代最初的安辑思想。

我国历史上每次荒灾之后，流亡众多，农耕废弃，这种严重事实，历代关心民政的人，都有见到。忧时之士，并常以流民惨怛愁苦的生活，绘为图画以献于上。如：宋郑侠的《流民图》；明杨东明的《饥民图》；陈其猷的《流民图》及清蒋伊的《流民图》，都是很著名的。关于这些人献图的事实，史书上有如下的记载：

自熙宁六年七月不雨，至于七年之三月，人无生意。东北流民，每风沙霾曀，扶携塞道，羸瘠愁苦，身无完衣。并城民买麻、籸、麦、麸合米为糜，或茹木实草根，至身被锁械，而负瓦揭木，卖以偿官，累累不绝。侠……悉缮所见为图，奏疏诣阁门不纳，乃假称密急，发马递上之银台司。其略云：去年大蝗、秋冬亢旱、麦苗焦枯、五种不入。群情惧死，方春斩伐，竭泽而渔，草木鱼鳖，亦莫生遂。灾患之来，莫之或御。……窃闻，南战北伐者，皆以其胜捷之势，山川之形为图来献；料无一人以天下之民，质妻鬻子，斩桑坏舍，流离逃散，遑遑不给之状上闻者。臣谨以逐日所见绘一图，但经眼目，已可泣涕，而况有甚于此者乎！（《宋史·郑侠传》）

万历二十二年，给事中杨东明进《饥民图》。（《续文献通考》）

万历四十三年，三月，大旱，七月雨，八月霜，晚禾尽伤。青州大饥，人相食，诸城举人陈其猷上《流民图》。（《山东通志》）

康熙二十一年，蒋伊上《流民图》及疏，帝披览为之动容。二十二年，圣祖东巡，见所过多饥民，顾近臣曰：此蒋伊所绘《流民图》也。（《九朝东华录》）

流民不能安复，则农事势必难于进行。所以宋虞奕将赴河北东路常平任职时，曾上奏给徽宗说：

流民不以时还，则来岁耕桑皆废矣！（《宋史·虞奕传》）

因有这根本的危机，所以历代关于安辑的议论，就随流亡问题的日趋严重，而愈来愈盛。如晋封裕谏慕容皝说：

圣王之宰国也，……寒者衣之，饥者食之，使家给人足，虽水旱而不为灾……百姓流亡，中原萧条，千里无烟。……宜省罢诸苑以业流人。人至而无资产者赐之以牧牛，人既殿下之人，牛岂失乎？善藏者，藏于百姓而已矣！……一夫不耕，岁受其饥。必取于耕者而食之，一人食一人之力，游食数万，损亦如之。安可以家给人足，治致升平？（《晋书·慕容皝传》）

宋吕大临说：

救荒之政，蠲除、赈贷，固当汲汲于其始，而抚存、休养，尤在谨之于终，譬如伤寒大病之人，方其病时，汤剂针灸，固不可以少缓；而其既愈之后，饮食起居之间，所以将护、节宣，少失其宜，则劳复之证，百死一生，尤不可不深畏也。（《性理精义》）

朱熹说：

救荒尤在谨于其终。……被灾之郡，……勿得催理积年旧欠，……当此凶年，细民所从仰食，其间亦有出粟减价赈粜，而不及赏格者。……将残欠夏税，多作料数，……则幅员之内，当旱灾之余，无一夫不被尧舜之泽矣！（《朱子大全集》）

明成化间祭酒周洪谟在《流民说》中说：

东晋时，庐松滋之民流至荆州，乃侨置滋县于荆江之南。陕西雍州之民流至襄阳，乃侨置南雍州于襄水之侧，其后松滋遂隶于荆州；南雍遂并于襄阳，垂今千载，静谧如故。前代安辑流民，甚得其道，今若听其近诸县者附籍，远诸县者设州县以抚之，置官吏，编甲里，宽徭役，使安生理，则流民皆齐民也。（《康济录》）

又王圻在《赈贷群议》第四议“抚恤”中说：

灾伤遇贤有司，多方赒济，缓赋宽逋，贷种葺庐，尚堪存活，不至流窜。万一他邑流移至我疆界，须念呻吟愁怨，上干天和，驱逼啸聚，类致揭竿。要必禁谕有术，招抚有方，寄食有备，赡葬有道，掷妻捐子，录育有宜。不愿复业，许令附籍，思返故乡，资给路费。此仁人君子，忠厚存心，亦弭盗睦邻之大义也。（《筹济篇》）

清陆曾禹说：

既荒之后，如病初起，不能抚绥，再加劳困，是不死于病笃之时，而反亡于初愈之日，不大可叹哉！麦熟矣，旦夕可免啼饥之苦，有麦则然。蚕毕矣，出入可释无衣之叹，无丝则否。故小民有些须之蓄，尤不可有耗散之端。倘徘徊歧路，归计无从，劫掠相侵，空囊如洗，或追呼逼迫，或礼义罔知，不仍如遭倒悬之苦耶！于以知安流、弭盗、停征、教养四者，皆抚绥之急务。自汉、唐至元、明所当急效者也。才履丰年，方臻熟岁，可不下体民心，上承天意，以固我金瓯哉？虽然，若弭盗而不归其流，则劫夺之患不息；教养而不停其征，则妨民之困不除，农

桑何由得盛？学校何从得兴？此又相因而为用者也，缺一不讲，乌乎可哉？（《康济录》）

杨景仁也说：

岁遭饥馑，赈济多方，民气稍苏，疮痍甫起。此正究图民瘼者，所当加意斡旋之际也。沉疴减，而调护有亏，则病加于小愈；大患平，而抚绥未善，则困重于更生。夫元元之众，岂惟是免于饿殍，遂跻于仁寿哉？将使定其居，恒其业，室俱完聚，田不荒芜，风俗臻于朴茂，而后晏如也。（《筹济篇》）

前代关于安辑的议论，大致有这些。

二　蠲缓

政府的岁入，主要依靠租赋。而赋从田出，遇灾则田荒；田荒则赋无所出。灾民救死不暇，假使还要责成他们承担租赋，则必定加重他们的困苦，加深他们对政府的怨恨。所以历代都有蠲缓的议论发生。

蠲缓的思想，在《周礼》中已有萌芽：《周礼》大司徒关于薄征、弛力、缓刑等项规则，都是这种思想的表现。汉以后，复算除租和议论蠲免的人甚多，几乎连岁不绝，唐以后更甚，这都是当时的形势所造成的。当时因征敛的法令定得非常苛刻，人民在那种制度下，已日益贫困，加上经常遭受灾荒，更弄得民穷财尽，无力缴纳租赋，更无力偿还历年积欠的赋税。这就非提倡蠲免之议不可，否则很难稳定社会秩序，也很难维系民心。不过历代有关蠲免的议论，许多话还是颇为动听的。如：

南齐王子良说：

水潦成患，良田沃壤，变为汙泽，播植既周，继以旱虐。夫国资于民，民资于食，匪食匪民，何以能政？本始中，大旱，诏除民租，今闻所在逋馀尚多，守宰严期，兼夜课切，新税力尚无从，故调于何取给？正当相驱为盗耳！宜皆原除，少降停恩，微纾民命。（《齐书·世祖本纪》）

宋王觌说：

旱势如是，民食已绝，倒廪赡之，犹惧不克济，尚可责以赋耶？（《宋史·王觌传》）

元张宏范说：

朝廷储小仓，不若储之大仓。今岁水潦不收，而必责民输，仓库虽实，而民死亡殆尽，明年租将安出？曷若活其民，使不致逃亡，则岁有恒收，非陛下大仓库乎！（《元史·张宏范传》）

明严讷说：

江南赋重，当无事之日，农夫疾耕，不足以转输。……今逃亡十家而九，……不知今年田租安所出也？……百姓恋乡里，相携复业，身未及帖席，而漕卒又蚁集矣！有司恐干课殿，头会箕敛，倾其担石，空其机杼，榜笞缧绁，责其嫁妻卖子，犹复不赡，幽死囹圄而后已！则土著复业者骈死，流移者狼顾，无生还之望，计乃无聊，聚为盗贼，劫掠公私。……事至于此，则有逐捕之扰，招集之烦，其费皆当出于县官，是今日之赋于民者，无益之虚征；而他日之出于公者，不赀之实费。孰若沛然赐复一年，且以示安辑之仁。……夫税粮起运之数，大率十之七八，而存留之数，仅十之二三。民救死不赡，方待振业，而犹责以七八分之供，与之以二三分之蠲，是犹遍体伤残，而益之以一毛，不知有济于民否也？伏望敕下部臣，举今年夏税、秋粮一切复除，……使良民安于田里，……斯民生可永奠矣！（《虞邑先民传略》）

张居正也说：

百姓财力有限，即年岁丰收，一年之所入，仅足以供当年之数。不幸荒歉，现年钱粮尚不能办，岂复有余力完累年之积逋哉？故带征以法，名为完旧欠，实则减新收也。今岁之所减，即为明岁之拖欠；现在之所欠，又是将来之带征。头绪繁多，年分混杂。愚民竭脂膏罄汗血，里胥欺匿，官吏侵渔。与其敲剥穷民，实奸贪之囊橐；孰若蠲与小民，使其戴上之仁哉！（《通纪会纂》）

又吴之鹏说：

江南霪雨，禾苗淹烂，庐舍漂流，非大施蠲免不可。然臣之所谓蠲者，不在积逋，而在新逋；不在存留，而在起运。盖积逋之蠲，奸顽侵欠者获厚惠，而善良供赋者不沾恩。且以凶岁议蠲，而乃免乐岁逋欠之虚数；民危在眉睫，而乃免往年可缓之征输，何以周急？若存留国课，不过十分之一二耳。官俸军储之类，讵可一日无哉？故非蠲运济民，未有能获苏者也！（《康济录》）

王圻在《赈贷群议》第二议“停蠲”中也说：

岁值大祲，停蠲，则民虽厄于无所入，犹幸于无所出。民间殷实之户，间有积聚，尚堪补一家食指，并宗族亲邻枵腹称贷者，惟常税不蠲，其素藏遗粒，悉供输纳，冀免鞭敲；贫民既称贷无窦，又征求不已，富者不至于贫，贫者不至于死亡不已也。急议停蠲，仁政所当先者，奈何有司拘泥常限，预期征之，停蠲之旨方下，而税粮数计已完。贤者则议抵补下年，不肖者扣入私橐，竟使朝廷恩泽，为纸上虚文。民转沟壑，啸聚为盗，咎将谁职？凡遇灾伤，有司速行踏勘，申请奏闻，速议停蠲，庶沾实惠矣。（《筹济篇》）

前人对于蠲免的重要性的认识和动机，看了这些文字，已很了然。至于停缓之议，提倡最早的是唐代的韩昌黎，他有过“遇旱停征”的主张。曾说：

今年已来，京畿诸县夏逢亢旱，秋又早霜，田种所收，十不存一。……租赋之间，例皆蠲免。所征至少，所放至多；上恩虽弘，下困犹甚。至闻有弃子逐妻以求口食；拆屋伐树以纳税钱。寒馁道涂，毙踣沟壑。有者皆已输纳，无者徒被追征。……怜念黎元，同于赤子。至或犯法当戮，犹且宽而宥之：况此无辜之人，岂有知而不救？……百姓实宜倍加忧恤。今瑞雪频降，来年必丰，急之，则得少而人伤；缓之，则事存而利远。……今年税钱及草粟等在百姓腹内征未得者，并且停征。容至来年，蚕麦庶得，少有存立。(《昌黎文集》)

宋代诸臣有所谓“倚阁”之议，其实也就是停缓的意思。大抵唐以后各代，提倡这种主张的颇多，这从以下文字中可以看出。

唐狄仁杰在《免民租疏》中写道：

百姓嚣嚣，群然告歉，询其所自？皆云：春夏以来，并无霖雨，救死不苏，营细失时。今已不可改种，见在黄老草莱度日，旦暮之间，全无米粒。……无田百姓，所营之田，一户不过十亩五亩。准例常年纵得全熟，纳官之外，半载无粮。今总不收，将何活路？自春徂夏，多殍亡者，检有籍历，大半除名，里里乡乡，班班户绝，……乞免民租。(《唐书·狄仁杰传》)

白居易在《请宽征税疏》中写道：

圣心爱轸，重降德音，欲令实惠及人，无如减放租税。……去年钱米，……已有纳者，纵未纳者，多是逃亡。假令不放，亦征不得。而旱损州县至多，所放钱米至少。百姓未经丰熟，又纳今年税租，疲乏之中，重此征迫，人力困苦，莫甚于斯。……更量放今年租税。当疲困之际，降恻隐之恩，感动人情，无出于此。（《白氏长庆集》）

宋朱熹曾说：

救荒之政，蠲除、赈贷，固当汲汲于其始，而抚存、休养，尤在谨之于其终。……今者饥饿之民，虽得蒙被圣恩，以幸免于死亡，然亦类皆鸠形鹄面，薾然无异于大病之新起。若有司加意抚绥，宽其累年之逋负，倚阁官物，则一二年间筋骸气血，庶几可复其旧。（《朱子大全集》）

清杨景仁也说：

夫时值歉年，而非大歉，境连灾地，而不成灾。国家经费有常，岂可概行议蠲？惟遽急催科，则艰难可念，为纡其期，无误正供，稍纾拮据之力也。一停待间，而受赐多矣！（《筹济篇》）

看了上面这些文字，我们对于倡议停缓的理由和用意，已大致明了。

三　放贷

灾荒之后，农民非常穷乏，不能恢复生计。为了帮助农民复业，解决农民灾后遇到的重大困难，历代又常有关于放贷的议论。管子说：

民之无本者，贷之圃彊。（《揆度篇》）

又说：

无食者予之陈，无种者贷之新。（同前）

孟子说：

春省耕而补不足，秋省敛而助不及。

这是我国历史上最早提倡农村放贷的言论。不过他们所指的，还是平日的情形，而不是专从救荒的意义上说的。后世关于救荒放贷的议论，颇为详尽。如：

宋刘敞曾说：

今岁颇旱，百姓艰食，已有流移。……若不多方赈恤，恐成凋瘵。乞敕令诸州，仓廪量留三年军储外，贷与贫下百姓，命逐县结保，等第支借。候岁熟日，准数还官。一则接济困乏，免令逃散；二则以新换陈，不乏军储；三则流布恩惠，固结民心。（《宋史·刘敞传》）

王岩叟说：

救灾恤患，惟恐有所不至，以伤其仁。先王之用心也，随施以有求，乘危而论利，盖不忍焉。……灾伤无分数之限，人户无等第之奉，皆得借贷，但令随税纳之额而已。……故四方之人，沾惠者溥，衔恩者深。……不限灾伤之分数，并容借贷；不拘民户之等第，均令免息。庶几圣泽无间，感人心于至和。（《宋史·王岩叟传》）

曾巩说：

河北地震水灾，堕城郭，坏庐舍，百姓暴露乏食，有司请发粟。……然今百姓暴露乏食，已废其业矣。使之相率日待二升之禀于上，则其势必不暇乎他为，是直以饿殍之养养之而已，非深思远虑为百姓长计也。以中户计之，户为十人，率一户月当受粟五石，被水之地，既无秋成之望，非至来岁麦熟之时，未可以罢。自今至于来岁，麦熟凡十月。今被灾者十余州，仰食县官者率十万户，当用粟五百万石而足，何以办，此又非深思远虑为公家长计也。……今秋气已半，而民露处不知所蔽，盖流者亦已众矣。如不可止，则将空近塞之地，失耕桑之民，此众士大夫所未虑，而患之尤甚者也。何则？失战斗之民，异时有警，边戍不可以不增；失耕桑之民，异时无事，边籴不可以不贵矣。二者可不深念欤！为今之策，下方纸之诏，赐之以钱五十万贯，贷之以粟一百万石，而事足矣。何则？今被灾之州为十万户，如一户得粟十石，得钱五千，下户常产之资，平日未有及此者也。彼得钱以完其居，得粟以给其食，则农得终其畎亩；商得治其货贿；工得利其器用；闲民得转移执事；一切得复其业，而不失其常生之计。与专意以待二升之粟于上，而不暇于他为者，岂不远哉！此可谓深思远虑，为百姓长计者也。由有司之说，则用十月之费，为粟五百万石；由今之说，则用两月之费，为粟一百万石。况贷之于今，而收之于后，足以振其艰乏，而终无损于储偫之实，所实费者钱五巨万贯而已。此可谓深思远虑，为公家长计者也。(《文献通考》)

明林希元说：

幸而残冬得度，东作方兴。若不预为之所，将来岁计复何所望。故牛种一事，犹当处置。(《康济录》)

其他关于放贷的议论还多，但主要内容，不外如上所说。这里不再列举。

四　节约

灾荒饥馑之后，粮食不足，经济困窘，不节约就很难渡过难关。所以历代屡有节约的议论。虽然，古人的提倡节约，多是从暴殄天物会重伤时和的观点出发，或者说，他们的节约思想，还多少带有禳弭的色彩，但就大体说来，古人对于荒年节省物力、财力的重要作用，也颇多正确的认识。如孟子与梁惠王论荒政时，就主张撙节爱养，并做到养生送死无憾，为王道之始，随后就主张研究田宅树畜。这就不仅仅是提倡目前的补救，而且有崇俭返朴的积极意义在内。《汲冢周书》上说：

年俭谷不足，宾祭以中盛，乐惟钟鼓，不服美，三牧五库补摄，凡美不修，馀子务穑，于是糺秩。年饥则勤，而不宾举，祭以薄，乐无钟，凡美禁，书不早群，车不雕攻，兵备不制，民利不淫，征当商旅，以救穷乏。(《擢匡解》)

孔子对齐景公问道：

凶年则乘驽马，驰道不修，祈以币玉，祭祀不悬，祀以下牲，此贤君自贬以救民之礼。夫人君遇灾，尚务抑损，况庶民乎！即民气稍苏，宜常念艰苦之时，爱惜物力。(《孔子家语》)

墨翟也说：

五谷丰收，则五味尽御于主，不尽收，则不尽御。一谷不收谓之馑；二谷不收谓之旱；三谷不收谓之凶；四谷不收谓之馈；五谷不收谓之饥馑。馑则士大夫以下皆损禄五分之一；旱则损五分之二；凶则损五分之三；馈则损五分之四；饥则尽无禄，廪食而已矣。故饥凶存乎国，人君彻鼎食；大夫彻县；士不入学。君朝之衣不革制，诸侯之客，四邻之使，飨飧而不盛。彻骖骈，涂不芸，马不食粟，婢妾不衣帛。此告不足之至也。(《墨子》)

后世每遇凶荒，节约的议论，也随之而起。并且从临时救荒的议论，发展而为平常崇俭固本的理论。因后人不但认为节约是一时救荒的方法，而且认为是升平致富的最好途径。如：

晋齐献王攸在《节省奏议》中说：

先王之教，莫不先正其本，务农重本，国之大纲。……今地有余羡，而不农者众，加附业之人，复有虚假，通天下之谋，则饥者必不少矣。今宜严敕州县，检诸虚诈害农之事，督察南亩，上下同奉所务。则天下之谷可复古政，岂患于暂一水旱，便受饥馁哉？……都邑之内，游食滋多，巧伎末业，服饰奢丽。富人兼美，犹有魏之遗弊，染化日浅，废财害谷，动复万年。宜申明旧法必禁绝之，使去奢节俭。不夺农时，毕力稼穑，以实仓廪。则荣辱礼节，由之而生，兴化反本，于兹为盛。（《文献通考》）

北魏韩麒麟说：

古先哲王，经国立政，积储九稔，谓之太平。今京师不田者多，游食之口，三分居二。故顷年山东遭水，而人有馁。今秋京都遇旱，谷价踊贵，实由农人不劝，素无储积故也。自丰穰积年，竞相矜夸，浸成侈俗。故耕者日少，田者日荒。谷帛罄于府库，宝货盈于市里；衣食匮于室，丽服溢于路。饥寒之本，实在于斯。愚谓：凡珍玩之物，皆宜禁断！令贵贱有别，人归标素。宰司四时巡行，台使岁一按检，勤相劝课，严加赏罚。数年之中，必有盈赡。虽遇凶灾，免于流亡矣！（《北史·韩麒麟传》）

宋庞籍说：

窃思东南上供粮石，每岁六百万石，至府库物帛皆出于民。民饥年艰食，国家若不节俭，生灵何以昭苏？……望抑奢侈，以济艰难。（《习是编》）

但抑奢尚俭，不是盲目的，俭本身也是有区别的。

清陆曾禹说：

奢与俭较，俭固美矣。但俭而不能有益于人，不因吾俭而去其奢，或恶其奢而师吾俭，此即于陵仲子之流矣。昔宋均有言：廉吏清在一己，无益百姓也。惟其廉兼能济人，末俗颓风，赖之以振，始可称有功于斯世耳。白香山有云：人民之贫困者，由官吏之纵欲也；官吏之纵欲者，由君上之不能节俭也。故上一节其情，而下有以获其福；上一肆其欲，而下有以罹其殃，此至言也。《易》曰：节以制度，不伤财，不害民。曷弗以身先之，因万姓之仓箱，而为久安长治之道哉？（《康济录》）

杨景仁也说：

时当饥馑，百计安全，疮痍既起，必俾之去靡黜浮，务本茂实，而后可观德化之成。夫凶岁多暴，际凋残而驱之从善，固难为功也。而瘠土向义，经愁苦而与之更新，亦易为力也。不崇节俭，无以返朴；不敦风教，无以还淳。司牧者以淳朴端所尚，斯新聚之财不至于耗，初泰之众不即于漓。筹荒政者，乃

有以善其后也。(《筹济篇》)

又说:

愚氓狃于所安,其气易胜,其情易流,奢侈僭滥,习为故常。一裘费中人之产,一宴縻终岁之储,浸至紊曲章坏风俗而不顾。此饥寒之原也,灾荒所自起也。然而无事之时,玩于所忽;被疮之后,怵于所危。还醇返朴之机,意在斯乎。古者年不顺成,八蜡不通,殆亦凶荒杀礼之意。及夫饔飧粗给,惧其侈心之将萌,则必慎乃俭德,以早遏其流,告以丝粟之孔艰,而谋其可继;惕以饥荒之未远,而为之预防。勿征逐以纵口腹之欲,勿称贷以饰耳目之观。即岁时伏腊,斗酒娱宾,从俗从宜,归于省穑。谨身节用,仰足以事,俯足以育。斥骄淫,杜浮靡,风俗渐臻朴茂焉。(同前)

以上各代著名学者和官吏的倡议,都能够影响当时政府的实际政策,我们不可不加以注意。

第三章　积极预防论

第一节　改良社会条件

历代救荒议论中，具有积极性质的，约有二种：一为改良社会条件的理论，一为改良自然条件的理论。这两种理论，都注重于灾害的预防，即着眼于灾荒发生原因的根治。

改良社会条件的理论，概括为重农与仓储二方面。重农即崇本之说；仓储即积蓄之说。不过，从救荒的意义上说，以采用重农与仓储二辞较妥。现依次说明这两方面的理论。

一　重农

我国重农之说，由来最久，历代学者，阐发这方面的道理的，实在不少。

《书》记载说：

> 弃，黎民阻饥；汝后稷，播时百谷。

管子说：

夫富国多粟，生于农。兴利者，利农事也；除害者，禁害农事也。（《治国篇》）

又说：

民事农则田垦；田垦则粟多；粟多则国富。（同前）

荀卿说：

田野县鄙者，财之本也。

这就是所谓农本主义的初期理论的表现。后世阐述这种理论，明白而详尽的尤多。如：

汉贾谊《论积贮疏》说：

一夫不耕，或受之饥；一女不织，或受之寒。生之有时，而用之无度，则物力必屈。古之治天下，至纤至悉也，故其蓄积足恃。今背本而趋末，食者甚众，淫侈之俗，日日以长，天下财产，何得不蹶？即不幸有方二三千里之旱，国胡以相恤？卒然边境有急，数千百万之众，国胡以馈之？兵旱相乘，天下大屈。今殴民而归之农，皆著于本，使天下各食其力。末技游食之民，转而缘南亩，则蓄积足，而人乐其所矣。（《汉书·食货志》）

晁错说：

夫寒之于衣，不待轻暖；饥之于食，不待甘旨。饥寒至身，不顾廉耻！人情一日不再食则饥，终岁不制衣则寒。夫腹饥不得食，肤寒不得衣，虽慈母不能保其子，君安能以有其民哉？明主知其然也，故务民于农桑。薄赋敛，广蓄积，以实仓廪，备水旱。故民可得而有也。（同前）

桓宽《盐铁论》中说：

古者什一而税，津梁以时入，而无禁。黎民咸被南亩，而不失其务，故三年耕，而余一年之蓄；九年耕，而有三年之蓄。今者……草莱不辟，田畴不治，虽擅山海之财，通百味之利，犹不能赡也。是以……尚力务本。趣时而衣食足，虽遇凶年，而人不病也。故衣食者民之本，稼穑者民之务也。二者修，则国富而民安也。《诗》云“百室盈止，妇子宁止”也。（《力耕篇》）

梁刘勰《新论》中说：

衣食者民之本也，民者国之本也。……衣食足知荣辱，仓廪实知礼义。……有九年之储，可以备非常之灾厄也。……谷之所以不积者：在于游食者多，而农人少，故欤！（《贵农篇》）

北周苏绰说：

衣食所以足者，由于地利尽；地利所以尽者，由于劝课有方。主此教者，在乎牧令守长而已。戒敕部人，少长悉力，男女并功，若探汤救火，寇盗之将至。然后可使农夫不失其业，蚕绩得就其功。若游手怠惰，则正长牒名，守令随事加罚，罪一劝百。夫春耕、夏种、秋收三时者，农之要月，失其一时，谷不可得食。若此三时令人废农，是绝人之命，驱以就死。然单劣之户，无牛之家，劝令有无相通，俾得兼济。农隙及阴雨之暇，又教人种桑、植果、艺蔬菜、畜鸡豚，以备生生之资，供养老之具。(《北史·苏绰传》)

这都是中古以前较著名的重农理论。明清以来，这种理论更趋完密，并且接触到更具体的农业生产问题。如：

陆曾禹说：

人非稼穑则勿生，圣贤独于耕耨之间，谆谆告戒，而于法亦无不备。读《月令》、《管子》文，立法未尝不善，而何以时见饥寒之象？要知虽有绝妙之良规，究不若爱民之司牧。使其不见于措施，终无实际，何益？惟慎选循良，重农积粟。处处无群居之游惰，村村尽敦本之农夫，何患太平之不奏也？(《康济录》)

华辉说：

国用何出？出于民；民财何出？出于地；地利何出？出于物。故董劝农桑，讲求物产，为古圣王生财之道，即今日养民致富之源。民力不足须官为补助者，曰广种植。种植之大利在南方者二：曰桑，曰茶。黄河以南三省，近水者宜桑，近山者宜茶，苟能有官筹款，购买茶秧茶子，散给民间，并讲求养蚕、制茗之方，不数年而风行各省矣。在北方者二：曰葡萄，曰棉花。黄河以北三省，天寒地燥，惟此为宜。葡萄可酿酒，棉花可纺线织布，苟能博求良法，劝导民间，则余利丰盈，何有偏灾？无冻馁矣！（《续皇清文献通考》）

以上是历代重农防灾思想发展的大略。所引各家言论，虽难免囿于一方，见有偏出，但却在在是以去末技、戒浮惰、立本崇实为立论的主旨。这实是我国历代重农理论的精华所在。

二　仓储

《礼记·王制篇》中写道："国无九年之蓄，曰不足；无六年之蓄，曰急；无三年之蓄，曰国非其国也。三年耕必有一年之食，九年耕必有三年之食，以三十年之通，虽有凶旱水溢，民无菜色"，这是往代经济思想的根本。管子说："彼野悉辟，而民无积者，国地小，而食地浅也。"（《八观篇》）两汉以来，有关积蓄备荒的议论很多。如：

贾谊上汉文帝《积贮疏》中说：

管子曰：仓廪实而知礼节；民不足而可治者，自古及今，未之尝闻。……夫积贮者，天下之大命也。苟粟多而财有余，何为而不成？（《汉书·食货志》）

北魏李彪说：

臣闻国本黎元，人资粒食。是以昔之哲王，莫不勤劝稼穑，盈蓄仓廪。故尧、汤水旱，人无菜色者，盖由备之有渐，积之有素。记云：国无三年之储，谓国非其国。……顷年山东饥，去岁京师俭，内外人庶，出入就丰。既废营产，疲而乃达，又与国体，实有虚损。若先多积谷，安而给之；岂有驱督老弱，糊口千里之外？以今况古，诚可惧也！臣以为宜析州郡常调九分之二，京都度支，岁用之余，各立官司。年丰籴积于仓，时俭则加私之二，粜之于人。如此民必力田，以买官绢，又务贮财，以取官粟。年登则常积，岁凶则直给，……数年之中，则谷积而人足，虽灾不为害矣！（《魏书·李彪传》）

唐陆贽说：

仁君在上，则海内无饿殍之人。盖以虑得其宜，制得其道，致入致歉乏之外，设备于灾沴之前耳。魏用平粜之法，汉置常平之仓；隋氏立制，始创社仓。终于开皇，人不饥馑。除赈给百姓外，一切不得贷便支用。每遇灾荒，即以赈给。小歉则随事借贷，大饥则录事分颁。富不至侈，贫不至饥；农不至伤，籴不至贵。一举而数美具，可不务乎？（《陆宣公集》）

宋余靖说：

天下无常丰之岁，倘有缓急，不可无备。（《康济录》）

张方平《上仓廪论》中说：

凡今之俗，苟且因循，有位者无心，有心者无位。在上可行者，务暇逸而从苟且；在下乐行者，或牵束而不得专。以故民间利不克时兴，害不克时去。彼义租社仓，齐、隋、唐氏尝为之。果令天下之县，各于逐乡筑为囤廪，中户以上为之等级，课入谷粟，县掌其籍，乡吏守之。遇岁之饥，发以赈给。协于"大易"裒多益寡之义；符于"周官"党相救州相赒之法。诚为国之大事也。（同前）

赵汝愚说：

州、县水旱，赈济赈粜，往往惠及城郭，不及乡村。乡村之人最苦，幸而得钱，奔走告籴，则已居后。于是老幼愁叹，有就荒避熟，轻去乡里之意。其间强而有力者，夺攘剽掠，无所不至，以陷于非辜。城郭之民，率不致此。故臣谓：城郭之患轻而易见；乡村之害重而难知。臣愚，欲望圣慈采隋、唐社仓之制：明诏有司，逐乡置廒，岁差上户两名，以充社司，主其出纳，不如法者记之。幸连年丰稔，在在得有储蓄，则乡里晏然。虽遇歉岁，奸宄之心，无自生矣。（同前）

金纥石烈良弼说：

崇尚节俭，而又惟农是务，故蓄积多，而无饥馑之患也。（《金史·纥石烈良弼传》）

明汪文义在《旱灾疏》中说：

能积于不涸之仓，藏于不竭之府者，可御水旱之来。当患而为之备，既灾而为之捍者，可免流离之苦(《明史·汪文义传》)。

钟化民说：

今遭灾荒，辄抑给于内帑，此一时权宜之计，岂百年经久之规哉？惟以本乡所出，积于本乡；以百姓所余，散于百姓。则村村有储，缓急有赖，周济无穷矣。且令各府、州、县掌印官，每堡各立义仓一所。不必新创房屋，即庵、堂、寺、观，就便设立。择好义诚实之人，共相主之。此乃积于粒米狼戾之时，比之劝借于田园荒芜之后，难易殊矣！。(《康济录》)

清杨景仁说：

备豫不虞，善之大者，岁逢灾祲，鸠形鹄面，待哺嗷嗷。欲有以济之于临时，必先有以储之于平日。(《筹济篇》)

以上是历代论仓储积蓄的救荒思想发展的大略。所引言论，大都阐明了仓储积蓄的必要性，语语踏实，可说是现代农业仓库理论的先河。

第二节　改良自然条件

改良自然条件的防灾理论，概括为水利和林垦二方面，分别叙述于后：

一　水利

我国历代灾害最多和最厉害的，非水即旱。水旱之所以成灾，固然是由于自然条件造成，但人工不加以改良克服，或者说，水利的废弛，实是基本原因。前代明达之士，无不有见及此，所以主张兴水利以防灾害的，累朝都有。的确，只有兴修水利，水旱之灾才有可能逐渐消除。这实是兴农富国的大计，也是防备灾荒的先策。

管子说：

> 沟渎遂于隘，障水安其藏。（《立政篇》）

又说：

> 导水潦，利陂沟，决潘渚，溃泥滞，通郁闭，慎津梁。（《五辅篇》）

荀子也说：

修堤梁，通沟浍，行水潦，安水藏，以时决塞。岁虽凶败水旱，使民有所耕耘，司空之事也。（《王制篇》）

这是古代有关水利的较早的言论。其后谈论水利的人虽多，但缺乏系统的思想，到了宋代，则水利之说大备，宋神宗熙宁四年，郏亶在《上水利书》中写道：

震泽环湖之地，有二百余里可以为田，而地皆卑下，犹在江水之下，与江湖相连。水面平阔，足以容受震泽下流，使水势散漫，而三江不能疾趋于海。其沿海之地，亦有数百里可以为田，而地皆高仰，反在江水之上，与江湖相远。民既不能敢水以灌溉，而地势又多西流，不得蓄聚春夏之雨泽，以浸润其地。是以环湖之地，常有水患，而沿海之地，常有旱灾。古人因其地势之高下而为田，其环湖卑下之地，则于江之南北为纵浦以通江。又于浦之东西，为横塘以分其势而棋布之，有圩田之象焉。塘阔者三十余丈，狭者不下二十余丈，深者二三丈，浅者不下一丈。古人所以使塘浦阔深若此者，盖欲取土以为堤岸，堤岸高厚，足以御湍悍之流耳。故古者堤岸高者须及二丈，低亦不下一丈。借令大水之年，江湖之水高于民田五、七尺，而堤岸尚出于塘浦之外三、五尺至一丈，虽大水不能入民田也。民田既不容水，则塘浦之水自高于江，而江之水亦高于海，不须决泄而水自湍流矣。故三江常浚，而水田常熟。其堈阜之地，亦因江水稍高，得以畎引而灌溉，此古人浚三江治低田之法也。所有沿海高仰之地，近于江者既以江流稍高，可以畎引；近于海者，又有早晚两潮可以灌溉。故亦于沿海之地，及江之南北，或五里七里而为一纵浦；又七里十里而为一横塘，港之阔狭与低田同，而其深往往过之。古人所以为塘浦阔深必若此者，盖欲畎引江海之水，周流于堈阜之地，虽大旱之岁，亦可车戽以溉田；而大水之岁，积水或从此而流泄耳。至于地势西流之处，又设堈门、斗门以潴蓄之，是虽旱岁，堈阜之地，皆可耕以为田，此古人治高田蓄雨泽之法也。……洎乎年祀绵远，古法堕坏，……故堤防尽坏，而低田漫然复在江水之下也。田既容水，故水与江平，江与海平。今二江已塞，而一江又浅，恐十数年松江愈塞，震泽之患不止于苏州而已。此低田不治之由也。其高田之废，由民不相率以治港浦，地势既高，沿海者海潮不应；沿江者又因水田堤防堕坏，水得潴聚田间，而江水渐低，故高田复在江水之上。至于西流之处，又因人户利于行舟之便，坏其堈门而不能蓄水。夫既不浚浦港以畎引江海之水，又不复堈门以蓄聚春夏之雨泽，此高田不治之由也。自来议者，只知决水，不知治田。治田者本也，本当在先；决水者末也，末当在后。嘉祐中，两浙运使王纯臣建议，谓：苏州民间，一概白水，深处不过三尺以上，当复修作田位，使位位相接以御风涛，则自无水患。若不修作塍岸，纵使决尽河水，亦无所济。此说最为切当。乞循古人之遗迹治田，罢去其某家泾、某家浜之类，五里七里而为一纵浦，七里十里而为一横塘。因塘、浦之土以为堤岸，使塘浦阔深，而堤岸高厚。塘浦阔深则水流通，而不能为田之害；堤岸高厚，则田自固而水可必趋于江。臣所擘画，治苏州田至易晓也。水田，则做岸防水以固田；高田，则浚塘引水以灌田。今当不问高低，不均大小，但系古人遗迹而非私浜者，一切并合公私之力，更休迭役，旋次修治。其低田则高作堤岸以防水；其高田则深浚港浦以灌田。其堈身西流之处，又设斗门或堈门或堰闸以潴水。如此则高低皆治，水旱无忧矣。（《常熟志》）

这实是前代有关水利建设的第一次重要意见。政和六年，赵霖对于平江三十六浦水利的意见，辞长而论辟，也很重要（同见《常熟志》）。

明嘉靖时，周恭也曾说过：

中土之民困于河患，实不聊生。至于运河以山东济南、东昌、兖州三府地方，虽有汶、沂、洸、泗等河，然与民间田地，支节脉络不相贯通。每年太山、徂徕诸山水发，漫为巨浸，决城郭，漂庐舍，亦与河南河患相同。或不幸值旱暵，又自来并无修缮陂、塘、渠、堰，蓄水以待雨泽，遂至齐、鲁间一望赤地，蝗螟四起，草谷俱尽。此皆沟渠不修之故也。善救时者，在乎得其大纲；善复古者，不必拘于陈迹。所谓修沟渠者，非谓一一如古，亦惟各因水势地势之相因，随其纵横曲直。但令自高而下，自少而大，自近而远，盈科而进，委之于海而已。（《康济录》）

隆庆间，徐明贞对于西北水利也说：

神京拥据上游，兵食宜取之畿甸。今皆仰给东南，岂西北古称富强地，不足以实廪而练卒乎？夫赋税所出，括民脂膏，而军船夫役之费，尝以数石抵致一石，东南之力竭矣！又河流多变，运道多梗，窃有隐忧。闻陕西、河南故渠废堰，在在有之。山东诸泉，引之率可成田；而畿辅诸郡，或支河所经或涧泉自出，皆足以资灌溉。北人未习水利，惟苦水害，不知水害未除，正由水利未兴也。盖水聚之则为害，散之则为利。今顺天、正定、河间诸郡桑麻之区，半为沮洳，由上流十五河之水，惟泄于猫儿一湾，欲其不泛滥与壅塞，势不能也。今诚于上流疏渠浚沟，引之灌田，以杀水势；下流多开支河，以泄横流；其淀之最下者，留以潴水；稍高者皆如南人筑圩之制。则水利兴，水患亦除矣。（张清恪《切问斋文钞》）

又说：

西北之地，旱则赤地千里，潦则洪流万顷。惟雨旸时若，庶乐岁无饥，此可常恃哉！惟水利兴，而后旱潦有备。利一。中人治生，必有常稔之田，以国家之全盛，独待哺于东南，岂计之得哉！水利兴，则余粮栖亩皆仓庾之积。利二。东南转输，其费数倍，若西北有一石之入，则东南省数石之输。久则蠲租之诏可下，东南民力庶几稍苏。利三。西北无沟洫，故河水横流，而民居多没。修复水利，则可分河流，杀水患。利四。西北地平旷，游骑得以长驱，若沟浍尽举，则田野皆金汤。利五。游民轻去乡土，易于为乱，水利兴，则业农者依田里，而游民有所归。利六。招南人以耕西北之田，则民均而田亦均。利七。东南多漏役之民，西北罹重徭之苦，以南赋繁而役减，北赋省而役重也。使田垦而民聚，则赋增而北徭可减。利八。沿途诸镇有积储，转输不烦。利九。天下浮户依富家为佃客者何限，募之为农，而简之为兵，屯政无不举矣。利十。塞上之卒，土著甚少，屯政举则兵自足，可以省远募之费，苏班戍之劳，停摄勾之苦。利十一。宗禄浩繁，势将难继，今自中尉以下，量禄授田，使自食其土，为长子孙计，则宗禄可减。利十二。修复水利，则仿古井田可限民名田，而自昔养民之政，渐可举行。利十三。民与地均，可仿古比闾族党之制，而教化渐兴，风俗自美。利十四。(《切问斋文钞》)

这就说明，兴水利不仅可以防灾，而且可以裕国，可以均民。宋濂对水利的好处，也曾说过：

夫润下，水之性也，而欲为之防，以杀其怒，遏其冲，不亦甚难矣哉！惟能因其势而导之，可蓄则储水以备旱暵之灾；可泄则泻水以防水潦之溢，则水患息，而于是盖有无穷之利焉。(《明史·河渠志》)

清李光地也说：

北土地宜，大约病潦十之二，而苦旱十之八。苦旱遂至于不可支，不能如南人补救者，非独惰农自安，盖根在于水利不修，束手无措故也。今岁春夏微旱，屡行通饬。凡州县各因其山川高下之宜，如近山者导泉通沟，近河者引流酾渠；若无山无河平衍之处，则劝民凿井，亦可稍资灌溉。若一县开一万井，则可溉十万亩。约计亩获米一石，十县之入，已当金属之仓储矣。一沟之水又可当百井，一渠之水又可当十沟。以此

推之，水利之兴，与积谷备荒，其利不止倍蓰什佰也。用地利以济天时之穷；用人力以补天地之缺。（张清恪《切问斋文钞》）

陆陇其也说：

欲民之富，在于垦田；欲田之垦，在兴水利。北方土性燥烈，灌溉易涸；虽与南方不同，然使川泽流通，随便灌溉，犹愈于听其焦枯也。古人沟洫之制，至精至密，今置而不问。一遇旱潦，束手无策，何怪乎民生之日蹙也？但古人沟洫，随时修理，故不觉烦费。今以久湮久塞之河道，一旦欲疏其壅而防其溃，工费浩繁，势难猝办。若不量时势，不计赢绌，骤然兴举，其为扰害必甚水旱。窃思屡年以来，朝廷悯恤灾荒州县，议蠲议赈，所费钱粮不可胜数。与其蠲赈于既荒之后，何如讲求水利于未荒之前。蠲赈之惠在一时，水利之泽在万世。（同前）

又刘献廷说：

北方为二帝三王之旧都，二千余年，未闻仰给，致于东南，则沟洫通，而水利修也。自五胡云扰以迄金、元，千有余年，人皆草草偷生，不暇远虑。相习成风，不知水利为何事。故西北非无水也，有水而不能用也。不为民利乃为民害，旱则赤地千里；潦则漂没民居，无地可潴，而无道可行。人固无如水何，水亦无如人何矣！……有圣人出而经理天下，必自西北水利始，水利兴而后足食教化可施也。（《广阳杂记》）

冯道立在《淮扬治水论》中说：

> 善治水者，逐无用之水，循序归壑，留有用之水，灌溉田亩，以济舟楫。则水不但无害于民，且有益于民，在乎人之利导耳。（《履园丛话》）

钱泳也说：

> 王政所重，莫先民食。而食出于农，农资于水，水得其用，可以挽凶而为丰，化瘠而为沃，利莫大焉。水不得其用，可以反丰而致凶，化沃而为瘠，害莫甚焉。（同前）

前代关于提倡水利以防灾备荒的这些议论，是当时治水工作经验的结晶。

二　林垦

森林的多寡，对于水量的调节，关系极为重大。林木的树干树叶，有增发水分和增多雨量的功能。林地的败枝落叶，久经腐败，能涵养水分，久晴也不愁水源的断绝。树木的生根，盘绕土中，能停蓄多量雨水，降雨时即可减少流量。所以山地造林，足以防止水流的直冲。即使暴雨下降，山水流势也可较为和缓，不至泛滥为害；久晴则山水又得陆续灌注于河流，而不至于涸竭。可见，森林与水利，关系至为密切！而直接影响于水旱灾害的发生尤大。一国林业，如果十分发达，就可以防患未然，泯除水旱灾害。森林学家福禄(Feruow)曾说过:“无木之荒,不啻无粟。”(见福禄《森林学》)这句话是有道理的。我国历史上经常发生水旱天灾,与历代林政不修,实不无相当关系。

可是,近世学者,也有否认森林能够预防水旱的。如美国密西西比河水利委员会会长汤生(Tonson),一九一三年在美国国家泄水会议发表的言论就说:造林不仅不能防止水旱之灾,而且反有害处,至少不能说造林之法,可以治河。这种言论,曾由某水利工程学家节译而出,并且断言说:“积经验之所得,近数十年来已鲜有述森林之可防水旱者矣。”我们既不是森林学专家,也不是水利专家,对这问题固不敢妄论是非。但据一般学者的研究,都认定森林有调节自然雨量的功能,因此,森林的砍伐,确为水旱灾害发生的重要原因之一。又据美国人罗德美尔克(Lowdermilk)的研究,“苟无森林,则雨及地面表土之孔隙,为泥浆所闭塞,雨水渗透地心者少,而表土随之流失,久则石骨裸露,雨水聚为山洪,其所挟之沙石多,而冲刷之力大。及至河流主干,水势和缓,沙石下沉,河身日渐高仰,河面亦致宽阔。而河身容量减少,河水不能畅流,而酿成下游之水灾。”这实不是空洞的议论,中外古今无数事实,都可为之证明。

我国前代留心水利救荒的人士,虽未必洞明这些道理,但他们对于造林的重要性,也不是没有相当的了解。管子说:“十年之计在于树木,为国者当谨山泽之守。”这可说是注重林业思想的最初表现。后人对于森林与水利的直接关系,颇有更进一步的认识,这从下举事实中,可以断定:

五代吴越钱氏筑石堤以御潮汐。堤外又植大木十余行,谓之"滉柱"。宝元、康定间,议取滉柱,而石堤为洪涛所激,岁岁摧决。盖昔人埋柱以折其怒势,不与水争力,故江涛不能为患也。……后讲月堤之利,涛害稍稀,然终不若"滉柱"之利为久也。(《康济录》)

开宝中,诏缘黄河、汴河、清河、御河州县,准旧制艺桑枣外,别课民树榆柳,为河防。(《宋史·太祖本纪》)

尧佐为两浙转运使,钱塘江石堤辄坏,尧佐令下薪实土,乃坚久。徙并州,汾水暴涨,尧佐筑堤,植柳万本,作柳溪,民赖其利。(《宋史·陈尧佐传》)

筑堤守岸之法,正岸六尺通人行,子岸八尺间而无用。宜种植其上,法惟种蓝为最。盖蓝必增土以培根,愈培愈高,种蓝三年,岸高尺许,乌山土不宜蓝,或种麻、豆、菜、茄,但禁锄时勿损其岸可也。若正岸外址,令民莳葑,或种菱其上,盖菱与葑,其苗皆可御浪,使岸不受啮。况菱实可食,葑苗可薪,又其下皆可藏鱼。利之所出,民必惜之,岸不期守而自无虞矣。(《常熟县水利全书》载明耿蓝阳议)

可见往昔人士,未尝不知道林木是可以防水患的。

至于提倡垦荒的人,历代也很不少。的确,如果荒地不辟,或荒地增加,对农业生产都是有害处的。管子说:

夫富国多粟,生于农。……民事农,则田垦;田垦,则粟多;粟多,则国富。(《治国篇》)

辟田畴,利坛宅,修树艺,劝士民,勉稼穑,修墙屋。此谓厚其生。(《五辅篇》)

可见对垦荒的重要性，远在春秋、战国间，人们即已有所认识。后代论述这一问题的，多不胜举。如宋陈靖在“劝耕荒田”的奏疏中写道：

今地之垦者十才二三，税之入者又十无五六。……逃亡既众，则赋税岁减，而国用不充，敛收科率，无所不行矣。游惰既众，则地利岁削，而民食不足，寇贼杀伤，无所不至矣。……汙莱极目，膏腴坐废，加以询问，颇得其由。皆诏书累下，许民复业，蠲其租调，宽以岁时；然乡县之间，扰之尤甚，每一户归业，则敕报所由，朝耕尺寸之田，暮入差徭之籍。追胥责问，继踵而来。虽蒙蠲其常租，实无补于损益。……望备以闲旷之田，广募游惰之辈，诱之耕垦，未计赋税，许令别置版图，便宜从事。……逃民复业，及浮客请佃者，委农官勘验，以给授田土，收附版籍，……四方流民必尽麇至。（《宋史·食货志》）

所谓“地利岁削，而民食不足”，实已把垦荒的重要性，一语道破。前代谈论垦荒的人虽多，但他们所持的主要理由，也不外是这样。陈靖的言论，可说是具有代表性的。不过，他们提倡垦荒的真正动机，除极少数人以外，大都在于求税入的增多。因此，在陈靖的奏疏中，不免殷殷然以“税之入者十无五六”为忧。这实是前代统治阶级的共同心理的表现。因为假若耕地缩小，则政府的租赋收入必定减少，租赋收入减少，则财政必定困竭。财政果真困竭，则对帝王享受挥霍费用的供应，对朝廷俸禄的支付，又岂能不受影响？当然，尽管前人的动机是这样，我们对他们重视垦荒的作用，而力为倡导，并且宣称要用这一方法来补救民食的不足这一点也不应该忽视。

第三编　历代救荒政策的实施

第一章 关于巫术的记载

历代各种救荒思想，并不是单纯的思想表现，也是实际行动的指导原则。当这些思想变成实际行动的时候，就产生各种与之相应的救荒政策。

我国救荒思想发展的原始形态，即天命主义的禳弭论，这种理论表现在实际政策中，就成为巫术的救荒。我国在殷、商时代，便已有巫、祝的存在，地位同古代埃及、巴比仑的僧侣相等。所谓巫，就是当时人们公认为能和天神交接的人。甲骨文中巫字作“”，据罗振玉《殷墟书契考释》第五巫字条解释：“从象巫在神幄中，象执事于神。”《楚语》也记载说：“古者民神不杂，民之精爽不携贰者，而又能斋肃衷正，其智能上下比义，其圣光远宣朗，其明能光昭之，其聪能听撤之，如此则明神降之，在男曰觋，在女子曰巫。”这种巫在殷代社会中的地位很高，因一般人莫不公认他们能通神，能为人们禳灾祈福。所以每当久旱不雨的时候，就使巫以舞降神而求雨，“卜辞”中载：

贞舞允从雨。（《殷礼徵文》）

乙未卜今舞之从雨。（《殷墟书契前篇》三、二〇）

这是平常遇旱时使巫祈雨的记事。此外，又有祭山川求雨的事，如甲骨文载：

戊子贞，其尞于洹水泉，大三牢𥁕牛。（中研院二、二〇、五七〇）

戊子贞，其尞于洹水泉三牢，𥁕宰。（同前）

董作宾说："两辞见于一版，称尞于洹泉，必是祭祀山川求雨之典。求雨是'卜辞'中所常见，……此条当是文丁因洹水绝流，而向洹水源头祭尞求雨之故事。"（《商代龟卜之推测》，见《安阳发掘报告》）祭祀时甚至以人为牺牲，祷告于天，这是初民社会中常见的禳灾习俗。商代也常见有这种事情。其中汤祷的故事，更为后世所传述。按荀子说：

汤旱而祷曰：政不节与？使民疾与？何以不雨致斯极也？宫室崇与？女谒盛与？何以不雨致斯极也？苞苴行与？谗夫昌与？何以不雨致斯极也？

《竹书纪年》载：

二十四年大旱，王祷于桑林，雨。

《说苑》记载：

汤时，大旱七年，雒圻川竭，煎沙烂石。于是使人以三足鼎祝山川,教之祝曰:政不节耶?使民疾耶?苞苴行耶?谗夫昌耶?宫室崇耶?女谒盛耶?何不雨之极也?言未既,天大雨。

这数种记载,虽仅述汤拿六事来自责,但据《吕氏春秋》所记,则较《荀子》、《说苑》等书为详,并有更重要的内容。按《吕览·顺民篇》说:

汤克夏而正天下,天大旱,五年不收,汤乃以身祷于桑林曰:余一人有罪,无及万夫,万夫有罪,在余一人,无以一人之不敏,使上帝鬼神伤民之命。于是剪其发,劘其手,以身为牺牲,用祈福其上帝,民乃大悦,雨乃大至。

皇甫谧《帝王世纪》中也说:

汤时大旱。殷史曰:"卜当以人祷。"汤曰:"吾谓宜自当。"遂斋戒、剪发、断爪,已为牺牲,祷于桑林之野,告于上天,已而雨大至。

《淮南子》记载:

汤之时,七年旱,以身祷于桑林之际,而四海之云凑,千里之雨至。

又李善《文选·思玄赋》注引《淮南子》说:

汤之时，大旱七年，卜用人祀天。汤曰：我本卜祭为民，恺乎自当之。乃使人积薪，剪发及爪，自洁，居柴上，将自焚以祭天，火将燃，即降大雨。

尸子也说：

汤之救旱也，乘素车白马，著布衣，婴白茅。以身为牲，祷于桑林之野。当此时也，弦歌鼓舞者禁之。

这些记载，都足以说明当时因大旱不解，以人为牺牲而祷天禳灾的原始习惯，实占惟一支配的地位。这种习惯，不仅存在于我国古代，而且存在于世界其他民族的古代历史中。如希腊神话中的亚山马国王（King Athamas），就是因为国内大饥荒，而被国民杀来祭神的。其他以人为牺牲的故事，不知有多少，这即是巫术救荒的最原始形式。希腊古时用人身或用人身的毛发供神，都是出于赎罪或罪祭的动机，具有咒祷的作用。商汤也有这类的事。

成周关于巫术救荒的制度，同于殷商，那时，舞师掌教皇舞，小祝掌宁风旱，司巫女巫都职掌雩祭。按《周礼·地官》舞师教皇舞，帅而舞旱暵之事。"春官"小祝掌小祭祀，顺丰年，逆时雨，宁风旱。司巫掌群巫的政令，倘若国家大旱，则帅巫而舞雩，女巫掌岁时祓除衅浴，旱暵则舞雩。当时实以巫禳为救灾的基本方法，其中尤以雩祭为最盛。按《公羊传》曾写道："大雩旱祭也。"何休注道："君亲之南郊，以六事谢过，自责曰：政不善与？民失职与？宫室崇与？妇谒盛与？苞苴行与？谗夫昌与？使童男女各八人舞而呼雩，故谓之雩。"春秋时鲁僖公以巫尪舞雩，不得雨，虽怒欲焚之（见《左传》），但巫禳之法，并不因此衰减。汉旧仪，孟夏龙见而雩，设坛于城东南，坛上舞雩。杜佑《通典》："汉承秦灭学正旱以太常祷天地庙。"后汉制度稍有不同，据《后汉书·礼仪志》记载："自立春至立夏尽立秋，郡国上雨泽若少，府郡县各扫除社稷，其旱也，公卿官长以次行雩礼求雨。"这是关于救旱的巫术。倘若遇到水灾，据汉旧仪记载："成帝二年六月，始命诸官止雨，朱绳反萦社，击鼓攻之，是后水旱常不和。于宝曰：朱丝萦社，社太阴也。朱，火色也；丝，维属天子。伐鼓于社，责群阴也。……此圣人厌胜之法也。"从此以后，凡有水、旱、蝗螟等各种灾害，便都求助于巫禳之术，史籍不断有所记载，如：

永初七年，五月，庚子，京师大雩。（《后汉书·安帝本纪》）

阳嘉元年，春二月，京师旱，庚申，敕郡国二千石各祷名山岳渎，遣大夫谒者诣嵩高首阳山，并祠河洛，请雨。甲戌，遣侍中王辅等持节分诣岱山、东海、荥阳、河洛，尽心祈焉。（《后汉书·顺帝本纪》）

公沙穆迁宏农令。县界有螟虫食稼，百姓惶惧。穆乃设坛谢曰："百姓有过，罪穆之由，请以身祷。"于是暴雨，既霁而螟虫自销，百姓称曰神明。（《后汉书·公沙穆传》）

其中最甚的，如：

戴封迁西华令，时汝颍有蝗灾，……督邮行县，蝗忽大至。……其年大旱，封祷请无获，乃积薪坐其上，以自焚，火起，而

大雨暴至，于是远近叹服。（《后汉书·戴封传》）

这实与汤祷的事实相同。

自汉以后，历朝关于巫禳的事实，在遇有灾荒时，也常有见到。现略举数例如下：

孟夏后，旱，则祈雨行七事①。七日祈岳镇海渎及诸山川能兴云雨者；又七日祈社稷及古来百辟卿士有益于人者；又七日乃祈宗庙及古帝王有神祠者；又七日乃修雩祈神州；又七日仍不雨，复从岳渎以下祈礼如初。秋分以后，不雩，但祷而已，皆用酒脯。初请后二旬不雨者，即徙市禁屠。（郑樵《通志》）

唐玄宗尝幸东都，天大旱且暑。时圣善寺有竺乾僧无威，号三藏，善召龙致雨之术。（《明皇十七事》）

至道二年，三月丙寅，以京师旱，遣中使祷雨。戊辰，命宰臣祀郊庙社稷祷雨。（《宋史·太宗本纪》）

关中大旱饥，民相食。拜张养浩为陕西行台中丞，既闻命，登车就道，经华山，祷雨于岳祠，泣拜不能起。天忽阴翳，一雨二日。及到官，复祷于社坛，大雨如注，水三尺乃止，禾黍自生。（《元史·张养浩传》）

洪武三年，夏，久不雨。上忧之，择日躬自祈祷，至日四鼓，素服草履，徒步诣坛，设藁席露坐。昼曝于日，夜卧于地，衣不解带，皇太子捧榼进农家食，杂麻、麦、菽、粟，凡三日。既

① 当时所谓七事，即：一、理冤狱及失职者；二、赈鳏寡孤独；三、省徭役；四、举进贤良；五、黜退贪邪；六、命会男女恤怨旷；七、彻膳羞弛乐。

雨，四郊沾足。(《通鉴纲目三编》)

历代这类个别事例，实多到不可胜记。如就一般制度来说，则大致都相同；但也有因外来方法的输入，在方式上稍有改变的。如晋代，旱则祈雨大雩，有舞僮八佾，计六十四人，都穿玄服、持羽翳而歌《云汉》之诗。唐代祈雨时，一方面审理冤狱，赈恤贫乏，掩骼埋胔，另方面如岳、镇、河、渎及山川，凡认为能兴云致雨的，都在北郊遥祭。宋代有所谓蜥蜴祈雨法，办法是：捕蜥蜴数十条放在瓮中，用杂木叶塞满，然后择童男十二岁以下，十岁以上的二十八人，分两番，穿青衣，并把脸和手足也涂成青色，各人手持柳枝，沾水洒散，昼夜环绕，并诵咒词说："蜥蜴蜥蜴，兴云吐雾！令雨滂沱，放汝归去。"元代虽无雩礼，但皇帝常以不雨自责，一方面审决罪重的囚犯，一方面遣使分别祭祀五岳、四渎、名山、大川及京城市观。明代求雨时，则命文武舞士并舞，合歌"雩门曲"(取自《诗经·云汉》)，同时鼓乐吹奏，命舞童数百人，青衣执羽，且歌且舞(据《通典》及《续通典》)。至于清代制度，全是沿袭旧章，凡遇水旱灾害，或由皇帝亲自主持祈祷，或派遣官员祈祷。据《清朝文献通考》说：

我朝凡遇水旱，或亲诣祈祷，或遣官将事。皆本诚意以相感格，不事虚文。初立神祇坛，以祷水旱，雩祀既举，礼仪修备。间或遣祷山川，悉准古典。

又说：

本朝定制，岁遇水旱，则遣官祈祷天神、地神、太岁、社稷。

至于亲诣圜丘，即大雩之义。初立天神坛于先农坛之南，以祀云师、雨师、风伯、雷师，立地祇坛于天神坛之西，以祀五岳、五镇、四陵山（今为五陵山），四海、四渎。京畿名山大川，天下名山大川。

那时常雩之礼，当农事吃紧的时候，多由皇帝亲自主持。据《正续清朝文献通考》所载，自乾隆八年至嘉庆二十五年，历次举行常雩之礼，皇帝亲自参加的次数如下：

乾隆九年四月乙卯，十年四月乙卯，十一年四月丙子，十二年四月乙丑，十四年四月丙子，十五年四月庚辰，十七年四月戊戌，十八年四月辛卯，十九年四月乙酉，二十年四月己酉，二十一年四月辛丑，二十三年四月辛酉，二十四年四月丁巳，二十五年四月辛巳，二十六年四月丙子，二十八年四月辛卯，二十九年四月戊子，三十年四月癸卯，三十二年四月庚子，三十三年四月庚寅，三十四年四月己卯，三十五年四月癸丑，三十七年四月辛未，三十八年四月甲午，三十九年四月丙戌，四十年四月甲申，四十三年四月丁酉，四十四年四月辛酉，四十六年四月乙酉，四十七年四月壬申，四十八年四月丁卯，五十年四月丙戌，五十二年四月戊午，五十三年四月癸丑，五十七年四月乙卯，五十九年四月丙寅；

嘉庆二年二月壬辰，又五月甲辰，十八年四月甲寅，十九年四月辛巳，二十三年四月庚辰，二十四年四月己丑。

由此可以看出巫术在清代救荒方法中仍占相当重要地位。这

种巫禳之术，直到民国以后，惑人的力量，还是不小。如民国十四年七月间，湘省亢旱成灾，省当局迎陶、李两真人神像入城，供之玉泉山。不雨，则又向药材行借虎头骨数个，以长索系之，沈入城外各深潭之中，冀蛰龙见之相斗，必能兴云布雨。又无效，则迎周公真人及所谓它龙将军者，并供之于玉泉山庙。仍无影响，则又就省公署内，设坛祈雨。其法悉按照前清纪文达公《慎斋祈雨印本》。（见民国十四年七月二十二日上海《申报》）民国二十三年七月间，又有半月未雨，报载：

长沙酷热，十二夜，十三午，室内温度达百度。除滨湖外，全省遭旱。省府曹代主席定十四晨赴城隍庙祀神祭雨，并禁屠宰三天。（《申报》七月十四日长沙专电）

在上海方面，还有"设雨坛，坛供九天雷祖，及九江、八洞、五湖、四海行雨龙位，由道士百零八人，启建无上黄籙禳灾祷雨大醮及诵'九天雷祖玉枢宝经'、'木郎歌'等，总计七昼夜"的事实发生（见同年《申报》七月本埠新闻）。总计民国二十三年夏，久旱不雨，有班禅喇嘛唪经祈雨；有张天师设坛祈雨；有理教会设坛祈雨；有天主教在上海若瑟堂祈雨；有浦东二千余人向龙王跪拜祈雨；有省政府主席往南岳祈雨；有县政府县长布告断屠祈雨。这还仅仅是就政府或公共法团所举办的祈祷来说的。至于每次灾荒时期，各地民众迎神赛会来祈雨的，那就更不知有多少。略举一二例如下：

江苏江北一带……各县愚农，迷信极深，当飞蝗飞落时，

多焚香祝拜，冀其飞去。（民国二十年六月六日上海《时事新报》）

江苏海州城北庄发现蝗蝻，……现已吃尽秋禾，灾象甚重，乡民抬土神游行示威。（民国二十三年八月九日上海《新闻报》）

福州西北各乡农民，相聚千余人，身穿白衣，足着草鞋，手执草旗竹枝，或肩扛柴棹，上撮田土数块，插以线香蜡烛，供奉龙王神位。最后则抬鼓山白观音，或临水陈太后、北门梅柳奶、西门张真君各神像，随以锣鼓，沿途大擂！并跟法师数人，头包法额，身穿法衣，腰围法裙，左手持角，右手执剑。一路踽步缓行，至台江两岸之龙潭角，设坛作法，由法师画符念咒，农民则执香匍伏江干，状极虔诚，每天均由早晨祈至傍晚，方毕。（民国二十三年七月八日上海《申报》）

这种巫禳的习俗，不断扮演，同科学专家的救灾工作，同时并行，可说是民国以来救荒史实中的奇观。

第二章　历代消极救荒的政策

第一节　治标政策

历代救荒除巫术外，其他实际的政策也有很多。据清汪志伊分析："有预备于未荒之前者；有急救于猝荒之际者；有广救于大荒之时者；有力行于偏荒之地者；有补救于已荒之后者。"（《荒政辑要》）归纳起来说，不外有消极和积极两种罢了。而在消极的政策中，又有治标和灾后补救二大类，本节先说治标政策。

历代治标政策，大约可分为四项：一是赈济，二是调粟，三是养恤，四是除害。各代实施的方法虽有所不同，但效果大略相似，现分别论述于后：

一　赈济的种类和实效

甲、赈济的种类

（一）赈谷——这是遇灾急赈中最流行的一种形式，起源很早。相传"齐景公之时，霖雨十有七日。公饮酒，日夜相继。晏子请发粟于民，三请，不见许。遂分家粟于氓，徒行见公，曰：'坏室乡有数十，饥氓里有数家，百姓老弱，冻寒不得短褐，饥饿不得糟糠，里穷而无告,无乐有上矣!……'再拜请身而去。公驱及之,曰:'……请奉齐国之粟米财货,委之百姓。……'晏子乃返,命禀巡氓,家有布缕之本而绝食者,使有终月之委;绝本之家,使有期年之食。……三日吏告毕上:贫氓万七千家,用粟九十七万钟"(《晏子春秋》)。这可说是最初见于典籍的赈米政策。汉代以后,一直奉行无间,史书上记载:

文帝后六年,夏,大旱蝗,……发仓庾,以赈民(《汉书·文帝本纪》)。

武帝四年,(汲)黯为谒者。……"过河南,河南贫人伤水旱万余家,或父子相食,臣谨以便宜,持节发河南仓粟以赈贫民。"(《史记·汲黯传》)

光武帝建武六年,诏曰:往岁水旱,……百姓无以自赡,命郡国有谷者给廪。(《后汉书·光武帝本纪》)

默为东郡太守,值岁荒人饥,默辄开仓赈给。(《晋书·郑默传》)

开元十五年,八月,……河北州县水灾尤甚,……令所司量支东都租米二十万石赈给。(《康济录》记唐玄宗时事)

乾兴元年,二月诏,苏、湖、秀州民饥,贷以廪粟。(《宋史·真宗本纪》)

建炎三年二月,出米十万斛即杭、秀、常、湖州,平江府,损直以粜,济东北流寓之人。(《宋史·高宗本纪》)

大观三年,江、淮、荆、浙、福建旱,……发粟振之。(《宋史·徽宗本纪》)

中统二年,甘州饥,给银以赈之。沙、肃二州乏食,给米钞赈之。至元五年,益都路饥,以米三十一万八千石赈之。六年,大名等路饥,赈米十万石。东平路饥,赈米四万一千三百余石。东昌路饥,赈米二万七千五百九十石。济南饥,以米十二万八千九百石赈之。高唐、固安二州饥,以米二万六百石赈之。十年,诸路蝗蝻灾五分,霖雨害稼九分,赈米凡五十四万五千五百九十石。(《元史·世祖本纪》)

洪武二十七年,定"灾伤去处散粮则例",大口六斗,小口三斗,五岁以下不与。(《续文献通考》记明太祖时事)

永乐九年,户部言:赈北京临城县饥民三百余户,给粮三千七石有奇。(《康济录》引明成祖时事)

永乐十四年,北京、河南、山东饥,发粟一百三十八万石赈之。(《通鉴纲目三编》记明成祖时事)

顺治八年,复准山左,江浙水灾,以仓谷赈穷民。(《筹济篇》)

顺治二十八年,拨户部银三十万两,赈济直隶。(同前)

嘉庆五年,浙省被水,金华等县成灾十分者极贫给赈四月;次贫与九分灾极贫者,给赈三月;九分灾次贫与八分七分灾极贫者,给赈两月;七分灾次贫与六分灾极贫者,给赈一月。每大口给米一斗五升,小口减半。(同前)

芜湖区给……振粮,成年人每人给振粉一斤至三十五斤,……各省分配振麦振粉数量各不同。如:南京……无论老幼,每日一律给馒首二枚,合粉半斤;皖北则每人给麦粉自八斤至七十斤;河南则成年人二十斤,幼童十斤。(民国二十年《救济水灾委员会报告书》)

其中唯有隋代很特别，据说：

隋开皇间旱饥，文帝不开仓赈济，听民流移就食，末岁计所积可供五十年，仓廪虽丰，民心勿固。（明成祖永乐九年语，唐太宗谓王珪亦同）

这只能说是历代施行赈谷的例外情况。

（二）赈银——以谷赈民，有时不便于流通，因而又施行赈银的方法，这也是遇灾急赈的一种形式。历代施行的情形，约如下：

永建三年，春正月丙子，京师地震，汉阳地陷裂。甲午，诏实核伤害者，赐年七岁以上钱人二千。（《后汉书·顺帝本纪》）

延昌二年，夏四月庚子，以绢十五万匹，赈恤河南郡饥民。（《魏书·世宗本纪》）

天圣七年，诏曰：河北大水，坏澶州浮桥，其被灾之民，见存三口者，给钱二千，不及者半之。（《荒政考略》）

元祐八年，十二月丁巳，出钱粟十万，振流民。（《宋史·哲宗本纪》）

绍兴三十一年，春正月丙申，大雨雪，给三衙卫士行在贫民钱及薪炭，命常平振给辅郡细民。（《宋史·高宗本纪》）

淳熙九年七月，辛巳，出南库钱三十万缗，付浙东提举朱熹，以备振粜。（《宋史·孝宗本纪》）

嘉定元年，九月，出安边所钱一百万缗……赈饥民。（《宋史·宁宗本纪》）

嘉定七年，冬十月壬辰，出内帑钱，振临安府贫民。（同前）

中统三年，七月，以课银一百五十定，济甘州贫民。大德七年，以钞万定，赈归德饥民。（《元史·食货志》）

洪武二十五年，令山东灾伤去处，每户给钞五定。（《续文献通考》）

嘉靖二十四年，岁祲，诏发内帑银三万两，赈济饥民。（同前）

皖中、皖南联合救灾委员会所散放之赈款，凡二十六县，平均每人得款二角七分，成年人所得为孩童之二倍。……湖南则成年人各给洋一元，幼童五角。山东则每人发给一元以上。……河南则成年人一律各给二元，幼童半之。（民国二十年《救济水灾委员会报告》）

至于历代各时期，或有银、谷兼赈的，或有另赈绢帛各物的，这都不过是附带的方法，而不是主要的形式。这里就不再引述。

（三）工赈——这种赈济形式，特别盛行于现代。一般就是选择灾情最重的地区，开工施赈。查考前代史籍，这种办法，也颇不乏先例，现略举如次：

齐景公之时，饥。晏子请为民发粟，公不许。当为路寝之台，晏子令吏重其赁，远其兆，徐其日，而不趣。三年台成，而民振。故上悦乎游，民足乎食。（《晏子春秋》）

这大概就是后来所谓工赈的办法。其后各朝代也多采用这种办法，而工赈的规模日益扩大。据史籍所载，举例如下：

卢坦为宣州刺史，江淮大旱，当涂县有渚田久废，坦以为岁旱，苟贫人得食取佣可易为功，于是渚田尽辟，借佣以活者数千人。(《渊鉴类函》记唐代事)

李频迁武功令，有六门堰廞废百五十年，方岁饥，频发官庈庸民浚渠，按故道厮水溉田，谷以大稔。懿宗嘉之，赐绯衣银鱼，擢侍御史。(《新唐书·李频传》)

熙宁二年，十一月，差官提举诸路常平仓，广惠仓兼管勾农田水利差役事。(《宋史·神宗本纪》)

熙宁六年，九月壬寅，置两浙和籴仓，立敛散法，发常平钱斛，戊申，诏募饥民修农田水利。(《宋史·神宗本纪》参《食货志》)

六年，诏，自今灾伤，用司农常法赈救不足者，并预具当修农田水利工役募夫数及其直上闻。乃发常平钱斛，募饥民兴修；不如法赈救者，委司农劾之。(《文献通考》记神宗熙宁时事)

熙宁七年，正月，河阳灾伤，开常平仓赈济，斛斗不足，乞兼发省仓，诏赐常平谷万石，兴修水利，以饥民赈。(《康济录》记宋神宗时事)

熙宁八年，夏，吴越大旱，赵清献公僦民完城四千一百丈，为工三万八千，计佣与钱粟。(《宋史·食货志》)

欧阳修知颍州，岁大饥，公免黄河夫役，得全者万余家；又给民工食，大修民诸陂，以溉民田，尽赖其利。(《康济录》)

检准常平免役令诸兴修农田水利，而募被灾饥流民充役。

……其工直粮食,即以常平钱谷给。……令逐州计度,令兴修处雇募作役。(《朱子大全集·奏救荒画一事件状》)

弘治时,孙需为河南副都巡抚,河溢,且啮汴城。民流离载道,乃役以筑堤,而予以佣钱。趋者万计,堤成,而饥民饱,公私便之。(《开封志》记明孝宗时事)

万历间,御史钟化民救荒,令各府州县查勘该动工役,如修学、修城、浚河、筑堤之类,计工招募,以兴工作,每人日给米三升。借急需之工,养枵腹之众,公私两利。(《康济录》)

王汉知河南县,邑大旱。汉贷万金易粟于淮、徐,浮河而至,既以赈饥,即因以修城垣。(《怀庆府志》)

蔡暹知泰兴县,尝筑江堤一万六千七百余丈,借赈饥粮一万三千三百余石,人蒙其惠。(《扬州府志》)

乾隆二十五年,直属有司有应修河道沟渠等工,将上年截留北仓漕米所存十万石,作为修浚河渠,以工代赈之用。(《筹济篇》)

嘉庆十五年,以上年直隶通州等处被淹,凡坐落永定河两岸并切近大道,……宛平、良乡等十余州县,有应疏浚牤牛河淤浅及挑挖大道两旁沟渠等工,动用赈余银两,以工代赈。(同前)

这都是前代关于工赈的一些实际事例。

民国以后,地方慈善团体也多推行这种办法。其中尤以华洋义赈会办的次数最多。民国二十年江淮大水,国民党政府曾设救济水灾委员会办理灾区救济事宜,对于工赈的办法,也曾推行。该会在总报告书中说:

吾国历来办理振济事业，多属私人团体。此次灾患遍及东南数省，损失之巨，流亡之多，万非私人机关所能集事。政府有鉴于此，是以设立本会，负责办理救济灾民及灾区善后事宜。忆在设立之初，即经决定将扬子江及淮、运两流域各堤坝修葺改筑，两者并施，所有工役悉用灾民充，隐寓以工代振之意，俾堤圩坚固。从前每岁溃决之患，可除以永，而农村善后事宜亦有办法。（民国二十年《救济水灾委员会报告书》第八章）

又说：

本会成立之始，办理救济事宜，关于治本计划，注重以工代振。盖政府借灾民之佣作，以修筑堤防，灾民赖政府之救济，以维持生活。事关实惠，款不虚糜，防患恤灾，一举两得。（同前书第六章）

该会灾区工作组，特设工赈处，于民国二十年九月间组织成立。并向各水利机关调聘工程技术人才，订立各项施工章则，并且有美国的史笃培、李协参加，实际是一个官僚机构。该会在工赈处之下，还设有各区工赈局，按照各河流范围的大小和灾情的轻重，分为十八区：计扬子江七区，淮河三区，汉水二区，里下河三区，湘沅、伊洛、苏运各一区。除里下河的第十五区，因计划变更，设置三所，分别隶属于第十六、十七两区，及湘沅第十区委托湖南水灾善后会代办外，其余十六区，都设立有工程局。其计划分布和变迁情形，有如下表①所示：

区别	河道	省份	界　址	长距（公里）	设局地点	
第一区	扬子江	江苏	南岸镇江至慈湖河北岸瓜洲至乌江镇	230	南京	
第二区	扬子江	安徽	南岸采石矶至新沟北岸乌江镇至大通对岸	275	芜湖	
第三区	扬子江	安徽	南岸新沟至方家洲北岸大通对岸至湖口下十五公里	346	安庆	
第四区	扬子江	江西	南岸杨柳坞至九江对岸北岸复兴镇上十公里至二套口下又赣江下游	210	九江	该区扬子江堤后托华洋义振会代办
第五区	扬子江	湖北	北岸二套口至大军山南岸武穴对岸至金口	421	汉口	以上均照实测图计算
第六区	扬子江	湖北	金口至城陵矶	331	新堤	
第七区	扬子江	湖北	城陵矶至拖茅埠	371	城陵矶	
第八区	汉水	湖北	汉口至仙桃镇	255	仙桃镇	局址后改设汉口
第九区	汉水	湖北	仙桃镇至岳口	287	岳口	
第十区	湘沅	湖南	芦林潭至湘阴常德至蠡泛湖益阳至万子湖	123 253	长沙	后改为工贷

① 本表系水灾委员会原制，见该会《报告书》附件六之三。

续表

区别	河道	省份	界　址	长距（公里）	设局地点	
第十一区	淮河	安徽	颍河西淝河及淮河	379	正阳关	
第十二区	淮河	安徽	浍河北淝河及淮河	157 245	蚌埠	
第十三区	淮河	安徽	沱河浍河及淮河	303	五河	
第十四区	运河	江苏	邵伯至宝应及淮阴以上	160	扬州	
第十五区	里下河	江苏	射阳港	11.7	阜宁	后未设局
第十六区	里下河	江苏	新洋港	5.7	盐城	
第十七区	里下河	江苏	斗龙港王港竹港	27.1	东台	
第十八区	沙洛等河	河南	伊河洛河沙河流域		郾城	局址后改设郑州

各工程局都设工程师兼局长及副工程师、技术员、事务员等。区以下根据工程的大小，分为若干段，每段设副工程师兼段长及技术、事务等员。段以下分为十团，每团设监工、副监工。团分二十排，每排灾工二十五人，选择其中能力较强的一人做排头，每段灾工总计五千人。全部工赈容纳的灾民数目，据各工赈局报告统计，民国二十一年四、五月间，灾工最多的时候，扬子江八区为五十四万七千余人，汉水二区九万七千余人，皖、淮三区十七万九千余人，运河及里下河各区四万七千余人，河南省二万三千余人，湖南的第十区，改为贷款办法，民夫二十一万三千余人。共计约一百十万人。为数并不多，而那些官僚却趁机借用外国款项，大量中饱，纳

入私囊。如工资都用美麦发给，因事前水灾会曾向美国贷麦四十五万吨，以三十万吨用于工赈。就各区测估结果，经技术委员会决定各区分配数目，于浦口、芜湖、安庆、汉口、九江设麦粮总站，各地约设一二三等分站，由运输组主持运送储存发放事宜。至于灾民工价，则按所作土方的多寡，给予工资。规定的给付标准为：（一）平地取土，每市方二角五分至四角；（二）取土在五十公尺以外，每二十公尺每方酌加五分；（三）深处取土，高处落土，每高深一公尺，每方酌加三分。每星期由技术员督察监工收土方一次，并填具领麦凭单，由排头向粮站领取。又各区工赈时，也有因地理和人事关系，而把特殊地段委请各慈善团体及政府机关协同办理的，办法也是一样。

总之，这些赈谷、赈银及工赈政策，实为赈济政策中最主要的项目，历代政府大多实行过，并且在实行的时候，为了要多充实些力量，或为了减轻一些负担，又往往创立各种副从办法，作为发展赈济事业的手段。如历代用授官赐爵的方法鼓励输粟、输银，就是明显的例子。现就史籍所载，叙述如次：

秦、汉时，已有输粟纳官的事例。如始皇四年十月庚寅发生蝗灾和疫灾，曾令百姓有纳粟千石的，就拜爵一级。汉孝文帝时晁错建议，令募天下入粟县官，得以拜爵除罪，后来上郡发生水灾和旱灾，又修改卖爵令。《汉书・食货志》载："文帝从晁错之言，令人入粟输边，六百石爵上造，四千石为五大夫，万二千石为大庶长。"这就不仅是用虚爵而且是用实爵来鼓励输粟了。后世多因袭这种制度。成帝永始二年，因为歉收，诏示凡吏民愿意收养贫民和入谷助赈赡的，赐钱赐爵。后汉安帝永初三年，京师发生大饥荒，曾将鸿池借给贫民，并下令凡吏人入钱谷的，得为关内侯，或为虎贲羽林郎以下的官爵。灵帝光和元年，开西邸卖官，买二千石的官价二千万，买四百石的官价四百万，在西园立库贮藏卖官得来的粮食。又私令左右卖公卿，公为一千万；卿为五百万。后魏明帝孝昌二年初，正值丧乱之后，仓廪空虚，就颁布入粟的制度，规定输粟八千石的赏散侯，六千石的赏散伯，四千石的赏散子，三千石的赏散男。原来有职的人输七百石的赏一大阶，授以实官；原来无职的人输五百石的，可取得做官的身份，输千石的加一大阶；僧侣中有输粟四千石入京仓的，授本州统等等。唐宪宗元和十二年，定州发生饥荒，募人入粟授官。宋太宗淳化五年，诏示能出粟贷给饥民的赐爵位；真宗大中祥符九年，民有出粟赈饥的也赐爵位；孝宗乾道七年八月，湖南、江西有旱灾，立赏格劝积粟之家输粟，按输粟多少赐与各种官职。金熙宗皇统三年三月，陕西旱饥，下诏许富人入粟补官；宣宗贞祐二年宣布，京师官民有能赡养贫人的，应按各人成绩，适当的迁官升职，以资奖励。元泰定帝泰定二年，令入粟补官；元文宗天历二年，因各路饥荒，曾发粮钞以资赈济，并放宽了山泽的禁例，又颁行入粟补官的命令。明代宗景泰五年，浙江按察司副使罗篪鉴于杭州荒歉，奏请劝民出粟赈济。他曾请求准照江西先例，劝民出谷一千六百石以上的给冠带，千石以上的旌奖，百石的免役；已经有冠带的，出粟三百石就可得八品以下的官，从七品以上至正六品的官，出粟六百石的，都升一级，但不支俸给等等。这个意见得到户部的同意，终于实行。不仅官爵可以买卖，就是学校士子也可以买卖。清顺治十年下诏：凡劝输本年夏准士民捐助赈米五十石或银一百两的，地方官给匾表示旌奖，捐米一百石或银二百两的，给九品顶带，捐得更多递加职衔；十一年下诏：凡劝输本年题准见任官员及乡绅捐银一千两，米一千石以上的加一级；银五百两，米五百石以上的，纪录二次；银一百两，米一百石以上的，纪录一次；生员捐米三百石，准补贡，俊秀捐米二百石，准入监读书。

以上就是历代鼓励输粟、输银，以助赈济的大略情形。

乙、赈济的实效

赈谷、赈银和工赈三项政策，实施的效果，各有不同。据历代官厅的报告，各项赈济莫不认为有显著的成绩。如赈谷、赈银，一般人士都认为最切实际需要，而典籍中也不乏“全活数万人”、“民沾实惠”等记载。如：

> 皇祐中，令富弼移青州，择公私庐舍十余万区，散处流民以廪之。凡活五十余万人。（《宋史·食货志》）
>
> 岁饥……发上供仓粟赈贷，所活以万计。（《宋史·张传传》）
>
> 许昌……水灾，浮殍不可胜计，……发常平仓所储，……越制赈民，全活数万。（《臣鉴录》）
>
> 蔡州饥，……发粟赈之，活者六十余万。（同前）
>
> 霖雨为灾，坏民庐舍，……以房号钱，……赃罚银分赈之。贫者每户给银五钱，次三钱，……贫民……得沾实惠。（《续文献通考》载引明穆宗时事）
>
> 赈款赈粮……查放区域，遍及二百二十四县。受赈人数，据各区报告约四百九十万人。（民国二十年《救济水灾委员会报告书》）

历代类似这样的文字报告，实不胜枚举。至于工赈的实效，史书上也屡有讲到。如：

江、淮大旱，……贫民得食取佣，……借佣以活者数千人。（《渊鉴类函》）

吴中大饥，……工价至贱，可以大兴土木。……贸易、饮食、工技、服力之人，仰食于公私者，日无虑数万人。……民不流徙。（《历代名臣言行录》记宋范文正公事）

岁旱，……大兴水利，饥者得食其力，民赖以苏。（《宋史·汪纲传》）

民国以后的工赈，也有一定成绩。拿民国二十年江淮水灾的工赈为例，据水灾会报告：

各区工振局成立以后，派员分途招收灾工，编成排团，实施以工代振，勤者日可获麦七八斤，至少亦在四五斤以上，统计十六区，直接收容灾工共有一千十二万八千七百三十一名，而间接借工振以生活者，当在千万以上。（民国二十年《救济水灾委员会工振报告》）

这可说是前代未曾见过的规模较大的工赈，从报告中的材料看来，成绩也是不小的。

但我们如果仔细检查历代赈济的具体事实，那就会感觉它的实际效果，并不如表面文字所说的那样。弊病之多，实非笔墨所能说尽。所谓赈济的表面效果，往往就因为一、二隐存的恶因而完全淹没，有时甚至连表面效果也不可得。这种情形，实普遍存在于历代各时期，史籍中关于这方面的记载，可说是历历如绘。现引述如下：

河清四年，……诏给西兖、梁、沧、赵州，司州之东郡、阳平、清河、武都，冀州之长乐、渤海遭水潦之处贫下户粟，各有差。家别斗升而已，又多不付。（《北齐书·武成帝本纪》）

常见州郡每有凶荒，朝廷未尝不发仓廪之粟，赐内帑之钱，以为赈恤之出。然往往行之后时，缓不及事，朝廷有巨万之费，而饥民无分毫之益。其故何哉？迟而已矣！所以迟者，其故何在？盖以有司官吏，惟以簿书为急，不以生灵为念。遇有水旱灾伤，非甚不得已，不肯申达。县上之郡，郡上之藩，动经旬月，始达朝廷。及至行下，遣官检勘，动以文法为拘，后患为虑。因一之诈，疑众皆然，仅已之便，个人之恤。非民阽于死亡狼戾惨切，朝廷无由得知。及至发廪之令行，赍银之敕至，已无及矣！虽有沾惠者亦无几。（苏轼《与林希书》，引自《大学衍义补》）

李允则知潭州，会湖南饥，欲发官廪，先赈而后奏。转运使执不可，允则曰：须报逾月，则饥者无及矣！（《宋史·李允则传》）

这是官样文章，有名无实，稽延时日，有赈而并不济民的例子。

江东旱蝗，广德、太平为甚。德秀与宪司大讲荒政，亲至广德，以便宜发廪，……太平州私创大斛，宁国守张忠恕私匿赈济米，皆劾之。（《宋史·真德秀传》）

尚书省臣言：近以江淮饥，命行省赈之，吏与富民因缘为奸，多不及于贫者。（《元史·世祖本纪》）

散帑赈饥，九重德厚。然饥民散处郊垌，报名于闾右之

豪,出入于奸胥之手,旷日持久,得失不仇。(《群书备考·救荒篇》)

天顺元年,夏四月,直隶、山东饥,遣会都御史林聪等赈之。聪屡请发帑,徐有贞曰:发帑赈济,徒为有司乾没耳。李贤曰:有弊胜于无赈。(《通鉴纲目三编》记明英宗时事)

去岁旱伤,饥困及流移之民,见今阙食。……拨下米斛赈济,绍兴府遂差指挥使保义郎密克勤往平江府请取米一万三千石,分上下虞、新昌、嵊县交卸赈济。……及据本县民黄彦等陈诉:密克勤押到米,蒙告示前去搬担,并系湿恶夹杂糠泥,及每斗不应本场斛斗,去后折欠,负累不便。臣寻取到米样,看视其米,多系糠土拌和。遂唤到斗子康胜,对众用斛量计,每石少欠九升。于内量出一斗筛簸,内有泥土碎米一升二合,并糠一升一合。通约所押一万三千石内,折欠半和之数!计米四千一百六十石。饥饿之民,羸困瘦瘠,宛转道路,呼号之声所不忍闻,其不免于死亡者,已不胜计。密克勤辄将官米如此偷盗作践,使饥饿之民,不得沾被实惠。(《朱子大全集·奏绍兴府指挥使密克勤偷盗官米状》)

备荒之政,不过二端:曰敛曰散而已。……有司苟且具文逭责,往往未荒而先散;及有荒歉,所储已空。饥民有虑后患者,宁流移死亡,而不敢领受。甚至官吏凭为奸利,给散之际,饥者不必予,予者不必饥。收敛之时,偿者非所受,受者不必偿。其弊非止一端!(《大学衍义补》)

这是赈济谷、银,受人舞弊中饱的例子。根据这种情形,实际受赈的倒是那些贪官污吏,土劣豪绅,而灾民反没有得到实惠。

即使赈济的谷物、银钱,都能如数放给灾民,也极有限。垂死的灾民,所能得到的往往不足以图一饱。如:

> 皖中……去年不幸奇灾,……灾民计八百二十二人,赈款计三十八元。假如以人数平均,每人可领赈款四分五厘,除去宏伞法师赈款外,每人约可得三分左右。(《东方杂志》第三十二卷第八号,《皖中农村灾荒的严重状况》)

何况时常受人中饱冒取,或克扣不发,在这种情况下,灾民又怎能免于饥饿死亡呢?历代赈谷、赈银,成效所以不大,病根就在这里。

至于工赈的成效,前代因没有广泛施行,不甚显著。民国以后,工赈的实行,较为普遍。有中央政府举办的,有地方政府举办的,也有慈善团体兴办的。其中如各种防灾工事设施,常因主持人的措理失宜,产生祸端,以致弊多而利少。如民国二十五年,江苏灌云县,疏导淮河征工二万人,所发工资每日不满二角,天雨还要停发,灾工连最低伙食,也难维持。以致五月十七日导淮工人(实即灾农)发生风潮,捣毁工程处,殴打区长、乡长、保长①。又如浙江嘉善征工开河,也因工资不足以供伙食,且又延不发给,不管灾工饭食,从事开河工程的被灾农民,势不能饿着肚子做工,于是激动公愤,聚集六七百人到镇公所请愿;镇长避不见面,农民就将镇公所捣毁,镇长命警士开放排枪,死伤农民路人各一,愈加触怒了群

① 见民国二十五年五月二十三日上海《大公报》。

众,就直捣镇长所开的商店,把店中一切捣击一空①。再如江苏高邮征工开浚三阳河,开工没有几天,灾佚因工资未发,没有饭吃,无法继续,于是群起要求发工资口粮,发生骚动,殴打乡长②。象这类的事实,时常发生。

此外,如过去封建时代,为了促进赈济事业,而采取的输粟、输银等捐纳鬻爵政策,得失的轻重,前人多已评论,其中持论较精辟的,要推宋朝的董煟和清朝的杨景仁二人。董煟说:

> 名器固不可滥,然饥荒之年,假此以活百姓之命,权以济事,又何患焉? ……民间纳米而即得官,谁不乐为之? 缘入米之后,所费倍多,未能遽得,故多疑畏。今上下若能惩革此弊,先给空名告身付之,则救荒不患无米矣。(《救荒活民书》)

杨景仁说:

> 西汉遇岁不登,入谷助赈者,赐爵有差。宋代出米赈济者,屡有补官之令,授官以劝赈尚矣! 夫饥馑之时,奖好义以活穷黎,如给匾免役,进而冠带章身,已示优异;乃竟界以进用之阶,得毋滥乎? 维名与器不可以假人。且安民先察吏,察吏先清仕途。而以入粟登进,窃恐流品混淆,设有簠簋不饬者厕其间,始散财以得官,终聚财以剥民,利一而害十也! ……天下果遇奇灾积歉,仓储且尽发,而帑金难为继,地方士庶有能

① 见民国二十五年五月五日上海《大公报》。

② 见民国二十五年四月二十八日上海《大公报》。

罄资救济者，如汉之赐爵，宋之补官，假名器以救生命，亦不得已之权策乎？若系寻常荒歉，捐赈者酌给，虚衔顶戴或量予加级记录，不启人幸进之阶，亦不阻人希荣之念，无碍铨选，有益荒政，此则行之无弊，权而不拂乎经者耳。（《筹济篇》）

这种政策的恶劣影响，不仅及于政治上，而且及于经济上。结果除封建政治的浑浊局面愈加浑浊以外，也使得一些人始而得官，继而剥民，正如杨景仁所料到的一样。

二　调粟

甲、调粟政策的内容和沿革

调粟政策最重要的有三项：一是移民就粟，二是移粟就民，三是平粜。现就历代史实，分述如次：

（一）移民就粟——这是历代调剂粮食所采取的较为普遍的政策。《周礼》记有旅师的官职，掌聚野之耡粟、屋粟、间粟，以待施散。又《大司徒》记载："大荒大札，则令邦国移民通财。"《廪人》记载："若食不能人二鬴，则令邦国移民就谷。"这是最初见于典籍的通过移民就粟来救荒的政策。秦、汉以后，历代也多采行这种政策。史书记载：

二年，关中大饥，米斛万钱，人相食，令民就食蜀汉。（《汉书·高帝纪》）

元年春正月，……岁比不登，民多乏食，……议，民欲徙宽大地者听之。（《汉书·景帝本纪》）

建元三年，春，河水溢于平原，大饥，人相食，赐徙茂陵者户钱二十万。（《汉书·武帝本纪》）

山东被水灾，民多饥乏，于是天子……乃徙贫民于关以西，及充朔方以南新秦中七十余万口。（《汉书·食货志》）

嘉平四年，关中饥，……徙冀州农夫五千人，佃上邽。（《晋书·食货志》）

神瑞二年，帝以饥，将迁都于邺，……分简尤贫者就食山东。（《魏书·明元帝本纪》）

太和十一年，……谷不登，听民出关就食。（《魏书·孝文帝本纪》）

延昌元年，诏河北民就谷燕、恒二州。辛未，诏饥民就谷六镇。（《魏书·宣武帝本纪》）

开皇十四年，关中大旱，饥，……令百姓就食。（《隋书·食货志》）

咸亨元年，天下四十余州，旱及霜虫，百姓饥乏，……诏，令往诸州逐食。（《旧唐书·高宗本纪》）

永隆二年，……河南、河北大水。许遭水处，往江淮以南就食。（同前）

庆历八年，河北大水，民流就食京东。（《文献通考》记宋仁宗时事）

贞祐三年，……谕……山西流民，少壮者充军，老幼令就食于邢、洺等州，欲趣河南者听。（《金史·宣宗本纪》）

中统二年，迁曳捏即地贫民就食河南、平阳、太原。（《元史·食货志》）

至元七年，诸路旱蝗，告饥者令就食他所。（《元史·世祖

本纪》)

至元二十五年,诸王也真部曲饥,分五千户就食济南。(同前)

康熙二十一年,议准直隶、河南两处乏食穷黎,移家觅食。(《筹济篇》)

以上是史书中所见到的历代移民就粟的大概情形。

(二) 移粟就民——这是同前述移民就粟政策相辅而行的。如果居民能够迁移,便让他们迁移,或令他们移到丰收的地方去就食;如果居民不便迁移,而谷物移动较便,则尽力移而就民,这两者并不冲突,且可同时并用。因此,郑康成说:

移民避灾就贱;其有守不可移者,则输之谷。(《周礼》郑注)

刘执中说:

民可徙则移之就谷;不可徙则谷以赒之。(《周礼》刘氏订义)

从这两段话,便可看出两者的关系。《周礼》所谓移民通财,实际上不仅包括移民就粟,而且也包括移粟就民。早当春秋时代,移粟通财的办法便已盛行,不过,那时诸侯割据,国小地狭,一国有了饥荒,无粟自给时,往往乞籴于邻国,以救济饥饿的居民。这便是初期移粟的形式。《春秋》记载:

冬，京师来告饥，公为之请籴于宋、卫、齐、郑。（《左传》隐公六年）

冬，大水无麦禾，藏孙辰告籴于齐。（《左传》庄公二十八年）

冬，晋荐饥，使乞籴于秦，……秦于是乎输粟于晋，自雍及绛相继。（《左传》僖公十三年）

晋又饥，秦伯又饩之粟。（《左传》僖公十五年）

夏，蔡饥，归粟于蔡，以周亟，矜无资。（《左传》定公五年）

这都是初期移粟的例子。后代政府也多仿效这种办法，以救饥荒，每有把江淮的米移给河北的。现举几个最显著的例子如下：

永初元年，九月，调扬州五郡租米，赡给东郡、济阴、陈留、梁国、陈国、下邳、山阳。（《后汉书·安帝本纪》）

七年九月，调零陵、桂阳、丹阳、豫章、会稽租米，赈给南阳、广陵、下邳、彭城、山阳、卢江、九江饥民。（同前）

咸亨元年，……关中饥。诏令……转江南租米，以赈给之。（《旧唐书·高宗本纪》）

开元十五年，河北饥。转江淮以南租米万石，以赈给之。（《旧唐书·玄宗本纪》）

乾德二年，四月，灵武饥。转泾粟以饷。（《宋史·太祖本纪》）

嘉定二年，六月，命江西、福建、两广丰稔州，籴运以给临安。（《宋史·宁宗本纪》）

至元二十四年，闰二月，以女直水达达部连岁饥荒，移粟赈之。（《元史·世祖本纪》）

不过，前代交通不便，谷物转运艰难，所以移粟就民的办法，终于受到阻碍而没有畅行，这一点是应该说明的。

（三）平粜——平粜的思想，发生得很早，这个政策也很早就出现。据《周礼》记载，"地官"就有司稼的职守，用以巡行田野，视察庄稼。以一年收成的丰歉来定粜价的多少，收成少就减价粜，收成多就增价籴。这样，在凶荒之年，就可周济人民急切的需要。这就是最初平粜政策的实施。春秋、战国年间，管仲、李悝加以补充发展，就创立了平粜法的规模。李悝替魏文侯制定平粜法，就是看一年中大、中、小饥的不同，而定粜出的多寡："小饥则发小熟之所敛，中饥则发中熟之所敛，大饥则发大熟之所敛，而粜之。故虽遇饥馑水旱，……而人不散。"（《汉书·食货志》）这一方法曾一度盛行，但后来又有一个时期的衰歇，没有见到施行。到汉宣帝五凤四年，大司农中丞耿寿昌奏请："以谷贱时增其价而籴，贵时减其价而粜。"（见《汉书·食货志》）这一方法就又重见于史册。晋武帝泰始二年，更用诏令立平粜法，以后各朝继续施行，这一办法就又渐渐兴盛起来。如：

元嘉中，三吴水潦，谷贵人饥。彭城王义康立议：以东土灾荒人稠谷踊，富商蓄米，日成其价。宜班下所在，隐其虚实，令积蓄之家，听留一年储，余皆勒使粜货，为制平价。（《文献通考》载南北朝宋文帝时事）

开元十二年，八月，诏曰：蒲、同等州，自春遍旱，虑来岁贫

下少粮。宜令太原仓出十五万石米付蒲州，永丰仓出十五万付同州，减时价十钱，粜与百姓。（《册府元龟》记唐玄宗时事）

天宝十二年，八月，京城霖雨，米贵。令出太仓米十万石，减价粜与贫人。（《旧唐书·玄宗本纪》）

十三年秋，霖雨积六十余日，京城物价暴贵，人多乏食。令出太仓米一百万石，开十场贱粜，以济贫民。（《旧唐书·玄宗本纪》）

十四年正月，诏曰：丰熟以来，岁时颇久，爰自二载，稍异有年，粟麦之间，或闻未赡。比开仓贱粜，以济时须，虽且得支持，而价未全减。今更出仓，务令家给，俾其乐业，式副朕心。宜于太仓出粜一百万石，分付京兆府与诸县粜，每斗减于时价十文。河南府畿县出三十万石，太原府出三十万石，荥阳、临汝等郡，各出粟二十万石，陕郡出米二万石，并每斗减时价十文，粜当处百姓，应录开场，差官分配多少，一时各委府郡县长官处置。乃令采访使各自句当。（《册府元龟》）

元和十二年，诏，出粟二十五万石，分两街降估出粜。（《唐书·食货志》）

庆历元年，十一月，以京师谷价踊贵，廪一百万石，减价出粜，以济民。（《宋史·仁宗本纪》）

熙宁八年，吴越大饥。赵汴知越州，……出官粟五万二千余石，平价与民，为粜粟之所，凡十有八，以便粜者。（宋神宗时事）

至元二年，秋，益都大蝗，饥。命减价粜官粟以赈。（《元史·世祖本纪》）

至元三年，十二月，大都、城南等处，设米铺三十，每铺日粜米五十石，以济贫民，俟秋成乃罢。六年，增设京城米铺，从便赈粜。（《康济录》）

至元二十一年，行赈粜之法于京师，分遣官吏发海运之粟，减市直，以赈粜。（《元史·世祖本纪》）

正统六年，巡抚浙江监察御史康荣奏：杭州府水旱相仍，谷米不至，湖州府比因岁凶，米亦甚贵，窃计二府官廪有二十年之积，恐年久红腐，请发粟三十五万，粜于民间。令依时值偿纳，则朝廷不费，而民受其惠。从之。（《康济录》记明英宗时事）

顺治十七年，议准常平仓谷，春夏粜出，秋冬籴还。平价生息，务期便民，如遇凶荒，即按数给散灾户贫民。（《筹济篇》）

康熙四十年，截留楚省漕粮四万五千石，分发淮安等处，平粜。（同前）

四十二年，将山东附近州县漕粮截留二万石，运送被灾州县，减价平粜。（同前）

从以上记载，可以看出历代实行平粜的方法，虽间或有一些变化，如有的是发仓米以粜；有的是截漕米以粜。有的经常实行，有的临时实行。但基本政策，却是相同的。

乙、调粟政策实施的前提条件

要想调粟政策能收到效果，必须具备各种前提条件，如果条件不具备，则可能全功尽废，或难于有效。前代政府就往往因为一二根本条件的欠缺，以致实施效果微小。如移民就粟，历代政府很少积极援助，多是灾民迫不及待，自动流移。政府通常只是在灾民流移之后，采取消极放任的态度，允许灾民移奔逐食罢了。有时地方官吏更擅自驱逐前来就食的饥民。《通纪会纂》曾记载："明永乐三年，山西民饥，流入南阳诸郡十余万口，有司军卫各遣人捕逐，民死亡者多。"又《先忧集》记载："成化初，陕西至荆、襄、唐、邓一路流民百万，都御史项忠下令有司逐之，道死者不可胜计。"遇有这类事件，则饥民不但逐食艰难，而且急趋死亡。这种现象，各朝时有所见，而以明代为最甚，弊害也最深。至于交通的困难，关禁的阻碍，也处处都减低了移民移粟的效率。

至于前代平粜政策的施行，缺陷就更多，弊病也更大：遏籴、闭籴就是最显明的例子。查遏籴、闭籴的弊害，历朝最为常见。史籍所载，如：

绍兴六年，婺民有遏籴致盗者，诏闭籴者断遣。侍御史周秘言：许以断遣，恐贪吏怀私，善良被害。（《宋史·食货志》）

改成都路转运判官，适岁饥，……双流朱氏独闭籴，邑民群聚发其廪，不恩抵朱氏法，籍其米。（《宋史》宗室《不恩传》）

嘉祐四年，六月丁丑，诏转运司，凡邻州饥而辄闭籴者，以违制论。（《宋史·仁宗本纪》）

熹昨尝妄以邻路遏籴利害申闻，……而属县下吏乃敢蔑视朝廷号令，带领吏卒公肆拘拦，至于越境钉断陂口，以绝往来之路。（《朱子大全集·乞行遣拦米官吏札子》）

今年遭此大旱，检放七分以上，而上流尽有得熟去处，顾乃循习旧弊，公然遏籴，以致米船不通，细民阙食，本军窃虑，无以赈籴，支遣遂逐急挪兑诸邑官钱，差人前去收籴米斛。今据差去人申已籴到米，而诸处官司出牓禁约，不许放行。窃虑客贩不通，官籴又阻，境内饥民，日就狼狈。（《朱子大全集·乞申明闭籴指挥札子》）

浙东久阙雨泽，近自衢州江山来者云：本县被旱最甚，苗已就槁，民尤乏食。邻邑有米可粜，禁遏不令出境。江山之民为饥所迫，已有夺粮之意。（《朱子大全集·申知江山县王执中不职状》）

成宗时，以赈粜多为豪强嗜利之徒，用计巧取，弗能周及贫民。（《元史·世祖本纪》）

申时行《请禁遏籴疏》曰：治本在使民得食，顷者因荒，……惟有邻丘协助，市籴通行，乃可延旦夕之命。近访河南等处，往往闭籴，彼固各爱其民；然自朝廷视之，莫非赤子。灾民既缺食于本土，又绝望于他方，是激之为变也。（《通纪会纂》载明万历十五年事）

官吏商贾的欺压，是另一种常见的弊害，因举办平粜的人员，品质各有不同，银一入目，难免垂涎；粮一到手，也难免染指。而商贾操价居奇，从中渔利为害更甚。从古以来，不乏其例。下面所举的是一些较显著的例子：

衢州济粜未尽米一万八千一百九十九石一斗九升，本州所申不曾声说此项米着落，……辄皆擅行支用。目今见管止有三千一百六十五石三斗八升，委是大失指准，而本州略无忌惮。（《朱子大全集·再奏衢州官吏擅借支常平义仓米状》）

元嘉中，三吴水潦，谷贵人饥。……东土灾荒，人凋谷踊，富

商蓄米,日成其价。(杜佑《通典》记南北朝宋文帝时事)

徐宁孙云:粜卖米麦,本济穷民。奈有在市牙侩与有力猾徒,令匪人假为穷民装饰,冒粜冒支。且串通斛手单卖与奸诡相知之辈,不及村落无食之民。即有籴得,已是将毕之际,强半粞谷糠秕,弊窦无穷。(《康济录》)

绍兴初,苏缄为南城令,岁凶,里中藏粟者,固闭以待价。(《荒政辑要》)

乾隆七年,上谕:奸民当歉年图利囤积,将官谷贱籴贵粜。惟在州县官严行察拿,系指官谷言之。其各铺户收买米麦杂粮等项,例不准逾数囤积。以杜奸商垄断居奇,致妨民食。(《筹济篇》)

政府之变相剥削,其三也。白居易、秦蕙田论此甚详,其言曰:

臣伏见有司,以今年丰熟,请令畿内及诸州和籴,将收贱谷当利农夫。以臣所观有害无利,何者?凡曰和籴,是官出钱,人出谷,两和商量,然后交易也。比来和籴,事殊不然。但令府县之官散配人户,促力程限,严加征催,苟有稽迟,即被捉搦,迫蹙鞭挞,甚于赋税。和籴之名,乃为虚设。故曰:有害无利也。……况度支和籴,多是杂色匹布,百姓多须转卖。然将纳税钱,至于给付,不免侵牟,贸易不免摧折,所失过半,其弊可知。……臣久处村闾,曾为和籴之户,亲被蹙迫,实不堪命。(《白氏长庆集·和籴疏》)

平籴之法,始于李悝。盖因谷贱而取之,谷贵而出之,取有余,补不足,使农民交利而已!军国之用,未尝仰给于此也。

唐开元以后，始有和籴之名，大抵取以充他用，不复为凶荒平粜之计矣！其始也，官出钱，民出谷，彼此交易，两得其便。民无科押之累，官有储蓄之利，故云和籴。及其弊也，善价不及乡闾，美利皆归司局，配户勒限，甚于税赋，此白居易所以有和籴有害无利之疏也。宋时养兵之费愈增，备边之计愈亟，于是和籴、结籴、俵籴、均籴、兑籴、博籴、括籴之名目亦愈繁。然谷之籴于官者多，则藏于民者必少，一有凶歉，即无以接济。而官吏抑配括索之弊，又有不可胜言者。故和籴之举，特筹国用之一法，而未必便于农也。（《五礼通考》）

因有上述各种弊害，所以要想调粟政策施行完善，必须具备各种条件。这些条件综合前人所提倡的，大略说来，不外兴交通、去关禁、除剥削、绝欺压、禁闭籴、严检查等项。兴交通，则灾民谷物转移便利，移粟就民，或移民就粟，都较迅速。去关禁，则灾民迁徙无碍，不遭驱逐，可减其死亡的痛苦。除剥削，则利尽归民而凶荒可免，至少也可减轻灾荒的程度。绝欺压，可使有限的恩惠，真正施及于灾民，不致有名无实。禁闭籴，则谷尽粜，粮食无偏得的弊病。严检查，则可以戢暴诘奸，户口也要调查详实，审查便利，粮食的供需，也就较易调节了。

三　养恤

甲、养恤的种类和方法

历代养恤政策，细分起来种类很多，方法也随之而异。最显著的有如下几种：

（一）施粥：这是临到灾荒时所实行的一种最急切的办法。它的起源可追溯到战国时代。《礼记·檀弓》载着：

齐大饥，黔敖为食于路，以待饥者而食之。

公叔文子当卫国凶饥时，曾施粥于饥饿的人。《檀弓》又记载这件事说：

公叔文子卒，其子请谥，君曰：昔者卫国凶饥，夫子为粥与国之饥者，不亦惠乎？

这就是设粥赈饥的最初事例。

汉代施粥赈饥，已经成为救荒的普遍措施。如《后汉书·陆续传》中记载：

续，字智初，会稽吴人也。……仕郡户曹史时，岁荒，民饥困。太守尹兴使续于都亭赋民饘粥，……所食六百余人。

当时赈粥的诏令，也屡有颁布。东汉末年，各地饥荒特甚，赈粥尤为多见。如：

兴平元年秋七月，三辅大旱，自四月至于是月，……谷一斛五十万，豆、麦一斛二十万，人相食啖，白骨委积。帝使侍御史侯汶出太仓米豆，为饥人作糜粥。（《后汉书·献帝本纪》）

此后累代施行。无论为中央或地方所办，也无论为政府或法团所办，史籍记载，从不间断。如：

太和七年，……以冀、定二州民饥，诏郡县为粥于路以食之。六月，定州上言：为粥给饥人，所活九十四万七千余口。九月，冀州上言：为粥给饥民，所活七十五万一千七百余口。(《魏书·孝文帝本纪》)

乾元三年二月，以米贵，斗至五百文，民多饥死。令遣使于西市烹粥，以饲饿者。(《册府元龟》记唐肃宗时事)

显德四年，三月，命左谏议大夫尹日就于寿州开仓，赈其饥民。又命供奉官田处岩、梁希进等于寿州城内煮粥，以救饥民。(《册府元龟》记后周世宗时事)

建隆元年，夏四月，遣使分诣京城门，赐饥民粥。(《宋史·太祖本纪》)

天禧元年，三月，辛酉，令作淖糜，济怀、卫流民。十二月，丙寅，京城雪寒，给贫民粥。(《宋史·真宗本纪》)

景祐元年，正月，诏开封府界诸县作糜粥以济饥民，诸灾伤州军亦如之。(《宋史·仁宗本纪》)

嘉祐四年，春正月，辛丑，遣官分行京城，赐孤穷老疾钱，畿县委令佐为糜粥济饥。(同前)

熙宁八年，正月，洮西安抚司以岁旱，请为粥以食羌户饥者。(《宋史·神宗本纪》)

以上是两宋以前各朝施粥的大概记录。自此以后，施粥的办法，推行更盛。到金章宗时代，更加完备，施粥的时间和空间，都有固定。据《金史·章宗本纪》载：

承安二年，冬十月甲午，大雪。以米千石赐普济院，令为粥以食贫民。

又载：

四年，冬十月，乙未，敕京府县设普济院。每岁十月至明年四月，设粥以食贫民。

泰和五年，三月，命给米诸寺，自十月十五日至正月十五日，作糜以食贫民。

后世举办所谓“粥厂”，可说是肇端于此。元代对于荒歉的救济，以蠲免、赈米、平粜为主，施粥较次，且无特色，但也时有施行。如：

顺帝至正十二年，五月，起复余阙为淮东宣慰副使，守安庆。……明年春夏大饥，人相食，捐俸为粥以食之。（《康济录》）

明代每遇饥荒，照例煮粥以赈民，尤以粥厂制度，推行甚广，史籍记载这种办法也较详，如：

神宗十六年，吴中大荒，发太仆寺马价及南京户部银共三十万两，命户科杨文举赈济，有司各处设厂煮粥赈饥。（《江南

通志》记明神宗时事）

御史钟化民发河南赈饥，令各府州县官遍历乡村，察举善良，以司粥厂。就便多立厂所，每厂收养饥民二百，不拘土著流移，分别老、幼、妇女，片纸注明某厂就食。以油纸护之于臂，汇立一册，听正印官不时查点，使不得东西冒应，期至麦熟而止。所到必行拾遗之法，遍历州、县、村、墟粥厂。以故地方官望风感动，竭力赈济，而民赖以生。（《康济录》）

清代对施粥的办法，也推行甚力。据黄彭年《畿辅通志》所载，当时粥厂分区林立，颇具规模。现从清代施粥赈饥的事实中，选择较显著的叙述如次①：

康熙六十一年，直隶饥，发米各州县，煮粥赈济。

雍正元年，复准浙江富阳等县卫被旱饥民，按口煮粥，至来年麦熟停止。

三年，复准江南睢宁、宿迁二县水灾，动支积谷，自十月初一日为始，煮粥散赈五月。

四年，安徽之无为等州县被灾穷民，寒冬乏食，煮赈五月。

乾隆八年，廷议……因河间等处旱荒，外来贫民日想，且闰年天气早寒，……赴厂就食者日多。……议于京东之通州，京西之良乡，分设饭厂二处，搭盖席棚窝舍，俾续来流民，得以就食栖宿。其时固安、武邑均经捐俸煮赈。

① 所引均见杨景仁《筹济篇》。

嘉庆六年，六月，京师被水。中顶庙内存留难民千余，先于该处设厂置赈。王城乏食贫民，照每年冬月例设饭厂煮赈一月，旋经展赈一月。……长辛店等及右安门外再拨米石，设厂赈济。又直隶水荒较重，大兴、宛平等六十州县，于明岁正月至四月麦收时止，各按村庄多设粥厂，无论极次贫民，一例给赈。

七年，于芦沟桥、黄村、东坝、采育四处，添设厂座，专派乡员同地方官经理，俾就食穷民分投领赈。又将王城并作五厂，均移至城外开放，与芦沟桥等处饭厂，俱展至四月二十日止。旋于内城改回二厂，俾城内贫民前往领赈。又王城内外各厂，再行展赈，不拘日期。俟甘霖大沛，酌量奏停，复展至五月初五为止。

十年，豫省新乡等十七州县连岁歉收，酌拨仓谷五万七千石，分拨各县碾米煮赈。

十一年，有淮扬贫民就食该处，岁底展煮赈一个月，又山西被旱，赈毕，复将平蒲等属二十六州县煮赈展至四月底止，襄陵等四县展至六月底止，计口散给粥米。

十五年，甘肃被旱，皋兰及西宁、凉州、中卫、秦州五处，分设粥厂，赈恤出外饥民。

民国以后，各地每遇灾荒饥歉，也继续实行施粥。施粥的制度和原则，大体与清代相同。历次各地救灾，多是以粥厂为急赈中的主要工作。如：

在放赈期间内，本会所成立之粥厂实数，虽无详密统计，其数目当不在少。如芜湖区有大规模粥厂二所，其章程规定，每厂收容灾民不得超过五千人，足见人数之多。又皖北阜阳一县之内，有小粥厂一百十所，每日就食人数，多者达七千一百人，其办法分全县为十一所，每所设粥厂十处，每次就食人数可达二、三十人。故统计急赈区之粥厂数目，如以每县各设一厂计算，其数当较为可靠也。又皖北蒙城县所办粥厂，有就厂施放，及随地施放两种，同时进行。其随地施放办法，厂所可以随时随地迁移，尤为利便。宁属区粥厂一所，系地方团体合力，创办由宁属区专员办事处助给美麦三十八吨，所有开支经费，由地方当局负责筹措。此外江北区粥厂，由本会急赈处接办者共二十四所。湖南粥厂，由各县政府会同当地慈善人士办理，其成绩佳者，由长沙区专员办事处给予补助。河南粥厂，自二十年十二月至二十一年一月间，共成立十六所，灾民均可持票就食。统计各厂给粥之数，共四百二十五万餐，平均每日就食者达三万四千七百五十人！各粥厂所发粮食种类，数量各有不同，大致每餐每人得米或黍六两以至八两。惟江苏省数厂，无此项限制，灾民得以尽量取食。据各省报告，灾民每日来厂就食者，约在二十万四千至二十二万之间，每人所费若干，难以计算。惟就各方面情形估计，平均每人约费洋三分。(民国二十年《救济水灾委员会报告书》)

除政府办理的粥厂外，还有各慈善团体和地方公团所举办的粥厂。如民国二十年至二十一年间，北平贫民救济会就有粥厂的设立。不过，它的实施原则和方法，还是沿袭旧日成规，少有新的创造①。

（二）居养：这是临时收容抚恤的办法。历代政府常在灾荒时立安民、给药、抚婴等法，并在各地方设置种种收容机关。其中也有固定设立的。如居养院、安济坊、福田院等，就是较显著的固定收容机关。这些组织虽不是专为灾民设立，但其中被灾难民以及因灾荒而辗转流离、无以为生的人，实占最主要地位。不过，这类制度，历代时有兴废，名称和办法也不尽相同。现大略引述历代关于这类制度的创办和施行情形如下：

元始二年，大旱，蝗。民疾疫者，舍空邸第，为置医药。赐死者一家六尸以上葬钱五千，四尸以上三千，二尸以上二千。罢安定呼池苑，以为安民县，起官寺市里，募徙贫民，县次给食至徙所，赐田宅什器，假与犁、牛、种、食。又起五里于长安城中，宅二百区，以居贫民。（《汉书·平帝本纪》）

元嘉四年，五月，京师疾疫。遣使存问，给医药，死者若无家属，赐以棺器。（《宋书·文帝本纪》）

二十四年，京邑疫疠，使郡、县及营署部司，普加履行，给以医药。（同前）

都下大水，吴兴偏剧。王子良开仓赈救，贫病不能者，于第北立廨收养，给衣及药。（《南史·齐武帝本纪》）

贞观十年，关内河东疾疫，遣医赍药疗之。十六年，谷、泾、徐、虢、戴疾疫，遣医施药。十八年，自春及夏，庐、濠、巴、普、郴疾疫，遣医往疗。（《康济录》引并见《唐书·五行志》）

① 见《北平粥厂制度研究》，载《社会学界》第七卷。

京师旧置东西福田院，以廪老、疾、孤、穷、丐者。其后给钱、粟者才二十四人。英宗命增置南北福田院，并东西各广官舍。日廪三百人，岁出内藏钱五百万给其费。后易以泗州施利钱，增为八百万。(《宋史·食货志》)

熙宁二年，京师雪寒，诏：老、幼、贫、疾、无依者，听于四福田院额外给钱收养，至春稍暖为止。(《宋史·食货志》)

熙宁年间，凡鳏、寡、孤、独、癃、老、疾、废，及贫乏不能自存者，以户绝屋居之，以户绝财产充其费。(同前)

崇宁元年，八月，置安济坊养贫病者，仍令诸郡县并置。九月，京师置居养院以处鳏、寡、孤、独，仍以户绝财产给养。十一月，置河北安济坊。(同前)

崇宁三年，二月，丁未，置漏泽园。……初，神宗诏："开封府界僧寺旅寄棺柩，贫不能葬，令畿县各度官不毛地三、五顷，听人安厝，命僧主之。葬及三千人以上，度僧一人。"蔡京推广为园，置籍，瘗人并深三尺，毋令暴露，监司巡历检察。安济坊亦募僧主之。三年医愈千人。各县增置居养院、安济坊、漏泽园。道路遇寒僵仆之人及无衣丐者，许送近便居养院，给钱米救济。孤贫小儿可教者，令入小学听读，其衣襕于常平头子钱内给造，仍免入斋之用。遗弃小儿，雇入乳养，仍听宫观、寺院养为童行。(同前)

王宥知蕲州，岁凶人散，委婴孩而去者，相属于道。宥令吏收取，计口给谷，俾营妇均养之，每旬阅视，所活甚众。(《筹济篇》)

宣和二年，诏：居养、安济，……裁立中制。应居养人日给秔米或粟米一升，钱十文省，十一月至正月加柴炭五文省，小

儿减半。安济坊钱米依居养法，医药如旧制。（《宋史·食货志》）

知台州，葬民之栖寄暴露者，为棺千五百。置养济院，创安济坊以居病囚。（《宋史·黄𠷂传》）

至元十六年，诏湖南行省，于戍军还途，每四五十里立安乐堂，疾者医之，饥者廪之，死者藁葬之，官给其需。（《元史·世祖本纪》）

太宗九年，立燕京等十路惠民药局，……给钞五百两为规运之本。中统二年，诏成都路设惠民药局。三年，敕太医大使王猷、副使王为仁管领诸路医人惠民药局。四年，复置局于上都。（《新元史·食货志》）

洪武三年，命天下府、州、县，设惠民药局，拯疗贫病军民疾患。每局选设官医提领，于医家选取内外科各一员，令府医学授正科一员掌之，县医学授副训科制药惠济，其药于各处出产并税课抽分药材给与，不足则官为买之。（《康济录》记明太祖时事）

嘉靖八年，题准灾伤地方军民人等，有能收养小儿者，每名日给米一升。（《续文献通考》引明世宗时事）

嘉庆时，京师五城设栖流所。日给钱米，隆冬酌给棉被，病故者给棺以瘗。又设养济院，岁给银米，冬衣棉布。（《筹济篇》）

大体说来，上述除所谓“栖流所”、“廨”及其他一般纯粹属于临时性质的收容所外，所有安济坊、居养院、福田院、惠民局等，都是较有固定性的居养机关。

民国以后，对于居养事业的设施，国民党政府内政部曾颁发过各地方《救济院规则》，第一章第一条载有：各省区，各特别市，各县市政府，为教养无自救力的老、幼、残废人，并保护贫民健康，救济贫民生计，于各该省区、省会、特别市政府及县、市政府所在地，应依规定设立救济院，各县、乡、区、村、镇人口较繁处所，也得酌量情形设立。第二条载：救济院分设左列各所：一、养老所，二、孤儿所，三、残废所，四、育婴所，五、施医所，六、贷款所，各县各普通市及乡、区、村、镇设立救济院。对于前项列举各所，得分别缓急，次第筹办，也可斟酌各地方经济情形，合并办理。总计全国同救灾居养有关的救贫机关，共八百三十余所，统计如下①。

项别	官办	公办	私办	合计
济贫	49	66	73	188
贷款	12	29	14	55
施医	64	221	114	399
丧葬	7	93	92	192
总计	132	409	293	834

又据国民党政府内政部民国十九年所调查的江苏、浙江、江西、湖北、湖南、云南、福建、广东、河南、河北、山西、辽宁、吉林、黑龙江、热河、绥远、察哈尔、新疆等十八省救济院，及旧有慈善团体的救济事业概况，有如后表②。

① 据民国二十二年《申报年鉴》。
② 同上。

省别 \ 种类及所数 \ 项别	调查县数	救济院							旧有慈善团体												总计
		养老	孤儿	育婴	施医	残废	贷款	合计	养老	孤儿	育婴	施医	丧葬	残废	贷款	济贫	救灾	习艺	其他	合计	
江苏	43	15	15	15	9	8	10	72	44	19	49	30	49	6	9	38	3	42	30	301	373
浙江	77	12	13	52	30	12	15	134	22	8	58	31	41	1	3	14	—	11	24	213	347
江西	51	4	1	5	4	4	—	18	19	—	35	23	5	6	—	26	2	—	8	124	142
湖北	26	1	—	2	7	2	1	13	6	1	12	39	28	1	—	8	6	5	13	119	132
湖南	44	6	7	17	11	1	2	44	17	6	61	26	21	4	—	25	3	22	20	205	249
云南	27	1	1	1	1	—	—	4	4	1	3	13	23	1	—	21	1	2	8	76	80
福建	18	—	—	—	—	—	—	—	2	3	10	16	2	7	—	4	—	1	1	46	46
广东	44	—	—	—	—	—	—	—	5	3	18	113	8	2	—	9	3	6	61	228	228
河南	21	7	3	2	3	10	1	26	—	—	—	7	—	2	—	6	2	2	2	27	53
河北	50	30	17	8	20	27	14	116	—	—	1	1	2	—	—	2	—	9	1	16	132
山西	37	1	—	14	4	1	—	20	—	4	12	16	—	2	—	1	5	7	—	47	67
辽宁	20	1	—	1	2	1	—	5	2	2	1	7	1	—	—	2	9	6	1	31	36
吉林	16	—	—	—	—	—	—	—	2	1	2	3	10	6	—	8	5	14	—	51	51
黑龙江	12	—	—	—	—	—	—	—	3	—	—	2	—	4	—	6	2	1	1	19	19
热河	10	—	—	—	—	—	—	—	2	—	—	4	—	3	—	5	2	—	—	16	16
绥远	11	—	—	—	—	—	—	—	3	3	7	3	1	—	—	4	17	—	1	39	39
察哈尔	10	5	1	1	3	4	—	14	2	—	—	1	1	—	—	—	1	1	—	6	20
新疆	49	—	—	—	—	—	—	—	32	—	—	—	—	—	—	5	—	—	20	S7	57
总计	566	93	58	118	94	70	43	466	165	51	269	335	192	45	12	184	59	118	191	1621	2087

又各省救济的人数,如下表①:

省别	男	女	合计
江苏	10986	4693	15679
浙江	1495	852	2347
江西	1242	627	1869
湖北	1547	1809	3356
湖南	19475	13142	32617
云南	21274	21015	42289
福建	264	73	337
广 东	4926	1041	5967
河南	549	498	1047
河北	未详	未详	未详
山西	309	125	434
辽宁	31	26	57
吉林	307	73	380
黑龙江	251	9	260
热河	55	25	80
绥远	2066	1452	3518
察哈尔	7300	6500	13800
新疆	641	502	1143
总计	61732	52464	114196

(附注)本表所列人数,系常年救济人数。

从以上所述,历代居养政策施行的情形,已不难明了。

(三)赎子:在灾荒期中,饥民被迫鬻子的很多,因此,历代有所谓赎子的办法,即由政府出资为饥民赎子。据传说,这一办法,在商汤时代就已有过。如管子说:

汤七年旱,禹五年水,汤以庄山之金铸币,而赎民之无檀卖子者。禹以历山之金铸币,而赎民之无檀卖子者。(《山权数篇》)

① 据《申报年鉴》,一部分略加变动。

这虽是古代传说，不可深信，但至少可说是春秋、战国期间的史实反映，因《管子》一书，已经有人证明是当时的伪作。汉代以后，赎子政策，已普遍流行，所以史书上是这样记载的：

元和三年，诏曰：盖人君者，视民如父母，有惨怛之忧，有忠和之教，匍匐之救。其婴儿无父母亲属，及有子不能养食者，廪给如律。（《后汉书·章帝本纪》）

和平四年，诏曰："前以民遭饥寒，不自存济，有卖鬻男女者，尽仰还其家。……不听取赎，有犯加罪。若仍不检还，听其父兄上诉，以掠人论。"（《魏书·文成帝本纪》）

贞观二年，山东旱，遣使赈恤，饥民鬻子者，出金宝赎还之。（《文献通考》引唐太宗时事）

淳化二年，诏陕西缘边诸州，饥民鬻男女入近界部落者，官赎之。（《康济录》引宋太宗时事）

大中祥符三年，六月，诏前岁陕西民饥，有鬻子者，命官为购赎还其家。（《宋史·真宗本纪》）

庆历八年，二月己卯，赐瀛、莫、恩、冀州缗钱二万，赎还饥民鬻子。（《宋史·仁宗本纪》）

至大元年，闰十一月，以大都米贵，……北来民饥，有鬻子者，命有司悉为赎之。（《元史·武宗本纪》）

永乐十一年，六月，徐州水灾，民有鬻子女者，……为赎还。（《通鉴纲目三编》记明成祖时事）

嘉靖十年，奏准陕西灾伤重大，遗弃子女，州县官设法收养。（《康济录》引明世宗时事）

民举家饥饿，束手就毙。……凡卖子女者，责令地方官捐

俸,代为赎回。(清张清恪《切问斋文钞》)

这是历代实行赎子办法的一些事例。因这种办法,无论是公私发起,都比较轻而易举,所以各朝或多或少都曾实行过这种办法。

乙、养恤政策的评价

前述施粥、居养、赎子三项办法,都是养恤政策中的重要办法。实施的结果,对于饥荒贫苦的灾民,自不能说没有相当利益。因人民在灾荒饥馑的时候,如果由于实行这些办法,能够得到暂时的饮食和安居,并使骨肉不离,当然是难能可贵的。但我们仔细查考历代施行这些办法的实际情况,便觉得所谓养恤这种政策,范围过于狭小,办法过于消极,而施行对象也多限于一部分人,恩惠不能普及,有时因执行机关人员的舞弊,以及制度本身的缺点,收效常极微小。旧日学者和社会事业家,对这种政策施行的利弊,已有各种见解。尤其对于施粥的办法,因历来史实的表现,较为复杂,所以对它的效果的评价,也很不一致。许多人都认为施粥确是救济灾民的一项良好办法,因施粥最显著的成效有三:一是能够救急;二是所费少而活人多,史籍所载历次施粥所活的人,动辄达数十万,甚至数百万;三是办法简便而易行。正如明席书所说:

考古荒政可行于今日者,惟作粥一法,不烦审户,不待防奸,至简至要,可以举行。……遂谓此法难行。今总计南畿作粥,江南北可四十二州县,大都大县设粥十二所,中县减三分之一,小县减十之五。诸所设粥处,约日并举。凡以饥来者,无论本处邻境,军民男女老幼,户口多寡,均煮粥给济。起今十一月半抵麦熟止，计用米不过十六万石，可活人二十余万。取用有数，未至太靡，赈恤有等，不至虚费。此法一行，垂死之人，晨得而暮起，其效甚速，其功甚大。（《广治平略》）

但施粥的缺点和流弊，也很不少，历代也有很多人指出了这方面的情形。如宋程颐曾说：

常见今时州县济饥之法，或给之米豆，或食之粥饭，来者与之，不复有辨，中虽欲辨之，亦不能也。谷贵之时，何人不愿得？食仓廪既竭，则殍死者在前，无以救之矣。数年前，一亲戚为郡守，爱恤之心，可谓至矣。鸡鸣而起，亲视施散，官吏后至者，必怒责之，于是流民歌咏，至者日众，未几谷尽，殍者满道。愚尝怜其用心，而嗤其不善处事。救饥者使之免死而已！非欲其丰肥也。当择宽广之处，宿戒使晨入，至已则阖门不纳，午而后与之食，申而出之，给米者午即出，日得一食，则不死矣！其力自能营一食者，皆不来矣。比之不择而与者，当活数倍之多也。凡济饥当分两处，择羸弱者，作稀粥早晚两给，勿使至饱，俟气稍完，然后一给。第一先营宽广居处，切不可令相枕籍。如作粥，须官员亲尝，恐生水及入石灰。至不给浮浪游手，无此理也，平日当禁游惰，至其饥饿，哀矜之，一也。（程颐《赈济论》）

这还只是就技术上的缺点来说的。实际上历代施粥的弊病，主要的并不表现在这些方面。总的说来，约有以下各点：

1. 主持施粥的人经常舞弊。如：

元初四年，京师及郡国十雨水，……郡县虽有糜粥，糠秕相半，长吏怠事，莫有躬亲。（《后汉书·安帝本纪》）

兴平元年，三辅大旱，……人相食啖，白骨委积。帝使侍御史侯汶出太仓米豆，为饥人作糜粥，经日而死者如故。帝疑赈恤有虚，乃亲于御座前量试作糜，乃知非实。（《后汉书·献帝本纪》）

太和十一年，大旱，京都民饥。诏听民就丰行者十五六，道路给粮禀，至所在三长赡养之，遣使者时省察焉。留业者，皆令主司审核，开仓赈贷；其有特不自存者，悉检集为粥于街衢，以救其困。然主者不明牧察，郊甸间甚多馁死者。（《魏书·食货志》）

万历时，知常熟县耿橘有云：荒年煮粥，全在官司处置得法，非有司亲尝严禁，则人众虑粥缺少，增添生水，往往致疾。（《康济录》）

明末州县官之赈粥也，探听勘荒官次日从某路将到，连夜于所经由处寺院中，盖厂垒灶，堆储柴、米、盐、菜、炒豆，高竿挂黄旗，书“奉宪赈粥”四大字于上。集饥民等候官到，鸣钟散粥。未到则枵腹待至下午。官去，随即撤厂平灶，寂然矣！（同前）

2. 各灾荒区域施散的不普遍。如：

作粥一法，……世俗咸谓不便，盖缘曾有举于一城，不知散布诸县。以致四远饥民，闻风并集，主者势不能给，致民相聚而死。（《广治平略》）

近者获饷，而不能周僻壤深山之境。(《筹济篇》引惠仲孺语)

饥民无定方，而煮粥有定处，若不多设处所，以粥就民，恐奔走于场，难宿于家。或朝食一来，暮食一来，十里之外，不胜奔疲。(《康济录》引吕坤语)

3. 受粥的人往往不是真饿的人，而真饿的人又往往得不到粥。如：

里正乞觅强梁者得之，善弱者不得也；附近者得之，远僻者不得也；吏胥里正之所厚者得之，鳏、寡、孤、独、疾病而无告者，未必得也。赈成，已是深冬，官司疑之，又令复实，使饥者自备裹粮，数赴点集，空手而归，困踣于风霜凛冽之时。(《康济录》引董煟语)

赈饥之法，往往吏缘为奸，贫者未必报；报者未必给；其报而给者，又未必贫。(《康济录》引陈龙正语)

时当歉岁，……用之不得其法，有冒支之弊，必多不给之人，有一姓而得数姓之粮者，有几人而不得一口之食者。(《康济录》引陆曾禹语)

良以行粥之举，壮者得歠，而不能及幼孤老病之人。……强者数次重餐，弱者后时空返。即其得食，仰给一盂，奔驰数里，晨往夕还，冲风冒雪，得毋惫甚！(《筹济篇》引惠仲孺语)

4. 饥病麇集，易染疾疫。如：

庆历八年，河北、京东西大水，饥。……前此，救灾者皆聚民城郭中，煮粥食之。饥民聚为疾疫，又相蹈藉死。或待次数日不食，得粥皆僵仆！名为救人，而实杀之。（《文献通考》记宋仁宗时事）

萃数千饥馁疲民于一厂中，气蒸而疫疠易染。（《筹济篇》引惠仲孺语）

历史上像这类的实例，多不胜举。看来施粥的缺陷，实在不能说少了。所以《续文献通考》记载：

凶荒之时，人民流徙。饥馁疾病，扶老挈幼，驱之不前，缓之则毙。资之钱币，则价踊而难籴；散之菽粟，则廪歉人众而难遍。惟煮粥庶可救燃眉，然举行固自有法。盖处之宜广不宜隘；举之宜同不宜异；令行宜严不宜宽；食之口宜散不宜聚；授之餐宜遍不宜频。是在贤守令善行之而已！（《续文献通考·赈贷群议》）

又吕东莱说：

设糜粥，策其尤下者。……先王有预备之政，上也；使李悝之政修，次也；所在蓄积，有可均处，使之流通，移民移粟，又次也。咸无焉，设糜粥，最下也。（《文献通考》）

这的确是一种有见识的言论。

此外，居养、赎子等法，弊病也不少，举以下数例，就可见一斑：

嘉靖时，林希元疏云；大饥之年，民父子不相保，往往弃子而不顾。臣昔在泗州，见民有投子于淮河者，有弃子于道路者，为之恻然。因效刘彝之法，凡收养遗弃小儿者，日给米一升，一支五日，每月抱赴局官看视。饥民支米之外，又得小儿一口之粮，远近闻风，争趋收养，甚至亲生之子，亦诈称收抱，以希米食。(《康济录》)

万历二十二年，钟化民河南《救荒疏》云：……赎还民间荒年出卖妻孥四千二百六十三名。但赎还之后，不知其终保完聚否。倘糊口无资，复相转贸，如梦中乍会，觉后成空。(同上)

凡卖子女者，责令地方官捐俸，代为回赎。……但富室有力之家，不肯再买，而灾黎穷困之极，必有遗弃道路而冻饿以死者。(清张清恪《切问斋文钞》)

岁歉，代为收养子女，至年丰，伊又将竟回本家，不为使令，故人多不肯收养。(同前)

养恤政策的缺点和流弊，大致如上所述。

自然，这些缺点和流弊之发生，固不应完全归咎于政策和制度本身的不善。倘执行得当，也未尝不可在一定程度上克服缺点，消弭流弊。不过，这种政策本身的消极性，毕竟是不能否认的，这种消极性的存在，实是收效微弱的致命根源。

四　除害

朱熊曾说：“天灾不一，有可以用力者，有不可以用力者。凡水与霜,非人力所能为,至于旱伤,则有车戽之利,蝗蝻则有捕瘗之法。苟可以用力者,岂得坐视而不救哉?为守宰者当速为方略以御之。”(朱熊《救灾补遗》)大家知道,蝗蝻是农作物的大害,必须尽力歼除。前人在这方面已给予极大的注意,可见除害一项,实是历代救荒政策中最重要的一部分。不过,所谓除害,不仅限于歼除蝗蝻,而祛疫也是其中的一种。而且,还应该提到,我国历代除害的种类,除了除蝗和祛疫以外,还有巫术性质的伐蛟。因古人常说:“蝗与旱相因,蛟与水相因。蝗因旱而招,蝗生容有不旱;水因蛟而发,蛟出则必挟水,是以除水害皆必除蛟!”这类说法,史籍记载甚多,但这究竟是属于巫术一类的迷信,不足为据。所以,本项所述,仅以除蝗、祛疫二者为限。现分述如次:

甲、治蝗的方法和实效

除蝗的方法,在我国历史上出现很早。《诗·小雅·大田》就记载说:

> 去其螟螣,及其蟊贼,无害我田穉,田祖有神,秉畀炎火。

这是我国治蝗的最初记录。

杨景仁说:

> 考蝗之名,始见于《月令》,孟夏行春令,则蝗虫为灾,仲冬行春令,则蝗虫为败。……兖州谓蝗为螣,说者以螟、螣等为害苗之虫,而所食有心、叶、根、节之异,大抵皆蝗类也。又蝗子为螽,为蝝,春秋屡书之以记灾。(《筹济篇》)

实际上蝗的种类很多,据调查所得,我国有八十余种。最普通有二属:一是土蝗属(Melanoplus),一是飞蝗属(Locusta)。前者因生产不繁,无飞翔力,迁徙性不强,所以限于一定地域,为害不大。后者却不然,生殖既繁,食性也大,且富飞翔力,迁徙性强,所以为害甚大。凡是它们经过的地方,千顷良田,荡然无收,汉人称为饥虫的,就是这一种蝗虫[①]。两者相较,前者如为数不多,不扑灭也不要紧,后者即使为数较少,防治也不可稍缓。

我国往代治蝗,都设有专官。如《周官》记载:"庶氏以除毒蛊,剪氏以除蠹物,壶涿氏以除水虫狐域之属,赤友氏以除墙壁狸虫蠼之属。"当时虽没有蝗蝻这种名称,但如上面《诗》及《春秋》、《尔雅》中所说的"螟"、"螣"、"蟊"、"贼"、"螽"等,实际上都是蝗蝻的各种大小总属的别名。古人对这种蝗蝻之灾,除禳祷以外,也往往加以力捕。捕治的方法,代代流传,颇多类似,但也不无改进的地方。现介绍如下:

> 元始二年,郡国大旱,蝗,遣使者捕蝗。民捕蝗诣吏,以石斗受钱。(《汉书·平帝纪》)

这是汉代力捕蝗虫的例证。当时一般还是以巫术祈禳为主,像这样力捕的事,实较少见。不过,给钱鼓励捕蝗的办法,从此创立。到了唐代,更有给粟捕蝗的例子。如:

> 赵莹为晋昌军节度使,天下大蝗。境内捕蝗者,获蝗一

① 饥虫一语,见汉焦延寿《易林》。

斗，给粟一斗，使饥者获济。（《册府元龟》）

当时排斥巫术迷信，极力倡导捕蝗的人是姚崇。史载：

开元四年，山东大蝗，民祭且拜，坐视食苗，不敢捕。姚崇……乃出御史为捕蝗使，分道杀蝗。汴州刺史倪若水拒不应命，崇移书曰：……今忍而不救，因以无年，刺史其谓何？若水惧，乃纵捕，得蝗十四万石。时帝疑，复以问崇。对曰：庸儒泥文不知变。昔魏山东蝗，小忍不除，至人相食，草木皆尽，牛马至相啖毛。今飞蝗所在，充满河南、河北，家无宿藏，一不获，则流离安危系之。且讨蝗纵不能尽，不愈于养以遗患乎？……蝗害讫息。（《唐书·姚崇传》）

五代之后，晋因蝗灾甚烈，也曾采取除捕的方法。当天福末年，天下大蝗，连年不解，行则蔽地，起则蔽天，禾稼草木，破坏无遗的时候，就曾命百姓凡捕蝗一斗的，给粟一斗。这也是给粟捕蝗的显著例子。

宋代当仁宗、英宗时：

蝗为害，又募民扑捕，易以钱粟。蝗子一升至易菽粟三升，或五升。（《宋史·食货志》）

嘉定八年，四月，飞蝗越淮而南，食禾苗、山林草木皆尽。……自夏徂秋，诸道捕蝗者以千百石计。饥民竞捕，官出粟易之。九年五月，浙东蝗……以粟易蝗者千百斛。（《宋史·五行志》）

绍兴间,朱子捕蝗,募民得蝗之大者,一斗给钱一百文;得蝗之小者,每升给钱五百文。(《康济录》)

这也都是给钱或给粟鼓励捕蝗的方法,这些方法当时已有更广泛的流传。那时政府并且曾以诏令来严饬捕蝗,最著名的,就是南宋孝宗淳熙八年九月所定的《诸州官捕蝗之罚》。敕令中曾说:

诸蝗初生,若飞落,地主邻人隐蔽不言,耆保不即时申举扑除者,各杖一百。许人告报,当地职官承报不受理,及受理而不即亲临扑除;或扑除未尽,而妄申净尽者,各加二等。诸官司荒田牧地,经飞蝗住落处,令佐应差募人,取掘虫子;而取不尽,因致次年生发者,杖一百。诸蝗虫生发飞落,及遗子而扑掘不尽,致再生发者,地主耆保各杖一百。又因穿掘打扑损苗种者,除其税,仍计价官给地主钱数,毋过一顷。(《康济录》)

在这以前,当北宋神宗熙宁八年八月的时候,也已有过除蝗的诏令。诏令中说:

有蝗蝻处,委县令佐躬亲打扑。如地方广阔,分差通判、职官、监司、提举分任其事,仍募人得蝻五升,或蝗一斗,给细色谷一斗。蝗种一升,给粗色谷二升。给银钱者以中等值与之。仍委官烧瘗,监司差官复按,倘有穿掘扑打,损伤苗种者,除其税,仍计价官给地主钱数。(同前)

这个诏令虽较淳熙的敕令早一百年,但不如淳熙敕令那样要求严格。

元代治蝗也甚力,如:

至元二年,陈祐改南京路治中。适东方大蝗,徐、邳尤甚,责捕至急。祐部民丁数万人至其地,谓左右曰:捕蝗虑其伤稼也,今蝗虽盛,而谷已熟,不如令早刈之,庶力省而有得。或以事涉专擅,不可。祐曰:救民获罪,亦所甘心,即谕之使散去,两州之民皆赖焉。(《元史·陈祐传》)

从这段话中,可见那时普通地方官吏,对捕蝗颇知力行,且当时除蝗的方法,也较进步,除驱捕外,更知道翻土除卵,根绝蝗害。史书上记载:

仁宗皇庆二年,复申秋耕之令。……盖秋耕之利,掩阳气于地中,蝗蝻遗种,皆为日所曝死,次年所种,必甚于常禾也。每年十月,令州县正官一员,巡视境内,有虫蝗遗子之地,多方设法除之。(《元史·食货志》)

这种办法,实是以前所没有见过的。

明代治蝗更严,对于蝗蝻的生活史,也有相当的了解。当时对昆虫的科学知识,虽然知道很少,但从徐光启的《治蝗疏》来看,那时实已具有昆虫学的启蒙思想。那时对蝗灾的根治,甚为尽力。如:

永乐九年,令吏部行文各处有司,春初差人巡视境内,遇有蝗虫初生,设法捕扑,务要尽绝;如或坐视,致令滋蔓为患者,罪之;若布、按二司不行严督所属巡视打捕者,亦罪之。(《康济录》)

弘治六年,命两畿捕蝗,民捕蝗一斗,给粟倍之。(《通鉴纲目三编》)

这是明代常见的事实。

清代除蝗的方法,更较完备,治蝗知识,也稍充实。我们从清康熙三十三年四月十三日皇帝给与内阁的谕旨中,也可看出这一点。谕旨说:

朕处深宫之中,日以闾阎生计为念,每巡历郊甸,必循视农桑,周咨耕耨,田间事宜,知之最悉。诚能预筹穑事,广备灾祲,庶几大有裨益。昨岁因雨水过溢,即虑入春微旱,则蝗虫遗种必致为害。随命传谕直隶、山东、河南等省地方官,令晓示百姓,即将田亩亟行耕耨,使复土尽压蝗种,以除后患。今时已入夏,恐蝗有遗种在地,日渐蕃生,已播之谷,难免损蚀。或有草野愚民,云蝗虫不可伤害,宜听其自去者。此等无知之言,切宜禁绝。捕蝗弭灾,全在人事。应差户部司官一员,前往直隶、山东巡抚,令申饬各州、县官亲履陇亩。如某处有蝗,即率小民设法耨土复压,勿致成灾。(《九朝东华录》)

当时官府督促捕蝗,功令颇严,捕蝗不力的,要受到相当重的处分。如:

康熙四十八年，复准州、县、卫所官员遇蝗蝻生发，不亲身力行扑捕，借口邻境飞来，希图卸罪者，革职拿问。该管道府、布政司使、督抚不行察访严饬催捕者，分别降级留任。协捕官不实力协捕，以致养成羽翼，为害禾稼者，革职。州县地方遇有蝗蝻生发，不申报上司者，革职。（《筹济篇》）

乾隆十八年谕：嗣后州县官遇有蝗蝻，不早扑除，以致长翅飞腾，贻害田稼者，均革职拿问。（同前）

直省滨临湖河低洼之处，须防蝻子化生。该督抚严饬所属，每年于二三月早为防范，实力搜查。一有蝻种萌动，即多拨兵役人夫，及时扑捕，或掘地取种，或于水涸草枯之际，纵火焚烧。各该州、县据实禀报该督抚具奏，倘有心讳饰，不早扑除，以致长翅飞腾者，一经发觉，重治其罪。（嘉庆七年修纂《督捕蝗蝻令》，据《筹济篇》引）

不过，前代地方官吏，玩忽律令，坐视民间疾苦而不顾的到处都有。历朝诏谕对这种行为常有斥责。而且还常有因捕蝗而骚扰农家，增加人民痛苦的事情发生，这在诏谕中有时也可看到一二。如：

宣德五年，遣使捕畿内蝗。谕户部曰：往年捕蝗之使，害民不减于蝗！宜知此弊。（《通鉴纲目三编》）

地方遇有蝗蝻，州、县官轻骑减从，督率佐杂等官，处处亲到，借民扑捕，随地住宿寺庙，不得派民供应。州县报有蝗蝻，该上司躬亲督捕，夫马不得派自民间。如违例滋扰，跟役需索，借端科派者，该管督抚严查，从重治罪。（嘉庆七年修纂

《捕蝗禁令》，据《筹济篇》引）

民国以后，治蝗工作，没有什么进展。历年发生蝗患的区域，还是不断受害，没有得到根治。今年遭受蝗灾的地方，往往就是去年相同的地区，据调查所得，每年成灾区域相同的在江苏达二十三县，占总数百分之七九点三一，浙江几完全相同，占百分之八八点八八。这是因为“人谋不臧”，未曾力捕，所以总是“除之不尽”。例如，历年各地奖收蝗卵蝗蝻的办法，虽常常推行，但终于毫无成效，所以会这样，就是由于地方办理人员不负责任，各省、县政府中甚至有人把奖收蝗卵当生财之道，常常浮报以自肥，试问这样做的结果，还有什么成效可说呢？

正因为这样不断的累积，所以蝗患年甚一年，没有止境。民国二十三年间，蝗患最为严重，笼罩于华北、华中各省。当时政府当局认为过去治蝗的缺点在于：（一）全国治蝗无系统组织；（二）治蝗方法，墨守旧章，且一部分农民迷信观念甚深；（三）治蝗经费不确定；（四）全国蝗患向无调查统计。于是特召集每年都有蝗患的苏、皖、鲁、冀、湘、豫、浙等七省农政主管官厅、代表及专家，举行七省治蝗会议。讨论此后如何联合中央及各省的力量，统一治蝗组织，改进治蝗技术，筹措治蝗经费，以及调查全国蝗患（见《农村复兴委员会会报》二卷二期）。这次会议，虽然表示了治蝗的决心，但在施行中也并没有产生什么显著的效果。

乙、祛疫的设备和实施

我国祛疫的方法，除最初流行的巫术以外，后来史籍中所见到的，最早当是后汉光武帝时代“遣光禄大夫将太医循行疾病”（《后汉书·光武本纪》）。在这以前，虽也略知疫疠的原因，但多未究明它的治疗的方法。而且太医的治疗，仅限于皇室中的人，同一般人民并无关系。自东汉以后，才渐渐注意广泛的医治和公共防疫。如：

建武十四年，会稽大疫，死者万数，意独身自隐，亲经给医药，所部多蒙全济。(《后汉书·钟离意传》)

元始二年，旱蝗。民疾疫者，舍空邸第。为置医药。(《汉书·平帝本纪》)

元嘉四年五月，京师疾疫，遣使存问，给医药。(《宋书·文帝本纪》)

元嘉二十四年，京邑疫疠，使郡县及营署部司，普加履行，给以医药。(同前)

贞观十年，关内、河东疾疫，遣医赍药疗之。(《康济录》)

贞观十六年，谷、泾、徐、虢、戴疾疫，遣医施药。(《康济录》)

贞观十八年，自春及夏，庐、濠、巴、普、郴疾疫，遣医往疗。(同前)

京师大疫，命太医和药，内出犀角二本，折而视之，其一通天犀也。内侍李舜举请留供服御，帝曰：吾岂贵异物而贱百姓。竟碎之，令太医择善察脉者，即县官授药，审处其疾状予之。无使为庸医所误，夭阏其生。(《宋史·仁宗本纪》)

熙宁八年，吴、越大饥。……及春，人多病疫，乃作病坊，以处疾病之人。募诚实僧人，分散各坊，属以早晚视其医药饮食，无令失时，故人多得活。(《康济录》)

苏轼知杭州，大旱，饥疫并作。轼……作饘粥药剂，遣使挟医分坊治病，活者甚众。(《宋史·苏轼传》)

但实行还是不普遍，且各朝并不常见。直到清代，袪疫的方法，才粗具规模。如宣统二年十二月，东三省鼠疫盛行，曾由外务部、民政部、邮传部随时会商，切实严防，避免传染。于是，民政部就传谕内外城巡警总厅，下令捕鼠。晓谕居民注意卫生，加雇清道夫，严行清洁。并督饬内外城官办医院，添制防疫药品器具，以资应用。凡疫病发生的地方，禁止出入，附近一带，竭力消毒。而且在京师还特别设立临时防疫事务局。后经外务部调查，这次鼠疫发生在满洲里，延及哈尔滨一带，于是特照会俄使，并电达东三省督抚各自防范，又派天津军医学堂会办伍连德带同学生多名，广购药品，前往哈尔滨举办防疫事宜。而民政部又设立卫生会，巡警总厅则组织卫生警察队，以保持清洁，预防时疫，以及办理公共卫生事务。内外厅每区添派卫生警官一员，办理关于卫生事项的违警案件。两厅按照所辖各区，每区派一主任、医官及医生若干人，专管该区内检查诊断事宜。内外城官办医院办理清洁、防疫卫生及治疗事宜。同时奉天省特设奉天万国鼠疫研究会，由英、美、俄、德、法、奥、意、荷、日、印各派医生组成，公举伍连德为会长，以资研究。

这是清代袪疫工作中规模较大的措施。不过，历代执行袪疫工作时，流弊多不可免。历史上常有如次的议论：

时际凶荒，民多疫疠。极贫之民，一食尚艰，求医问药，于何取给？往时江北赈济，亦发银买药以济贫民，然督察无方，

徒资冒破。(《康济录》引《嘉靖时林希元疏》)

这可说是往日共通的现象。

民国以后,办理防疫事宜较多,政府对于疾疫的预防,实有专门条例。如:民国五年三月,内务部颁布《传染病预防条例》;十七年九月,卫生部又重行颁布《传染病预防之条例》;十七年八月,卫生部公布《种痘条例》;十七年十月,又公布《传染病预防条例》《施行细则》等都是。

同时又设有防疫专门管理机关,计有下列二种:

(一)中央防疫处　民国八年,内务部设立中央防疫处,十七年十月,改属于卫生部,二十年四月,改属于内政部卫生署,二十二年十二月,改属于全国经济委员会卫生实验处。该处掌理关于各种生物学制品的检查、鉴定、研究及制造。如制造痘苗及血清等就是。此外还有西北防疫处,设立于甘肃兰州,直属卫生署。除制造人用及兽用各项血清疫苗外,并办理临时防疫事宜,掌理关于生物学制品的制造,人民传染病的防治,兽疫的调查、扑灭以及兽疫血清疫苗的制造等事项。

(二)海港检疫管理处　民国十八年,国民党政府卫生部,先后聘请国际联盟的拉西门、鲍陀罗及澳洲卫生部防疫司长派克等来华设计关于海港检疫事宜。十九年七月,在卫生部设全国海港检疫处,并在上海设办事处,统辖全国各海港检疫工作,颁布检疫条例。

随后,全国防疫工作,无论临时性质的防疫工作,或经常性质的防疫工作,名目都很不少。先就属于临时性质的防疫工作来说,如民国二十年江淮大水,救济水灾委员会,对于祛疫工作发表了一份报告书，内称：

灾祲之后，疫疠蔓延，灾黎死亡枕藉，本会卫生防疫组，自二十一年八月成立后，即分别派医疗队驰赴各区从事医疗救济工作，至二十二年二月间，次第结束。但本处办理工振，适值夏令时疫流行之时，灾工众多，难免传染。乃请卫生防疫组继续担任工区卫生医疗工作，以利工程之进行。按照规定计划，于每一工振区设一巡回医队，计共十七队，又预备队五队，分别办理诊疗及防疫事宜，颇资得力。此外复由本处配置简要救急药品，分送各区应用，不足则由各区自行购备。所幸各区段在工人员，对于卫生一项，尚能注意，各段段长每集合灾工施行卫生讲演，以补巡回医队之不足。故各区员工发生危险情事及染疫而亡者尚鲜。（民国二十年《救济水灾委员会报告书》）

属于经常性质的防疫工作，也发表了书面报告。其中较为重要的，约有下列各项：

一、防治传染病及寄生虫　经委会对各地传染病及寄生虫病的发生，曾分别派员前往检查捕灭。如山西、陕西的鼠疫；河南的疟疾；汤山的脑膜炎；南京的霍乱、白喉，经该会派员协助该地方政府从事防止扑灭，颇有成绩。又如浙江开化、衢县等县的住血虫病；浙江嘉兴、绍兴等县的亚细亚肝蛭虫病、肺蛭虫病、姜片虫病；苏、皖二省的黑热病，传播都很猛烈。该会也曾分别派员组队，长期在各该地工作。实施诊疗防治，并研究各该病症的起因及传播的途径。

二、西北江西的防疫卫生　关于西北卫生事业，经委会曾先派遣技术人员，分赴西北各省，实地调查考察。随即协助各省府办理各县卫生建设事宜。如甘肃、青海、宁夏等省，由该会协助，先后成立了卫生试验处。陕西则着手进行急应举办的各项卫生工作，并于三原、华县、榆林三处先设立卫生院，举办县卫生医疗工作。一面由经委会派员常驻西安，就近协助指导西北各地方政府进行办理。又西北方面的兽医防治，经委会曾分别饬令中央防疫处，设置分处于兰州。并协助设立西北防疫处，积极筹备防治兽疫。至江西方面，经委会对于该省若干地区疟痢等疾的流行，曾派遣技术人员前往调查防止；一面协助该省政府组织全省卫生处，办理全省卫生事业。

这些工作，本属预防性质，但施行时往往落后于灾害的发生，因此，实际上又多属事后补救的办法。

此外，由其他公私团体办理的也不少，这里不再多述。

这种种防疫工作，虽不无相当效果，但就全部情形说来，效果毕竟是很微小，范围也很有限。大多数贫苦人民，每遇大疫，还是很难获得医治的机会，往往只有坐以待毙。下面就是一例：

江苏北部黑热病蔓延，患此症者为数甚众，自徐州以东，以宿迁、淮阴、涟水等属为最烈。经全国经济委员会卫生实验处，于去岁组织黑热病研究队，到此实地调查，并成立事务所。为害之烈，以沿旧黄河道各地为最。此外东海、泗阳、淮安、涟水、灌云、阜宁、沭阳、邳阳、萧县、丰县、砀山、沛县等，亦为黑热病患者最多之区。单以东海而论,患者亦超过一千五百人。统计苏北黑热病患者,前后将至十万人,其中以穷苦人为最多。若用新法注射,每人至少须费十五元;贫苦患者,一人不易筹此巨款,辄聚为十五人,每人各出一元,共得十五元,以抽彩方法,决定何人应用此款治病。十五人中只有一人得款治病,其余十四人,则只有坐而待毙!(民国二十四年一月二十日《申报》)

这种事实的存在,证明了这个时期的袪疫事业还很不完善,施行也很不彻底。

第二节　灾后补救政策

前面已经说过,灾后补救政策,也是消极救荒政策中的一大类。因为在消极救荒政策中,有正在灾荒时施行救济的;也有在灾荒后实行补救的。前者已于第一节详述;本节所述,就是后者。

历代灾后补救的政策,大约也可分为四项:一是安辑,二是蠲缓,三是放贷,四是节约。现分别论述于下:

一　安辑

历代荒乱之余,农民离村,往往是极严重的现象,倘一任田土荒芜,稼穑不成,则对于国家财政的收入,以及农民生计、社会安宁,都将有极大的影响。因此,历代政府当局为了设法抚辑流亡,常实行各种安辑政策。

甲、安辑的办法

历代安辑的办法甚多，大约可区分为下列数种：

（一）给复　这就是通过减赋、复赋的利益，诱导流民还乡复业的办法。这一办法在汉代就已实行，以后各代也仿效施行。史书上记载：

> 元和元年，二月，甲戌，诏曰：王者八政，以食为本。故古者急耕稼之业，致耒耜之勤，节用储蓄，以备凶灾。是以岁虽不登，而人无饥色。自牛疫以来，谷食连少，良由吏教未至，刺史二千石不以为负。其令郡国募人，无田欲徙他界就肥饶者，恣听之。……勿收租五岁，除算三年，其后欲还本乡者，勿禁。（《后汉书·章帝本纪》）
>
> 仁宗皇祐中，于苑中作宝岐殿，每岁召辅臣观刈麦。帝闻天下废田尚多，民罕土著，或弃田流徙为闲民。天圣初，诏民流积十年者。其田听人耕，三年而后，收减旧额之半。后又诏流民能自复者，赋亦如之。既而又与流民限百日复业，蠲赋役五年，减旧赋十之八，期尽不至，听他人得耕，至是每下赦令，辄以招辑流亡募人耕垦为言，民被灾而流者，又优其蠲复，缓其期招之。（《宋史·食货志》）
>
> 庆历三年，陕西饥，诏琦抚之。琦至，宽征徭，免租税，给复一年。（《宋史·韩琦传》）
>
> 李骥授新乡知县。招流民，给以农具，复业者数千人。（《明史·李骥传》）
>
> 景泰三年，河南流民，计口给食。五年，畿内、山东、山西

逃民，复赋役五年。（《通鉴纲目三编》载明景帝时事）

（二）给田　这就是给流民以闲田，并免除租赋，使流民不再流徙的办法。这一办法最初见于汉代的诏令：

地节三年，诏流民还归者，假公田，且勿算事。（《汉书·宣帝本纪》）

元和元年，二月甲戌，诏曰：自牛疫以来，谷食连少，……令郡国募人，无田欲徙他界就肥饶者，……到在所赐给公田。（《后汉书·章帝本纪》）

宋仁宗时，也曾下诏给流民闲田。史书上载着：

天圣七年，闰二月，诏河北转运使：契丹流民，其令分送唐、邓、汝、襄州，以闲田处之。（《宋史·仁宗本纪》）

高宗时，曾以诏令促行给田的办法，史书记载：

建炎二年，春正月，丁亥，录两河亡吏士，沿河给流民官田牛种。（《宋史·高宗本纪》）

孝宗隆兴元年，又有如下的诏令：

贫乏下户，或因饥馑逃亡，官司即时籍其田土，致令不复归业。令州县严申赦文五年之限，应归业者即给还。（《文献

通考》）

辽金时代，这种诏令，也时有所闻。如：

太平十五年，募民耕滦河旷地，十年始租。（《辽史·食货志》）

民不堪命，率弃庐田，相继亡去。乃屡降诏，招复业者，免其岁之租。（《金史·食货志》）

明、清以后，这类事例也不少，这里不再多引。

（三）赍送　这是通过官府的力量，送遣流民回籍的办法。如：

熙宁八年，春正月，戊午，诏所在流民愿归业者，州、县赍送之。（《宋史·神宗本纪》）

民流亡道京师，……可归业者，计日并给遣归。（《宋史·食货志》）

韩琦知益州，岁饥，流民载道，琦给粮遣归，檄剑关民流移欲东者，勿禁。（《宋史·韩琦传》）

成化元年，令流民愿归原籍者，有司给与印信文凭。沿途军卫有司，每口粮三升，其原籍无房屋者，有司设法起盖草屋四间。仍不分男女，每大口给口粮三斗，小口一斗五升，每口给牛二只。量给种子，审验原业田地，给与耕种。优免粮差五年给帖执照。（《续文献通考》引明宪宗时事）

神宗时，巡视河南御史钟化民疏云：流民称情愿归家，但无路费。臣令开封等处，查流民愿归者，量地远近，资给路费，给票到本州县补给赈银，务令复业。据祥符县申报，共给过流移男女二万三千二十五石。(《康济录》)

康熙二十一年，直隶、河南两处乏食，穷黎移家觅食，不能回籍。令直隶、河南巡抚察明，加意抚绥，招辑复业。遣官领送回籍，仍捐给籽粒，俾得耕田亩。(《筹济篇》)

民国以后，处理难民问题时，也多采用赍送的办法，且往往强迫从事。这种事例，多到不可胜举。民国二十年江淮水灾之后，国民党政府曾公布过如下的事实：

洪水既退，乡村救济，已经开始。各地灾民，可以还返故里，本会乃施行分别遣散办法，此事亦颇不易。盖就理论上言，灾民自应及早还乡，努力耕种，俾田园不致荒芜。无如本会虽在各乡准备查放，以待灾民归还；而灾民往往不信其事，不得已乃用强迫方法，收容所始得一一结束。(民国二十年《救济水灾委员会报告书》)

这是一个很明显的例子。

乙、安辑的前提条件

前述各种安辑办法，施行结果是否良好，要以各种前提条件是否具备为转移。就历代施行这种办法的一般情形说来，要使安辑能获实效，至少当具备下列两种前提条件：

(一) 除积欠　封建政府往往有安辑的诏令，而流民多不敢归，原因之一就在于官府还要追索积欠。如：

宝应元年，租庸使元载以江淮虽经兵荒，其民比诸道犹有赀产。乃按籍举八年租调之，违负及逋逃者，计其大数而征之，择豪吏为县令而督之。不问赋之有无，赀之高下，察民有粟帛者，发徒围之，籍其所有而中分之，甚者十取八九，谓之“白著”，有不服者，严刑以威之。（《文献通考》记唐肃宗时事）

被灾州、县知通令佐，多有只见蚕麦稍熟，便谓民力已苏。遽于此时催理积年旧欠，上下相乘，转相督促。使斯民方幸脱于沟壑之忧；而一旦便罹追呼决挞囚系之苦！（《朱子大全集·乞住催被灾州县积年旧欠状》）

今年六月间，……山水从西来，……水头高十丈，没我堤上柳。……官府当秋来，催租不容后。嗟嗟下小民，命在令与守。……我民千余人，血首当道叩。……奈何急余征，日日事鞭殴！夫征又百出，一一尽豪取。（明程敏政《涿州道中录野人语》）

今又逢水厄，家业付东流，世味吞黄蘖，……官衙似海沉，门屏多遮隔。妻子诉衷情，三见三遭斥。……无田尚有粮，无丁尚有役。里胥肆征求，鸡犬无宁夕！（明郑毅《答费鹅湖水灾歌》）

这样就使流民多数畏惧而不敢归乡，宁愿漂流异地。这种弊病，宋苏轼曾论述最详，下面就是他的很有名的一段话：

臣亲入村落，访问父老，皆有忧色。云：丰年不如凶年，官吏以夏麦既熟，举催积欠，胥徒在门，枷锁在身，求死不得，故流民不敢归乡。臣闻之孔子曰：苛政猛于虎。昔常不信，以今视之，殆有甚焉！水旱杀人，百倍于虎；而人畏催欠，又甚于水旱。百姓何由安生？朝廷仁政何由得成？（苏文忠《论积欠状》）

因此，灾后要真能安辑流民，必须免除积欠。

（二）宽禁捕　灾民在饥荒严重的时候，有许多被迫起来斗争，封建政府说他们是“盗贼”。铤而走险，灾后虽闻抚辑之令，也往往惧罪不敢归。因此，必须明令宽一时的禁捕。如：

汉宣帝时，渤海岁饥，多盗，帝命龚遂镇之。遂曰：民困饥寒，故弄陛下之兵于潢池耳。夫治乱民犹治乱丝，不可急也。乃单车至府，悉罢捕盗令，但以执田器为良民，令民卖剑买牛，卖刀买犊。曰：何为带牛佩犊？由是吏民富实，而盗悉解。（《汉书·龚遂传》）

而平日对于逃户的惩罚，也应解除，因为只有这样，才可解除逃户还乡的顾虑。

二　蠲缓

历代政府在凶荒之后，大都会颁布蠲缓赋役的诏令，这可说已成为例行的政策。但实施情形，各代有所不同，现分别就蠲免和停缓二项政策叙述于后。

甲、蠲免的规例和利弊

蠲免包括蠲赋、免役二部分。历代蠲免政策屡有实行，但规例各异，说明如下：

1. 周代的薄征：《周礼·大司徒》载"荒政十有二聚万民，其二曰薄征"。注曰："轻租税也。"疏云："丰年从正，俭有所杀，若今十伤二三，实除减半，减则必有蠲矣。"又均人，"凶札，则无力政，无财赋，不收地守地职。"注曰："无力政，恤其劳。无财赋，恤其乏困。不收山泽及地税也。"这可说是历史上最初见到的施行蠲免制度的例证。春秋、战国虽处于战乱扰攘的时代，但也常实行这种制度。如管子说：

> 赋录以粟，案田而税，……上年什取三，中年什取二，下年什取一，岁饥不税，岁饥弛而税。（《大匡篇》）

这都是薄征的事例，开后世蠲免政策的先河。

2. 汉代的轻敛：西汉初年，正当大兵之后，人民流离，土地荒芜，农业生产不振，有田的人也无力纳税。高祖既定天下，便约法省禁，轻田租，十五而税一；量吏禄，度官用，量出为入，取税于民。但为时不久，当经济情况稍为好转时，租税就又加重。文、景时代，又略有减少。文帝十二年，采纳晁错的建议，下诏减天下民租一半；十三年免除民租；景帝二年，又减民租一半；使三十而税一。武帝末年，实行代田的办法，将一亩地分而为三，每年轮种，用力少而得谷多。昭帝元凤二年下诏说："悯百姓未赡，前年减漕三百万石。其令郡国毋敛今年马口钱。"并说三辅太常郡，得以豆粟当赋。三年又下诏说："民被水灾，颇匮于食。其止四年毋漕，三年以前所赈贷,非丞相御史所请,边郡受牛勿收责。”宣帝本始元年,赦免天下租税。三年又令郡国凡受旱灾特别严重的可免租税。四年有地震,也下了同样的诏令。元康二年,又免除上一年受灾郡的租赋。元帝初元元年,令郡国凡受灾害特别严重的,可不出租税;二年有地震,也下了同样的诏令。成帝建始元年,郡国被灾区域有十分之四以上,这些地区都不收田租。哀帝和平帝时代,凡受灾地区都先后免收租税。以上是西汉的制度,东汉也因袭这些制度。所以,终两汉之世,遇灾免赋,已成常规。免役也是一样。如安帝永初四年正月,因三辅不久前遭遇寇乱,人民多流离失所,曾下诏免除三年的欠租、过更、口算(即人口税,或按羊口数纳税)、刍藁。元初元年十月,下诏免除三辅三年的田租、更赋和口算。顺帝永建五年四月,下诏郡国,对受灾的贫民,不收今年的过更,这都是较显著的例子。

3. 魏晋的免租:晋武帝太康三年,令四方遭受水旱严重的,可免田租。五年,雨雹伤秋稼,减天下户课三分之一。六年,年岁不好,免租。东晋成帝咸和五年,度定百姓田,每亩税米三升。哀帝减田租,每亩收二升。孝武太元二年,免除对度定田收租的制度,凡王公以下,每口收税三斛,如免在身之役八年,则每口增收税米五石。至于免役,则有晋成帝咸康二年三月,免除受旱郡县徭役的例子。

4. 南北朝的除赋:自东晋以后,经宋、齐、梁、陈各朝,每遇凶荒,多下令除赋。宋文帝元嘉十二年,因遭水灾,下诏规定,凡有负欠的人,如遇收成不好,可酌量减除。顺帝升明二年,对雍州缘沔等地曾经遭过水灾的人,免除租布三年。南齐高帝建元初年,因二吴、义兴三郡遭水灾,下诏减除田租。武帝建元四年,令被灾郡县免除租调。明帝建武时,令吴、晋陵二郡,对收成不好的乡,酌量免三调。梁武帝天监二年,遣使往各地视察,对因水灾漂损资财的居民,酌量蠲免保调。陈宣帝太建六年三月下诏说:“去岁南川颇言失稔,所督田租,于今未即,豫章等六郡。太建五年,田租可由半,至秋,豫章又逋。太建四年,田租未入者,可特原除。”魏太宗泰常三年,鉴于范阳上一年大水,准免租税。八月雁门河内大雨,也准免租税。高宗和平四年,鉴于定、相二州降霜,庄稼受到损害,免民田租。高宗太和六年下诏说:“去秋淫雨,洪水为灾,百姓嗷然,今课督未入,及将来租算一以丐之。”宣武帝景明二年三月下诏说:“比年以来,连有军旅,役务既多,百姓凋敝,宜时矜量,以拯民瘼,正调之外,诸妨害损民,一时蠲罢。”北齐文宣帝天保八年九月,令这一年遭受蝗灾的地方免租。武帝河清三年,下诏遣派十二使巡行遭受水灾的各州,准免这些州的租调。后主大统五年,遣使巡视河北各州无雨的地方,凡境内干旱较突出的,可优免租调。周孝闵帝元年三月下诏说:“浙州去岁不登,厥民饥馑,其当州租输未毕者,悉宜免之。”

5. 隋唐免租庸调:隋文帝开皇五年,水灾,免租税;六年,也有同样情形。十八年,又免除遭水灾地方的租调。唐高祖武德元年,规定凡因水旱霜蝗损失十分之四的可免租;桑麻全被损害的可免调;田损失六成以上的可免租调,损失七成以上的,课役都免。太宗贞观元年,因旱饥,免租。高宗上元二年,免旱涝虫霜各州的田租。玄宗开元五年,遇蝗灾,令免当年地租。二十二年下诏说:“百姓屡空,朕孰与足,言念于此,良所疚怀。又闻京畿及关辅有损田,百姓等属,频年不稔,不乏粮储,虽今年薄收,未免辛苦,从宜蠲省,勿用虚弊。至如州县不急之务,差科徭役,并积久欠负等,一切并停。其今年租八等以下，特宜放免地税，受田一顷以下者，亦宜放免。”代宗大历四年，蠲免淮南租庸地税。贞元十二年旱，免租税。宪宗元和四年，下诏各道遭水旱的可免田租。文宗太和五年，因水灾，免秋租。以上是隋、唐的一些情况。

6. 五代的除放：五代干戈纷扰，仍不乏因灾蠲免租税的事例。后晋天福二年，许多地方遭虫旱，禾麦损失严重，曾下诏令有关部门派人巡视，准免受灾区域的租税。天福六年三月，免民二年至四年以前的税。八月又下诏说：“岁因灾沴，民用艰辛，久系逋悬，宜示蠲免，应欠天福五年终已前夏秋租税，并沿征诸物，及营田租课，并与除放。应沿路有旁道稍损却田苗处，其合纳苗子及沿征钱物等，据亩数并与除放。”天福七年，蝗虫为害，苗稼重伤，各道、州、府遭到蝗虫伤害苗稼的田亩，都可免除赋税。八年，免各州应欠天福七年夏税，并免除秋税一半，其余一半，可等到蚕麦成熟的时候再缴纳，逃户也准许免税一半，差徭则令其归业。

7. 宋代的蠲租：太祖乾德元年四月，下诏各州长官，对遭受旱灾特别严重的农家，可免租，不必事先呈报。随后每遇灾荒，都照例这样做，并且比前代做得更要认真。所以马端临说：“宋以仁立国，蠲租之事，视前代为过之，岁不胜书。”（《文献通考》）开宝元年六月下诏，凡民田被霖雨河水冲坏的，可免当年夏税。五年六月下诏，凡沿河民田有遭受水害的，可免租。太宗淳化元年，遇水灾和旱灾，免田租。淳化四年，遣使巡视畿县，凡民田受水灾的免租。真宗天禧四年，赈各路民饥，发粟减租。大中祥符元年，下诏停止对各路州军农器收税。哲宗元祐三年，旱灾，免租税。徽宗崇宁年间，主持漕税的官员曾宣称，凡不愿支移，而愿意交道里脚价费的也可以。因而特增道里脚价费，斗钱相当于过去五十六倍，在实行过程中,对贫民尤肆意苛索,以致有鬻牛易产还是给不起的。不过,大观二年,已下诏天下规定租赋的科拨支折,应先富后贫,又下令说明不到一斗的,道里脚钱可免,这样一来,弊病虽然稍减,但支移之法,毕竟已成为害民的政策。后来这一政策已不大行使,并有倚阁之法调和其中,可是这也并不是真正革新的办法,所以,北宋时代,田制始终没有建立,岁赋也没有得到振兴。南渡后,屡有灾伤,蠲租办法不一,高宗优待淮民,休兵后未曾起税。绍兴六年,下诏允许上一年旱伤十分之四以上的州县,免除绍兴四年以前积欠的租税。执政最初本拟实行倚阁的办法,但皇上深恐实行倚阁办法,州县因缘为奸,又将催理扰人,所以决定全部蠲免。绍兴二十八年,三省呈报平江、绍兴府、湖、秀州被水,希望免除下户积欠,拟请皇上令户部计算一下,这样做会不会影响财政收支。皇上说:"不须如此,止令具数,便于内库拨还,朕平日不妄费,内库所积,正欲备水旱,本是民间钱还为民间,用何所惜?"就令平江等处积欠税赋,一并蠲免。孝宗曾免广德军月桩钱,又许免积欠的经总制钱。光宗曾减江浙各路桩钱、和买折帛钱,又蠲免两浙路茶盐身丁钱。宁宗也曾蠲免身丁钱及和买折帛钱。

8. 元代的免税:元代税制,取法于唐。征于内郡的,名叫丁税、地税,这是仿效唐代的租、庸、调法;征于江南的,名叫夏税、秋税,这是仿效唐代的两税法。当时遇灾蠲免,较宋代尤勤,大则普遍蠲免于全国,小则蠲免于一路两路,几乎没有一年不实行。太宗十年,各路旱蝗,令免当年田租;十一年下同样的诏令。世祖中统四年,因旱灾,减田租;至元四年,因蝗患,免租;五年和六年,都有同样的诏令。十六年因水灾,免本年田租。二十七、二十八、二十九三年,各州饥,免田租。文宗至顺二年,大饥,免租税。总起来说,元代受灾各州县的田租,或全免,或免一半,差税或免三年,或免一年,酒、醋、门摊等税,也每每免除积欠,使欠者一时减轻负担。至于徭役,遇大荒时也照例减免,如中统三年闰九月,因济南路遭李毡之乱,军民皆饥,尽除差役。至元七年,南京、河南蝗旱,减差徭十分之六。世祖至元十七年十一月,鉴于末、甘、孙民贫,下诏免徭役三年;十二月赈巩、昌、常、德等路饥民,同时免徭役。成宗大德二年正月,因水旱,下诏准老病单弱的人,免差务三年。大德五年,各路受灾严重的,差务也都免除。这就是元代减免徭役的一些事例。

9. 明代的蠲税:明太祖洪武四年,下诏免田租。七年下诏免夏租,又立蠲免条例,规定凡遭受水旱的地方,不拘时限,只要经过查勘,灾情属实,税粮即可蠲免。随后或蠲免于全国,或行于一省、数省,或单免夏税,或单免秋粮,或缓征负欠,或蠲缓若干成,遇有灾伤,都依例实行。成祖永乐十二年,免田租,十九年下同样的诏令。宣宗宣德八年,免夏税秋粮。宪宗成化十九年,凤阳等府被灾,令减免秋田粮三分。世宗嘉靖七年,免被灾区租税。至于免役,成化六年令顺天、河间、永平、正定、保定等灾伤地方,一应差徭,都暂行优免。

10. 清代的蠲免赋役:清代每以蠲免作为恩赐的工具。王庆云在《石渠馀记》中写道:"本朝丁田赋役素轻,二百余年以来,未尝增及铢黍,而诏书停放,动至数千百万,敛从其薄,施从其厚,所以上培国本,下恤民依,岂唐、宋以来,所可同年而语?"早在顺治年间,清政府便首除三饷,并许都城遭过兵祸的居民,免赋役三年。从这以后,除在灾荒时实行一般的赈济和蠲免外,凡遇国家庆典,或巡幸,或军兴,常下诏免追人民的积欠,对已经贷放出去但还没有收回的粮食，也停止追还。每当库藏稍充，又往往实行普免钱粮或输免漕粮的办法。圣祖以恭俭为本，实行蠲免较其他各帝更多，如康熙二年，普免顺治十五年以前民欠；十九年鉴于赋重，免江南十二年以前民欠；二十四年免河南、湖北、直隶、江南当年租及明年租一半；二十五年免直、川、贵、湖、广、闽明年额赋及这一年还没有收的赋税：三十一年免各省漕粮一年；三十七年免租税；五十年鉴于食用缺乏，免各督地丁粮赋一年；五十二年免各省房地租税一年，并免除积欠。乾隆二年，议准丁银摊入地亩一并征收，遇有灾荒，便一律酌免，并通令各省，遇灾减免钱粮时，应将丁粮一并归入地粮内核算，一起蠲免。六年，查明各省没有交齐的正项银米、豆草及杂项租谷，多是贫乏户，江苏因遭水灾，欠的特别多，于是将各项负欠，全部豁免，又江浙没有完成的漕项银米及豆麦等，也一并免征。七年，两江水涨，命督抚查明被灾州县，先行缓征，然后次第将确数分别奏请，再行蠲免。嘉庆二年良乡等处遭受水灾的州县，蠲免钱粮十分之一。六年永定河水涨，将大兴、宛平当年钱粮全部蠲免；又受灾较重的香河等三十九州县，钱粮也全部豁免；受灾稍轻的密云等十九州县，则蠲免十分之五；大城、永清、东安三县，查明受灾较重，也全部蠲免；又查明宁河等十八州县，受灾颇重，昌平等十州县，也陆续遭到水淹，于是，对这些地区本年应交的钱粮，也全部蠲免；对灾轻的青州等九州县，则蠲免十分之五；又蓟州被蝗各村庄，免明年钱粮十分之三；而被水较重的沧州等州县，所有场灶地地丁钱粮，一概豁免；稍轻的青县东光则免十分之五；八年安徽宿州等五州县及凤阳等地因遭水灾歉收，将嘉庆二年出借灾民口粮积欠银二十四万八千余两，概予豁免；又豫省封丘等七县因被旱，被蝗，衡家楼漫口也被淹浸，将新旧钱漕银谷概予豁免；因黄水冲注，下游多受淹浸的直隶、长垣、东明、开州，将钱粮全部蠲免；已经征收的，便作为明年正赋；十一年直隶文安县大洼地带，因邻境河决，直注洼内，酿成水灾，将应征银两全部豁免；十三年、十五年、十六年、十七年都曾经这样做过。又甘肃连年荒歉，民欠籽种口粮，自嘉庆元年至十五年止，积欠粮一百六万三千七百四零石，折色银十八万九千七百二十一两多，渠夫口粮一万九千六十余石，一并豁免。清代对于钱粮起存两款，有时一并免除。

综上所述，表面上看来，所谓“轻征薄敛”的蠲免租赋，好像是历史上难得的升平迹象；但实际上，这恰恰是当时灾荒严重的反证。而且，历代蠲免的法令虽多，可是，很多法令往往等于一纸具文，根本没有实行；有的虽然实行，但实行时流弊不少，反而害民。大体说来，表现在这方面的流弊，不外是“奉蠲钱粮，或先期征存，不行流抵；或既奉蠲免，不为扣除；或故行出示迟延，指称别有征款。及虽为扣除，而不及蠲额”。（汪志伊《荒政辑要》）此外，又有指荒作熟、指熟作荒以营私的；也有隐报灾荒、索赋于灾民以邀功的。至于勘灾申报的迟缓，蠲免的不及时，更不必说。这种种弊端，历代许多史实都足以证明。其中最显著的，可举宋代的检田为例。按宋代“检田法”的规定，除了具有查勘逃户田地及荒地的作用外，还有检视水旱灾伤的效能。每年报灾日期，分为夏、秋二季，夏季以四月为期，秋季以七月为期。但呈报手续极其繁琐，大报由县报州，由州派遣通判、司录会同县令检视，约定灾伤成款，再报中央政府，由三司定分数，决定蠲减或倚阁。当查视灾伤的时候，通常是以田苗被灾的成数，定蠲减租税的标准。并检视田苗的有无，无苗的才可以免税。检视的方法，凡呈报“灾伤田段，各留苗色根槎，未经检复不能耕犁改种”。（《宋会要》卷二百八十一）因此常常弄到耕耨失时，为民大害！而负责检视的县令又多不愿亲自跋涉田亩，往往差遣曹椽、簿尉等官佐办理。他们大都在寺庙或居民家中，集合受灾人户，自报灾伤情形，以贿赂的多寡，定赋税蠲减的多少，州、县且纵使他们作弊。结果受灾最重的贫穷农户，往往不但无益，反而加重损失。后来王安石施行方田新策，也未能革除这种弊害。《宋史》载政和八年诏书说：

方田之法，本以均税，有司奉行违戾，货贿公行，豪右形势之家，类蠲赋役，而移于下户。不特困敝民力，致使流徙；而常赋所入，因此坐亏岁额至多。（《宋会要》二百八十六）

当时弊病的深重，由此可以想见了。但当时少数豪猾地主妄报欺官的事实，有时也难免被政府查出。据《燕翼贻谋录》载：

民间诉水、旱，旧无限制。或秋而诉夏旱，或冬而诉秋旱，往往于收割之后。欺罔官吏，无从核实。拒之则不可，听之则难信。故太宗淳化二年，正月，丁酉，诏荆、湖、江、淮、二浙、四川、岭南管内州县，诉水旱，夏以四月三十日，秋以八月三十日为限！（《宋史·太宗本纪》）自此遂为定制。

不过，无论如何，大多数贫苦灾农所受检田之害，总是不可避免，这一点是掩饰不了的。又如明代报灾规定的手续，也是十分繁琐，实行时周折费日。据史书记载：

洪武二十六年定：凡各处田禾，遇有水旱灾伤，所在官司踏勘明白，具实奏闻，仍申合于上司，转达户部立案，具奏。差官前往灾所，复踏是实，将被灾人户姓名、田地顷亩、该征税粮数目，造册缴报本部立案，开写灾伤缘由，具奏。(《明会典》)

这样，报灾往往极其迟缓，蠲免很不及时，人民多不能享受实惠。所以明代典籍屡有如下的记录：

太祖谓户部曰：朕常捐内帑之资，付天下耆民籴储，正欲备荒歉，以济民急也。若岁荒民饥，必候奏请，道途往返，民之饥死者多矣！(《广治平录》)

万历九年，题准地方凡遇重大灾伤，州县官亲诣勘明，申呈抚按巡抚，不待勘报，速行奏闻，巡案不必等候部复，即将勘实分数，作速具奏，以凭复请赈恤。至于报灾之期，在腹里地方，仍照旧例，夏灾限五月，秋灾限七月内，沿边如延宁、甘、固、宣、大山、蓟、密、永昌、辽东各地方，夏灾改限七月，秋灾改限十月内。俱要依期从实奏报。如州、县、卫、所官申报不实，听抚案参究；如巡抚报灾过期，或匿灾不报，巡按勘灾不实，或具奏迟延，并听该科指明参究。又或报时有灾，报后无灾；及报时灾重，报后灾轻，报时灾轻，报后灾重。巡按疏内明白从实具奏！不得执泥巡抚原疏，至灾民不沾实惠。(《明会典》)

可是地方官吏，每每置此不顾，阳奉阴违，只图贪功邀赏，并且常常隐报灾荒，以便获享虚名。永乐十一年上谕中，就有如下的辞句：

朕令本朝有司，言民利病，率云田谷丰稔。比闻山西民乃食树皮草根，自今悉记之，境内灾伤，已不自言，他人言者必罪！（《名山藏》记《明成祖下通政司诏》）

但是，这也不过是一些空语，收效甚微，被灾农民终究难于得到蠲免的实惠。

民国以后，各地方官吏报灾不实和做荒舞弊的情事，时有所闻。如：

无锡第五区西漳镇小园里乡民周仁荣等，近以该镇镇长蒋嘉猷派其爪牙尤杏根等，四出张罗，以熟作荒，勒索“做荒费”，以致熟者变荒，荒者变熟。特于日前联名具呈县府云：为呈请事，窃本届秋勘，对于全荒田亩所以蠲免租税，完全为体恤农民起见，乃第五区西漳镇属地之小园一隅，农户三十余户，百三十余亩，籽粮无收，为灾象最重之处，未邀准荒之列。……镇长蒋嘉猷派其爪牙尤杏根等四处张罗，据闻大都以熟作荒，借此滥收荒费，尤杏根虽来民等家中招呼做荒，但其口终以每亩应收二元为要挟。农村荒凉，……何有余款应付灾费？（民国二十四年一月十二日《无锡人报》）

吴县各乡农田，本年因天气亢旱，三月不雨，故被灾田亩有二十余万亩之多。县政府现在分别派员赴乡实地查勘，讵于一星期前，有某勘察委员赴斜塘乡勘荒：被农民一度包围，后经区长等劝导后，始各散去。而娄门外乡间，被灾农民，因各图催甲，报荒不实，且向农民需索，故农民恨如切齿。忽于二十日上午七时许，农民集众一千余人，分头出发，向各催甲

寻衅，竟实施暴动，将催甲房屋，举火焚烧。（民国二十四年十二月二十日《申报》）

这都是蠲免政策执行错误和不善的直接结果。

乙、停缓的规例和利弊

停缓包括停征、缓刑二部分。孟子说，征有三，而发用一缓二之论，所谓缓，不仅仅是专指粟米的征收，实是泛指一般赋税的征收来说的。

《周礼·地官·大司徒》，“三曰缓刑。疏云：凶年犯刑缓纵之。士师之职，凶荒以荒辩之法治之，令缓刑。郑康成注曰：辩当为贬，遭饥荒则刑罚有所贬损。作权时法也。缓刑，舒民心也。朝士若邦凶荒，令邦国都家虑刑贬。注，贬犹减也。”因此，所谓缓刑，就是指的减轻刑狱的意思。

历代施行停缓的情形大略如下：

（一）停征——停征的倡议，始于唐朝，这在前面已经说过。但在南北朝时，人们早已多少具有这种见解，所以实施的事例，间或也可见到。如：

大明五年，四月，诏曰：南徐、兖二州去岁水潦，伤年，民多困窭，逋租未入者，可申至秋登。（《宋书·孝武帝本纪》）

所谓“申至秋登”，就是缓征的意思。唐以后遇灾缓征的事例甚多，最显著的，如：

开元三年，七月，诏曰：比者山东邑郡历年不稔，朕为之父母，欲安黎庶，恤彼贫弊，拯其流亡。今者风雨咸若，京坻可望，若贷粮、地税、庸、调、正租，一时并征，必无办法。河北诸州宜委州、县长官勘责，灼然不能支济者，税租且于本州纳不须征，却待至春中。（《册府元龟》）

十二年三月，诏曰：河南、河北去岁虽熟，百姓之间，颇闻辛苦。今农事方起。蚕作就功，其有贷粮未纳者，并停到秋收。（同前）

十五年四月，诏曰：河南、河北诸州，去年缘遭水涝，虽频加赈贷，而恐未小康。爰自春夏，雨泽以时，兼闻夏苗非常茂好，既即收获，不虑少粮。然以产业初营，储积未赡，若非宽惠，不免艰辛。其贷粮、麦种、谷子，回转、变造诸色欠负等并放，候丰年以渐征纳。（同前）

黄灏出知常州，提举本路常平，秀州、海盐民莩殣盈野，而州县方督促逋欠。灏见之蹙然，时有旨倚阁夏税，遂奏乞并阁秋苗。不俟报，行之。已而……命……从其蠲阁之请。（《宋史·黄灏传》）

太宗十年，诸路旱蝗，诏免今年出租，仍停旧未输纳者，俟丰岁议之。（《元史·太宗本纪》）

至元二十年，诏停燕南、河北、山东诸郡，租赋勿征！从御史之言。（《元史·世祖本纪》）

蔡懋德为河南右布政，摄粮道篆，崇祯时岁连凶，斗米二金，人相食，而部檄督饷甚急，懋德乃……令停征。（《开封府志》）

康熙四年，题准遇灾地方督抚题报，即行令州、县停征十分之三。（《九朝东华录》）

雍正三年，河南、山东缺雨。元年业将该省带征钱粮停征，二年又将民欠分作三年带征。今春雨未足，分别五年八年带征。（同前）

四年，江苏苏、松、常、镇四府，被水。将成灾五分以上之地亩应出漕米，缓征一半，其缓征一半漕米，于五年秋收后带征。十年，浙江嘉兴府属雨雹，将漕米等银缓至十一年秋成后，分作两年带征。（《九朝东华录》）

乾隆八年，清河等被水州县卫，未完地丁漕项银米一并停缓。又板浦等盐场，未完折价银与民户，一体停缓三年。（同前）

嘉庆七年，临清等处水灾，将临清等二十五州县，地亩新粮缓至秋后起征。又陕省连年迭被偏灾之咸宁等四十厅、州、县，自元年至六年民欠地丁等项银粮，再缓征一年。（同前）

以上都是停征的事实。

（二）缓刑——遇灾缓刑的事例，历代多有，史籍记载的也很多。如：

元帝永光二年，诏以连年不收，四方咸困，……困于饥馑，亡以相救。朕为民父母，德不能复，而有其刑，甚自伤焉！其赦天下。（《汉书·元帝本纪》）

光武帝建武五年，以旱蝗，诏令中都官三辅郡国，出系囚，罪非犯殊死，一切勿案，见徒免为庶人。（《后汉书·光武帝本纪》）

章帝建初五年，诏以去秋雨泽不适，今时复旱。其令二千

石理冤狱、录轻系。(《后汉书·章帝本纪》)

和帝永元十六年,秋七月,旱。诏曰:今秋稼方穗,而旱,云雨不沾,疑吏行惨刻,不宣恩泽,妄拘无罪,幽闭良善所致。其一切囚徒,于法疑者,勿决。(《后汉书·和帝本纪》)

这是汉代的例子。

武帝泰始七年,五月,雍、凉、秦三州饥,赦其境内殊死以下。(《晋书·武帝本纪》)

哀帝隆和元年,四月,旱,诏出轻系。(《晋书·哀帝本纪》)

武帝建元四年,诏,以水潦为患,星纬乖序,京都囚系,可克日讯决,诸远狱委刺史以时察判。(《南齐书·武帝本纪》)

高祖太和十一年,十一月,诏曰:岁既不登,民多饥窘,轻系之囚,宜速决了,无令簿罪,久留狱犴。(《魏书·高祖本纪》)

肃宗熙平元年,诏以炎旱积辰,苗稼萎悴,尚书可厘狱犴,……无使一人怨嗟,增伤和气。(《魏书·肃宗本纪》)

武帝保定元年,七月,诏以亢旱历时,嘉苗殄悴,……其所在见囚,死以下,一岁刑以上,各降本罪一等,百鞭以下,悉原免之。(《周书·武帝本纪》)

这是晋代和南北朝的例子。

太宗贞观十七年,三月,以久旱,诏曰:今州县狱讼,常有

冤滞，宜令复囚，使至州县科简刑狱，以伸枉屈，务从宽宥。（《唐书·太宗本纪》）

中宗神龙二年，正月，以旱，亲录囚徒，多所原宥。（《册府元龟》）

玄宗开元七年，七月，亲录囚于宣政殿，事非切害，悉原之。诏天下诸州，见系囚徒，宜令所由长官便录，有司即此类作条件处分。（同前）

十六年九月，以久雨，诏两京及诸州系囚，应推徒已下罪并宜释放，死罪及流，各减一等。（《册府元龟》）

宣宗大中九年，诏以江淮数道水旱疫疠，宜委所在长吏，慎恤刑狱，流决囚徒，必务躬亲，俾无冤滞。（《文苑英华》）

后晋天福八年，以飞蝗作沴，膏雨久愆，赦除十恶行劫诸杀人者……外，罪者减一等，余并放。（《五代史》）

这是唐朝和五代的例子。

太宗端拱二年，自二月不雨至于五月，诏录系囚，遣使分诸路决狱。（《通鉴》）

淳化五年，正月，遣使决诸路刑狱，应因饥劫藏粟，诛为首者，余减死。（《宋史·太宗本纪》）

仁宗天圣七年，河北大水，命钟离瑾为安抚使，诏，瑾所至……见系狱囚，委长吏从轻决遣。（《康济录》）

神宗熙宁三年，八月，以旱，录囚死罪以下，递减一等，杖究者释之。（《宋史·神宗本纪》）

孝宗淳熙八年，五月，以久雨，减京畿及两浙囚罪一等，释

杖以下。(《宋史·孝宗本纪》)

章宗泰和四年,四月,以久旱,遣使审系囚,理冤狱。(《金史·章宗本纪》)

这是宋代及金的例子。

仁宗延祐四年,正月,帝谓侍臣曰:中书比奏百姓乏食,……然尝思之,惟省刑……。(《元史·仁宗本纪》)

这是元代的例子。

太祖洪武三年,五月,旱,六月,帝亲祷于山川坛,诏省狱囚。(《通鉴纲目三编》)。

宣宗宣德八年,六月,祷雨不应,诏中外疏决罪囚。(《明史·宣宗本纪》)

英宗正统三年,以旱,谳中外疑狱。(《明史·英宗本纪》)

代宗景泰六年,春正月,雨水冰时,中外系囚有至于十余年者,帝以灾变,诏法司审录冤狱,得减免者甚众。(《通鉴纲目三编》)

宪宗成化十七年,四月,以久旱,风霾,谕法司慎刑狱,录囚。(《明史·宪宗本纪》)

孝宗弘治十五年,五月,上命御史王哲按巡江南,时值天旱,种不入土,哲深悉民隐,亲录系囚,出其所当原者数百人,余皆减之。(《易知录》)

武宗正德五年，三月，祷雨，释狱囚。(《明史·武宗本纪》)

神宗万历十三年，四月，以旱，诏中外理冤抑，释凤阳轻犯及禁锢年久罪宗。(《明史·神宗本纪》)

这是明代的例子。至于清代，据杨景仁说：

国朝明罚敕法，治懋协中，钦恤之仁，浃乎寰宇。功令凡热审，小满前一日始，立秋前一日止，笞罪宽免减释，杖枷减等发保，徒罪以上监犯宽减刑具。偶逢雨泽愆期，有旨清理庶狱，凡军流人犯，俱准减徒，刑期无刑，好生之德，洽于民心，恩至渥也。(《筹济篇》)

从前代缓刑的这许多事例看来，所谓停缓这种制度，实际上对灾后黎民益处不大。其中尤以停征的制度，实行时常有流弊。因每当遇灾的时候，政府既已下停征的命令，地方官吏，便往往因缘为奸，随时催理追缴，骚扰民家；或见到农耕恢复，便宣称民力已苏，往往列举累年停阁缓征的数额，一并加以征收，弊害不可胜述。宋苏轼针对这种情况，曾有过沉痛的陈述，他说：

今自小民以上，皆有积欠。监司以催欠为职业，守令上为监司所迫，下为胥吏所使。大率县有监催千百家，则胥徒举欣欣然日有所得。若一旦除放，则此等皆寂寥无获矣！其间贫困扫地，无可蚕食者，则教令通指平人，或云衷私擅买，抵当物业；或虽非衷私，而云买不当价。似此之类，蔓延追扰，自甲及乙，自乙及丙，无有穷已！每限皆空身到官，或三五限，得一二百钱，谓之破限，官之所得至微，而胥吏所取盖无虚日，俗谓此等为县胥食邑户。嗟乎！使民为奸吏食邑户，此何道也？自颍移扬州，过濠、寿、楚、泗等州，所至麻麦如云，入村落，访问父老，皆有忧色，云：丰年不如凶年，天灾流行，民虽乏食，缩衣节食，犹可以活，若丰年举催积欠，胥徒在门，枷棒在身，则人户求死不得。言讫泪下。又所至城邑，多有流民，官吏皆云以夏麦既熟，举催积欠，故流民不敢归乡。孔子曰：苛政猛于虎。以今观之，殆有甚者！水旱杀人，百倍于虎；而人畏催欠，乃甚于水旱。每州催欠吏卒不下五百人，以天下言之，是常有二十余万虎狼散于民间，百姓何由安生？（《文献通考》）

可见古代所谓倚阁停征的制度，实际上往往只有增加人民的负担，便利地方官吏的苛索，使灾后穷苦人家，依然遭受残酷的剥削。

三　放贷

农民遇到荒年，流离失所，朝不保夕，这时救济的方法，自应以保命为先，因而需要急赈。等到生机有了延续的可能，为了维持生计，又必须恢复生产。可是灾后农民，赤手空拳，何来农本？所以历代许多人都认为有放贷的必要，放贷的政策，也就相应地产生。历史上放贷的种类颇多，主要是贷种食、牛、具等农本，也就是一般所谓农贷。现将历代放贷情形，论述于后：

甲、放贷的制度

放贷政策实行最早的是周代。周制地官保息之政，“四曰恤贫。”注：“贫民无产业者禀贷之。”荒政十二，“一曰散利。”注：“散利贷种食也。”疏云：“丰时敛之，凶时散之，其民无者，从公贷之。”自此以后，历代放贷的制度，史书上不断有所记载，略举如次：

汉文帝二年，曾下诏实行放贷的政策说：

> 夫农天下之本也。民贷种食未入，入未备者，皆赦之。(《汉书·文帝本纪》)

和帝也曾下诏说：

> 兖、豫、徐、冀四州，比年雨多伤稼。……夏遣三府掾，分行四州，贫民无以耕者，为雇犁牛值。(《后汉书·和帝本纪》)

昭帝始元二年春，曾遣使赈贷无种食的贫民。同年秋下诏说：“往年灾害多，今年蚕麦伤，所赈贷种食，勿收责。”宣帝本始四年又下诏说：“丞相以下，入谷，助贷贫民。”地节三年下诏说：“假流民公田，贷种食。”后汉和帝永元十六年下令，对有田业但因困乏而不能自耕的贫农，贷给种粮。

南北朝宋文帝元嘉年间，三吴发生水灾，谷贵人饥，曾对强壮的人实行贷放，使他们能赡养老弱。魏太子劝民积极从事农业，使没有牛的人借别人的牛来耕种，而以代别人耕田来抵偿。

唐太宗贞观二十二年，因各州水旱，贷种食。玄宗开元中，因水旱贷粮。德宗贞元中下诏委派官吏在遭遇水旱的各州贷种。

五代时，后唐长兴三年，令州、府遭水灾的地区，支借麦种。

宋太宗至道二年，令官仓发粟数十万石，贷给京畿及内郡民作种子。英宗治平中，刘涣任澶州知府，因河北地震，农民缺乏粮食，多贱卖耕牛，涣便令公家花钱收买，明年，农民缺少耕牛，耕牛的价格增加十倍，涣便把所买的牛用原价卖给农民。神宗元丰元年，查道作虢州知府时，因人民困苦已极，急取州麦四千斛贷民为种。曾巩任越州知府时，遇荒年，曾出粟五万石，贷民为种粮，使农事没有中断，政府的赋税收入也没有受到影响。

元世祖时，因水旱贷粮。顺帝时，江州有饥荒，总管王大中贷富人粟给贫民，以资赈济。

明林希元曾奏请制定"处置缺乏牛种贫农法"说："令地方官逐都逐图，差人查勘。除有牛无种，有种无牛，听其自为计外，无牛人户，令有牛一头者，带耕二家。用牛则与之俱食，失牛则与之均倍。无种人户，令富人户，一人借与十人或二十人，每人所借杂种三斗或二斗。耕种之时，令债主监其下种，不许因而食用。收成之时，许债主就田扣取，不许因而拖负。亦如其息，官为主契，付债主收执。"

清朝《荒政则例》，原有贷粟的办法。规定如歉收之后，第二年春农民缺乏籽种，不能耕耘；或旱禾初插，夏遇水旱，等到天气好转，农民又因贫乏不能耕种时，就命州、县开常平仓或社仓，出谷放贷，使耕种有资，秋收有望。兵丁遇贫乏时，也在放贷之列。等到秋收以后，凡收成在八分以上的，加息归还；收成只有七分的，免息归还；只有六分的，本年归还一半，来年再还一半；收成在五分以下的，都缓还，等到来秋再说。如上年受灾稍重，初得丰收，也准免息归还。直省有向不加息的，可依其习俗，不另加息归还。如因特殊情况，认为本息都应免还时，只要督抚奏请，就可免还。按清代放贷救荒的办法很多。有平粜而兼出借的；有以隔府之米借给的；有以存仓米出借，并许动支截留漕米的；有拨解库银供给的；有酌量丰歉分别贷谷免耗加耗的；有灾年免息，其余按收成丰歉，酌量收免的；有按收成分数，分年征还，酌量加耗免耗的。此外，还有借给籽种、口种和牛草费的事例；有借贷后永不加息的事例；有概不征还的事例；也有本色折色兼借的事例，不胜枚举。都载于《会典》及《户部则例》中。放贷范围之广可以想见。至于具体实施的情形，有如以下所举各例：

康熙谕，招徕陕西等处流民复业，每户给牛一头，给发犁具银五两，谷种银三两，雇觅人口银二两。（《筹济篇》）

乾隆十年，因直隶庆云县被灾之后，耕牛较少，给库银委员到张家口采买牛只，送交庆云县给无力贫民，田多者每户给一牛；田少者，两三户共给一牛。（同前）

高斌总督直隶，借给贫民牛具籽种法曰：令州县查明贫户，畜有牛具者按亩五升借给；如愿自买麦种，每亩借银一钱；缺乏牛力者，谕令雇用，每亩借雇价银二十五文，并令牛力有余之家，将外出贫民所遗麦地，代为耕种，视本人回籍月日迟早，酌量分予子利。其因旱乏草，有牛不能牧养者，令各员查赈之便，验明属实，登注毛齿，于八九两月，每月借银五钱，以资饲养，本人耕种之余，仍可出雇，所出牧费雇费，俱于来年春秋两季，分限还官。（同前）

这是前代放贷办法中较详尽，而又较缜密的事例。

民国以后，赈灾办法中有农赈一项，也就是放贷的别名。民国二十年秋，洪水为灾，江、淮、汉、运各流域同时泛滥，酿成了绝大的浩劫以后，国民党政府看到受灾的农民元气丧尽，引起社会经济的严重不安，曾于急赈、工赈之外，增办农赈。最初，本拟先就受灾省份，每省设一农赈局，更设一农赈委员会，起监督襄助的作用。由农赈局就各县受灾实况，分别轻重，于每县或每数县，设一农赈办事处，更设一县农赈委员会以便监督襄助。再由办事处，就所辖各区，设立农村互助社，为农赈工作实施的基本团体。后来又将所有的实际工作，先后委托中国华洋义赈救灾总会代办。接着国民党政府救济水灾委员会又把湘、鄂两省的农赈，也先后委托该会办理。

现将国民党政府救济水灾委员会所规定的农赈方案的大纲，介绍如下：

（一）目的　本委员会就已设施急赈及工赈，而认为可以恢复农事之灾区进行。其目的在积极救济灾区农民，从事灾区农业复兴工作。

（二）工作　农赈之主要工作：(1)接济农事资金；(2)指导农业方法；(3)推行农村合作，其一切设施由农赈处计划办理。

（三）基金　农赈基金，暂定一千万元，由本委员会指拨，其中一部分得以美麦作抵数，但至多以三分之一为限，基金不足时，得另行筹集运用资金。

（四）办法　农赈处为节省现金之使用，及便利灾农之购买起见，暂不以现金直接贷与灾农，而以赊放粮食、农具、耕牛、种籽、肥料等必需品代之。但无论贷放现金，或赊放赈款，均应根据放款原则慎重办理，并得酌收利息，以保障基金之安全。

（五）永久计划　农赈工作进行至相当程度时，得改组为农民银行或农村合作银行，以垂永久。

农赈方案确定之后，便在拨办救济长江水灾的美麦四十五万吨内，提出五万吨为办理经费。至于举办区域，则以皖、赣、湘、鄂、苏五省为限。

当时各省农赈办理的情形，大略如次：

（一）皖赣的农赈　国民党政府救济水灾委员会把美麦一万六千八百吨，拨交义赈会，内安徽一万一千八百吨，江西五千吨，除二千二百吨用麦及粉分配外，其余都按每吨七十四元的价格，变售现款，由赈麦易粮委员会赈款内拨出，这项现款全数用作复兴皖、赣两省农村之用。义赈会系采取贷放政策，原来是以扶助农民修复民堤为原则，但因各农村互助社借到贷款后，用来购买籽种的，占百分之六十，用来购买耕畜的，占百分之二十五，此外则用来购置农具、肥料等。这样，剩余下来拨归修堤的，便只有一小部分。至于贷给互助社的麦款，并无抵押，概由各社社员个别或共同负责及团体信用为担保。当时规定贷款利息为年利四厘；所贷之款，以后必须归还。

（二）湖南的农赈　最初是委托湖南水灾善后委员会办理，办法是把赈灾麦款全数用来修补堤防，后来因看到华洋义赈会在皖、赣办理，已有成绩，因此，民国二十一年五月，湖南水灾善后委员会也把农赈事件委托义赈会代办，原拨湖南农赈麦款是一万吨，其中七千五百吨，变价得洋五十七万六千七百余元，全数交义赈会。支配这笔款项所采取的政策，同在皖、赣两省所采取的略同。共组成互助社一千九百多个，受惠农民有十六万六千多人。民国二十二年春，剩下的二千五百吨麦，也由湖南水灾善后委员会一律拨交义赈会，以补足原定一万吨之数。这二千五百吨，合洋十九万一千九百余元，连前合共七十六万八千七百余元。

（三）湖北的农赈　水灾委员会决定拨美麦一万吨办理湖北农赈，并规定以三千吨作贷放籽种之用，七千吨用作修复民圩的贷款。原拟于该省三十一县市，按照预定区域和被灾面积的比例，分配三千吨赈麦用来贷放。但因种种困难，实际上仅贷放二十七县，计放小麦三万余担，小麦与美麦如以十与九的比例计算，应折合美麦一千八百余吨。贷放手续，由省府办理，议定于新麦上市时归还借麦。其余一千一百八十一吨赈麦，则全数变价作为农贷基金。至于修复民圩美麦七千吨之款，按照湖北农赈范围三十一县市，依灾情轻重，分各市县为八级，等级标准以各县面积的广狭、被灾的轻重及民堤的多寡来衡量。结果属于一等的有沔阳一县，二等的有监利等五县，三等的有黄冈等七县，四等的有江陵等四县，五等的有黄梅等四县，六等的有钟祥等四县，七等的有蒲圻等四县，八等的有阳新一县，及汉口一市，合计共三十一县市。实发美麦六千五百四十吨。还余有五千五百三十四吨，折合价洋四十五万五千四百余元，则由各县政府按照所辖地方和被灾情形，贷给堤主，定于二十一年九月秋收后至二十二年六月麦收时止，由县政府负责全数归还。除民堤籽种两项贷款外，所余的麦款十万元，则借与湖北省立农民借贷处作基金，由省政府借贷与农民，将来由省政府负责偿还。

（四）江苏的农赈　水灾委员会决议拨美麦一万吨，折合价洋七十六万七千余元，借与江苏省政府作为借拨修复运河之用。议定由江苏省政府于二十一年七月底及十二月底，分两期归还，年利以六厘计算。后江苏省政府因财政关系，曾向救济水灾委员会议定以价值一百二十八万元的忙粮抵借券为抵押品，水灾委员会又在赈麦内拨出二百九十五吨及现款一万八千四百余元。办理江苏江宁县属的农赈，是将赈款贷与农民借款团体的代表人，由代表人负责分别贷给各农民，将来还款，惟代表人是问。随后宁属农赈交托宁属区农业救济协会代管，该会将款收回，重行贷给农民，办理农产改良合作社及农业仓库等。

（五）黄河水灾的农赈　民国二十二年，黄河灾患最为惨重。国民党政府曾组织黄河水灾委员会，办理急赈和工赈。农赈一项，则由华洋义赈会发起筹募黄灾捐款，先选择受灾严重区域，着手调查，分别进行，结果共得赈款十九万八千五百余元。先指定山东的菏泽，河南的考城、兰封，河北的东明及长垣、河东部分，为第一批举办农赈范围，拨定赈款八万元。计菏泽、考城及东明各二万元，兰封及长垣、河东部分各一万元，设黄灾农赈第一事务所办理，贷出赈款约八万元。后因河南的滑县，河北的濮阳及长垣、河西部分被灾也很惨重，该会又拨赈款六万元，分配濮阳、滑县及长垣、河西部分各二万元，设黄灾农赈第二事务所。灾农所借款项，大都是用来恢复农事及修筑房屋。民国二十三年夏季，黄河重遭溃决，又淹及长、濮、滑等县，尤以长垣、河西部分，受灾较重，义赈会又将黄灾农赈捐款余数，全部用于重遭水灾最重的区域内，办理农民贷款，并都展期一年，而且将第一期应付的息金，予以豁免。至二十三年年底，收到其余各县如期还款的有一万七千余元。

（六）安徽旱灾的农赈　民国二十三年夏，安徽大旱，农赈工作还是责成华洋义赈会办理，曾将收回而未贷出的款项，提拨十五万元，办理旱灾农赈，按照各县被灾的轻重，酌情分配。计怀宁、桐城、望江、贵池等四县，各一万五千元，宣城一万二千元，东流、繁昌等二县，各一万元，铜陵、南陵、芜湖、当涂、和县等五县，各八千元，无为、全椒、宿松等三县，各六千元。至于贷款额数，每一互助社，由一百五十元起至三百元为限，每个社员平均以五元为准。

（七）湖南旱灾的农赈　民国二十三年四月以后，湖南亢旱成灾，农赈也是由华洋义赈会负责筹办，当民国二十年发生水灾以后，曾举办过农赈，计发放款项七十余万元，原定把这笔款收回后，一律定为推行合作事业的基金。当这笔款收回后，除了贷放给合作社的以外，还剩余三十余万元，便把余下的这笔款提出来救济旱灾。现将当时华洋义赈会制定的农赈计划介绍如下：一、以恢复农事工作为宗旨；二、款项由本会保存之。湖南省合作事业专款，斟酌近一二年内合作事业进展程度，提拨一部分充之；三、参照以上各灾所办之农赈办法办理之。四、贷放低利资金于受灾农民，以灾区最低级之自治区域（如村团等）为单位，照章组织互助社负责，将来办竣，即以收还款项，推广农村合作事业。五、以灾农需要之籽种、肥料、农具、耕牛、耕耘生活，及补修塘坝等费之一种或数种为限。

此外，还有私营的放贷事业。如当时在所谓复兴农村的口号下，江苏农民银行所办的“耕牛放款”等就是。该行所规定的《耕牛放款办法》，计有十项，经呈报监理委员会修正通过后，便分函各县分行，一律举办。现把原办法抄录于下：

（一）本行为便利农民耕牛起见，办理耕牛放款。（二）凡农民欲买耕牛或以耕牛为押抵，均可向本行申请此种借款。（三）抵押之耕牛，以强壮能供农作之用者为限（其年龄以三至八龄为限，由本行在牛角上烙印）。（四）在本年抵质之耕牛，应由本行代为担保耕牛寿险，以期安全，保费则按最新农法优待之。如遇发生疾病之时，本行亦应有协助防治及供给各种便利之责。（五）此项放款，以农民组织之合作社或其他负连带责任之组织为限，并由乡、镇、区长为见证人，殷实商店或公正人士为承还保证人。（六）此种借贷，至多不得超过抵押质耕牛估价之六成。（七）借款期内，至长不得过八个月。（八）在借款期内，借款人对于耕牛，须互负监督之责，牛主未得本行同意，不得将牛私行变卖及屠宰。如经本行查出有上项事情，应有其他共同借款人及承还保证人代为负责清偿。（九）借款到期，借户务须将借款本息如数清偿，若过期在一月内不来清偿时，本行得将抵质之耕牛，自由变卖，抵偿借款本息，及补偿本行因此项借款损失之一切费用，设有盈余，仍行退还。（十）本行办法未规定事实，悉照本行各种放款章程办理之。

以上所述，就是历代放贷制度的概略。

乙、放贷的实效

历代放贷事业，效果如何，实难一概而论。据史籍所记，大都是利多弊少。如：

> 治平中河北地震，民乏粟，率贱卖耕牛，以苟朝夕。涣在澶，尽发公钱买之。明年，民无耕牛，价增十倍，涣复出所市牛，以元直与民，澶民赖不失业。（《宋史·刘涣传》）
>
> 查道知虢州，蝗灾，知民困极，急取州麦四千斛，贷民为种，民由是而苏，遂得尽力于耕耘之事。（《康济录》）

这都说明放贷足以应灾民眼前的急需，因而为后人所称道。但我们如果仔细考察另一方面的史实，那就可以看出，历代放贷的效果，实非常有限。所以会这样，大致有以下几个原因。一是官吏从中刁难图利。宋苏轼在哲宗元祐五年时，对于当时的放贷事业，就已指出过这一根本的缺点。他说：

> 二圣嗣位以来，恩贷指挥，多被有司巧为艰阂，故四方皆有"黄纸放，白纸收"之语，虽民知其实，止怨有司，……执政只作常程文字行下，一落胥吏庸人之手，民复何望？（《文献通考》）

这可说是历史上各朝放贷事业共通的考语。二是偿还时条件苛刻。胡致堂说：

> 称贷所以惠民，亦以病之。惠者舒其目前之急也；病者责其他日之偿也。其责偿也，或严其期；或征其耗；或取其息，或予之以米，而使之归钱；或贫无可偿，而督之不置；或胥吏诡贷而征诸编民，凡此皆民之所甚病也。有司以丰取约予为术，长官督税，不登数则不书课；民户纳欠，不破产则不落籍。出于民力尚如此，而况贷于公者，其责偿固不遗余力矣！（《文献通考》）

这也是各朝共有的现象。三是照顾富豪而不应贫民的急需。张伯行述清代的事说：

> 今各州县借用仓谷，……每见绅衿大户及豪强、有力之徒，平日结交官吏，官吏等或喜其附己，或力不能制，一遇借谷

之时，巧为夤缘。有借三五石者，有至三五十石者，且有三五百石者，展转粜卖，止图一己之利，罔恤百姓之苦。多一继富之谷，即少一周急之谷。(《切问斋文钞》)

这也可说是历代放贷制度的共通流弊。所以清杨景仁曾说：

夫借贷所以惠民，而时或累民。方其贷也，寄之里胥而多诈冒；及其征也，责之里胥而急追呼。或里胥与土豪相勾结，非取息于倍称，而久假而不归。有借止一石，偿至十数石而不足；借止一年，征至十数年而未完者！(《筹济篇》)

这的确符合已往放贷的具体事实，因而是对已往放贷制度的确切的评论。

民国以后的放贷，效果也可很怀疑。譬如农赈贷款，拿民国二十三年安徽大旱灾的农赈为例。当时国民党政府救灾委员会责成华洋义赈会办理的这次农赈，只是就被灾最重及较重的十五县，放出贷款，而贷款总数不过十五万元，贷款标准又规定每一互助社由一百五十元至三百元为限，每一社员平均只以五元为准。其他没有得到这项贷款的人，更不知有多少。而且这项贷款，事实上又往往为地主及富农所把持，贫苦农家，反而不容易获得。加上贷款手续繁多，款贷出时往往农事已误。同时因灾后农家物资普遍缺乏，所以大部分农民，多是用贷款购买粮食或清偿旧债，而分配到实际生产方面的，不过一极小部分的数目。再加上市场上农产价格经常跌落，更使农民陷于无法清还贷款的悲惨地位。说到这里，贷款的实际效果，实不难想见了。

四　节约

历代谈论救荒的人，大都认为饥荒之所以严重，是由于平日没有积蓄；同时也认为平日的奢靡浪费，为积蓄空虚的最大原因，因而积极提倡节约。不过，在太平的岁月，人们虽知道应该节约，但很少能够实行。等到灾荒一经来临，遂不得不图谋事后的补救，以弥补于万一。历代节约政策，往往就是在这种情况下产生和实行的。现将它的种类和范围，叙述如次，同时也略论其实际效果。

甲、节约的种类和范围

节约的种类，大致有三，其范围有仅限于皇室和官府的，也有泛及于广大人民的。略述如下：

（一）减少食物　我国古时君主，每遇饥荒，往往下诏减膳，借以表示节约克苦，并且常有以身作则的事例。

汉宣帝本始四年，因年岁不丰，令太官损膳省宰，乐府减乐人，使他们归就农业。晋武帝咸宁五年，也因百姓饥馑，减御膳一半。成帝咸康二年，旱，令太官减膳。北齐武成帝河清四年，因收成不好，减百官食。后魏正光后，四方多事，加上水旱灾荒，国用不足，曾有官员上奏断常给百官的酒，计一年省米五万三千五十四斛九升，蘖谷六千九百六十斛，面三十万五百九十九斛，当时郊庙百神群祀，还是照样供应，远蕃使客也不在限制之列。唐太宗贞观元年和十七年，都因旱饥减膳。高宗显庆元年，也因近畿百姓岁凶少食，特下诏减膳，曾说："国以人为本，人以食为天，百姓不足，君孰与足？"上元二年遭虫患，减膳撤乐。中宗神龙二年，京师旱，河北水，避正殿，减常膳。睿宗先天二年和三年，都因旱减膳。玄宗开元三年和七年，也因旱减膳。德宗贞元二年，因岁饥，不举行元会，御膳的费用减半，宫人一月只供粮米一千五百石，飞龙马饲料减去一半。文宗太和七年，因旱减膳撤乐。宣宗大中九年，因旱减上供馔。宋仁宗、英宗一遇灾变，通朝变服，损膳撤乐。高宗绍兴五年，因久旱减膳。金章宗泰和四年夏四月，因久旱，避正殿，减膳，省御厩马。宣宗贞祐四年七月，因旱灾和蝗灾，下令减少掌管皇帝膳食的官吏。明宪宗成化元年五月，遭大雨和冰雹，避正殿，减膳。

（二）禁米酿酒　历代禁酒，都是由于收成不好。如收成稍好，则禁酒也较松弛。因酿酒浪费粮食之多，实不可以估量，所以历代每遇饥荒，常禁止酿酒，以便节约粮食。

《尚书·酒诰》篇写道："群饮汝勿佚，尽执拘以归于周，予其杀。"这是很重的刑法，要在乱时才使用。《周官》记载："萍氏几酒、谨酒。"而司虣禁"以属游饮食于市者，若不可禁，则搏而戮之。"这是平时使用的刑法。同时还提倡宾主礼尚往来时，饮酒不得醉。这就仅仅是防之以礼，而没有涉及刑法的范围。正因为这样，所以成、康以下，天子和卿士都没有发生过酣饮的过错。到幽王时代，作了《天不湎尔》的诗篇，禁令更严。汉代萧何曾制定法律，规定，凡三人以上无故群饮的，罚金四两。景帝中元三年夏，天旱，禁止酤酒。后元年夏，令民得酤酒。武帝天汉三年，禁民酤酒，只能由公家专利。昭帝始元六年，采纳了当时一般文人学者的建议，废止了这种禁令，还是允许人民酤酒，但得按规定交税，卖酒升四钱，以为这是利国的措施之一，酒禁便开始松弛。宣帝时，又禁止人民酤酒。后汉和帝永元十六年，下诏兖、豫、徐、冀四州，说这一年雨多伤稼，禁止酤酒。顺帝汉安二年禁酤酒，桓帝永兴二年下诏说："朝政失中，云汉作旱，川灵涌水，蝗虫孳蔓，残我百谷，太阳亏光，饥馑荐臻，其不被害郡县，当为饥馁者储，天下一家，趣不糜烂，则为国宝，其禁郡国不得卖酒，祠祀，裁足。”献帝建安时期，遇年饥，加上战争兴起，曹公曾上表建议规定禁酒。蜀先主时，因天旱禁酒，酿者处刑。晋孝武帝太元八年十二月，因寇难粒平开酒禁。安帝隆安五年，因岁饥禁酒。义熙三年二月，大赦，解除酒禁。前赵刘曜命民秋收完毕时，可以饮酒，后赵石勒鉴于民始复业，资储未丰，于是重新规定禁酒，郊祀宗庙，仅使用醴酒。在这种情况下，数年中再无人酿酒。南朝宋文帝元嘉十二年夏六月，断酒，当时扬州等郡大水，扬州西曹主簿沈亮认为酤酒浪费米谷，而又不能充饥，奏请暂时禁止，皇帝同意。二十一年正月，南徐、南豫州、扬州及浙江、江西都禁酒。二十二年，开酒禁。南齐武帝永明十一年，因水旱，下诏暂断酒。北魏文成帝太安四年正月，下诏禁止酤酒，违令饮酒的人要杀，因为当时屡有丰收，士民多因酒酗讼，或议论国政，所以严禁它。献帝即位，开酒禁。正光后，国用不足，有人上奏断常给百官的酒。东魏孝静帝天平四年，闰九月，禁止京师酤酒。元象元年四月，开酒禁。北齐武成帝河清四年二月，因收成不好，又禁止酤酒。后主天统五年，下诏禁止造酒。武平六年闰八月，开酒禁。后周武帝保定二年，因久雨，京城二十里内禁酒。隋文帝开皇三年，废酒坊，与百姓共断酒。唐高祖武德二年，下诏禁止屠酤。高宗咸亨元年七月，因粟麦价贵，禁酒。玄宗开元二年十一月，因饥荒，禁止京城酤酒。肃宗乾元元年，同样因饥荒，禁止酤酒。二年十月，禁止酤酒，除光禄供进祭祀和宴请蕃客外，一切禁断。代宗即位（时在宝应二年三月），因泰陵乾陵发引，下诏禁止酤酒。广德二年十二月，下诏天下州县，各审定酤酒户，随月纳税。辽兴宗景福元年，因蓟州黄龙府饥，下诏不得造酒糜谷，又禁止职官不得擅自造酒糜谷，有婚祭的，经许可后才能饮酒。金熙宗天会十三年正月，下诏公私禁酒。海陵正隆五年，禁朝官饮酒，违禁的处死。益都尹京安武军节度使爽金吾，卫上将军阿速等饮酒，因是近属，所以只杖责七十了事。世宗大定十四年，下诏不许猛安谋克人民杀生祈祭，如遇节辰和祭天日，经许可后可以饮会。自二月至八月终，并禁绝饮宴，以免妨碍农事。其余闲月，也不许痛饮，违者有罪。十八年三月，命戍边女真人遇祭祀、婚、嫁、节辰时，可以自造。二十九年十二月，禁宫中上直官及承应人饮酒。哀帝天兴二年九月，禁止公私酿酒。元世祖至元十三年，因冬无雨雪，春泽未降，曾遣使问便民的事于翰林国史院。耶律铸、姚枢、王磐、窦默等说："足食之道，惟在节用，糜谷之多，无逾醪醴面蘖，况自周、汉以来，代有明禁，祈赛神社，费亦不资，宜一切禁止。"世祖接受了这个意见。五月严申禁酒，犯者没收其家资，散给贫民。十五年四月，因雨露充足，稍弛酒禁，民有衰疾需要饮用的，可酌量配给，十一月开酒禁。十八年三月，禁止甘肃瓜、沙等州酤酒。十九年四月，严申酒禁，私造的财产子女没收入官，犯人配役。九月辛未，因丰收，开各路酒禁。二十二年，甘州饥，禁酒。三十一年，因甘肃等处米价很贵，下诏禁止酿酒。成宗大德六年，陕西旱，禁民酿酒。七年十二月，弛京师酒课，允许贫民酿酒。八年大都酒课提举司，设糟房一百所（九年并为三十所，每所一日所醖不许过二十五石之上）。九年正月，弛大都酒禁。十一年，杭州一郡因酿酒浪费的米麦，年达二十八万石，所以下诏禁止酿酒。又山东、河南、江浙饥，也下诏禁酒。武帝至大元年，中书省曾说："杭州一郡岁以酒糜米麦二十八万石禁之，河南益都亦宜禁之。"皇帝采纳了这个意见。二年二月，弛中都酒禁。十月，弛酒禁，立酒课提举司。仁宗皇庆二年，禁止酿酒。延祐元年，因饥荒，也禁止酿酒。英宗至治元年，各路都有饥荒，禁酒。文宗天历元年，凡遇灾伤的各路，都禁止酿酒。顺帝至正六年，陕西饥，禁酒。十五年，上都饥，严禁酒。明太祖戊戌年十二月，下令禁酒。丙午年二月，下令禁种糯米。

（三）节省费用　当饥馑发生，疮痍既起，历代多积极提倡革除奢侈，紧缩行政支出，节省消费，崇尚俭朴，在各方面节省费用。

汉景帝后元二年，地震不断发生，曾令徒隶穿质量很坏的七缨布，禁止给马吃粟类等比较好的饲料。后汉明帝永平初，郡国多遭饥困，樊准上疏说："今可先令太官、尚方、考功、上林、池籞诸官，实减无事之物，化及四方，人劳省息。"十二年，鉴于当时的车服制度，恣极耳目，田荒不耕，游食者众。曾下诏令各官员申明科禁，在全国范围内实行节约。北魏孝文帝太和十一年，京都大饥，韩麒麟上表陈述时务，曾说："京师不田者多，游食之口三分居二。故顷年山东遭水而人有馁，今秋京师遇旱，谷价踊贵，实由农人不劝，素无储积故也。自丰穰积年，竞相矜夸，浸成侈俗。故耕者日少，田者日荒，谷帛罄于府军，宝货盈于市里，衣食匮于室，丽服溢于路，饥寒之本实在于斯。愚谓：凡珍玩之物，皆宜禁断，令贵贱有别，人归朴素，宰司四时巡行，台使岁一按检，勤相劝课，严加赏罚，数年之中，必有盈赡，虽遇凶灾，免于流亡矣！"唐肃宗时，李栖筠任常州刺史，遇岁旱时，曾浚渠灌田，得到丰收。于是大起学校，劝大家崇尚节约。大历四年，马燧改任怀州刺史，兵后大旱，人失耕稼，燧勤修教化，收埋暴骨，免去苛重的租税，到秋天时，果有收获，颇受人信赖。宋仁宗时，右司谏庞籍上奏说："东南上供粮石，每岁六百万石，至府库物帛皆出于民，民饥年艰食，国家若不节俭，生灵何以昭苏？臣今取草子封进，望宣示六宫藩戚庶，抑奢侈，以济艰难。"明洪武三年，下诏禁民奢侈。十四年，令农民之家，许穿绸纱绢布，商贾之家则只许穿绢布，如农民家中有一人为商贾，也不许穿绸纱。洪武十八年，谕旨中说："足食在于禁末作，足衣在于禁华靡，宜申明天下四民，各守其业，不许游食，庶民之家，不许衣锦绣。"清康熙五年下诏说："朕生平爱惜米谷，每食之时，虽粒米不肯抛弃。以朕玉食万方，岂虑天庾之不给，而所以如此撙节爱惜者，实出于天性自然之敬慎，并不由勉强。且以米谷乃上天所赐，以生养万民者，朕既为亿万生民计，不敢轻忽天贶，尔等绅衿百姓，独不自为一身一家计乎？若恣情纵欲，暴殄天物，则必上干天怒，水旱灾祲之事，皆所不免。"

以上是历代提倡节约的大概情形。

乙、节约的实效

我们从历代节约的政令和施行的情形来看，对于历代节约的实际效果，至少可得到如下的认识，就是历代节约制度，效果是不大的。如减少食物的办法，充其量不过是君主个人为了虚应故事而实行的。即使有时推行于君主以外的百官，也不过使虚应故事的人数略为增多罢了。因减少食物的方法要想见效，必须遍行于全国各阶层人民，并且要以严厉的手段加以监督。否则必定是徒劳无功。如果以为依靠封建统治集团或各级官员的例行形式，就能收节约的实效，那岂不是自欺欺人？至于其他方法，如所谓禁米酿酒，有时且产生极大的弊端。如唐德宗建中间，禁人酤酒，而政府官员自己又可设店酤酒以收利，每斛收价三十，私自酿酒的则有罪。（见《唐书·食货志》）这简直是把禁酒当做搜括的工具了。其他各朝也常有这类的事实。所以，胡致堂曾说：

禁酒为其縻米谷也，而后世……取利于酒，夺民酤而榷之，官比承平时责利加倍，而军屯所在，又许之置场自酿，争多竞胜，谓足以充军费、省民力，岂古今世变之异欤？

又说：

善政建于古圣王者，后世鲜克遵之，以谓时异事殊，不可胶柱而调瑟也。不善之政，兴于聚敛之臣者，后世多不肯改，…… 榷酒……古圣王所不为，而后世以为大利之源。置官立法严取之，悉甚于常赋，一有废弛，竟阙匮。（《文献通考》）

可见以往即使当荒年期间，还是照样酿酒，而京官边军的豪酿縻谷，以及郊庙百神群祀和远蕃使客照样供酒的惯例，尤不能禁止，或不在禁止之列。结果所谓禁酒，仅能勉强实行于民间，有时甚至只有加重民间的痛苦！实际上，一般耕食之家，平日既少酿酒，荒年尤无物可酿，不禁而自禁。惟有官府与富豪之家，平日縻谷既多，荒年禁酒又流于形式，禁等于不禁，米谷的损耗，荒年还是一样的严重。历代节约的效果，由此可以想见了。

第三章　历代积极救荒的政策

第一节　改良社会条件的具体政策

历代积极救荒的政策中，按性质区分，大约可归纳为二大类：一是注重改良社会条件的政策；一是注重改良自然条件的政策。本节所述，就是属于前一类的具体政策。

所谓改良社会条件的具体政策，大体包括重农政策和仓储政策两种。现分述如下：

一　重农政策

甲、重农政策的变迁

我国历代社会经济基础在于农业，所谓以农立国，正说明了这一社会背景。由于我国过去社会经济基础在于农业，因此，历代都曾提倡"农本主义"，而基于"农本主义"的重农理论，便又产生了实际的重农政策。历代国家法令，以强本抑末为目标，以孝弟力田为明训，都是这种政策的一般表现。按重农之教，自殷商以来，即开始注意，所以"卜辞"载有王观耤、省黍、省农事等，如：

己亥卜贞令吴小耤臣，己亥卜隹耤。（《殷墟书契前编》六、一七页）

庚子卜贞王其萑耤亩往十二月。（《殷墟书契后编》下二、八页）

贞王勿往省黍。（《卜辞通纂》四九二片）

祭毕省农事酬宴。（转引《安阳志》第一九页）

在“卜辞”中，王关心农事的记载甚多，这可说是我国重农政策最初的表现。不过当时关于这方面的记载，还是十分简略。

周代重农的政策，屡见于《尚书》《诗经》《周礼》《国语》《礼记》等等，内容已较详备。《周礼》三农，列为太宰九职之首，而稼穑树艺，则教于大司徒。大司徒所属遂人这种官职，以兴锄利农民，以时器劝农民。遂大夫财修稼政。县正趋稼事。酂长、里长趋耕耨。如有受田不耕的，则由载师、闾师分别处罚（见《周礼·地官》）。天子也常亲观耕稼，如《尚书》载“文王卑服即康功田功”，显得十分认真和忙碌（见《周书·无逸》），就是一个例子。当宣王即位，不大注意农政时，虢文公便出而劝道：“不可，夫民之大事在农。……民之蕃庶于是乎生，事之供给于是乎在，……财用蕃殖于是乎始，……是故先王三时务农。……”

根据以上所说，周代采取重农的政策，已很明显。不过周代往往将农事和宗法仪式混合举行，且处处带有巫术的色彩，这是我们应加注意的一点。

汉代法令，对商人加以种种限制，如禁止商人衣丝乘车、参与科考等等；同时又积极提倡农耕，如孝惠帝四年时，民间孝弟力田的，可免徭役（《汉书·惠帝本纪》）。高后元年，考孝弟力田，奖至二千石的有一人(《汉书·高后纪》)。这都是鼓励农民努力耕种所采取的一些措施。而且为了提倡农桑起见,皇帝和皇后还往往亲自从事耕桑,以为天下倡。这种重农政策,在诏书中常可见到。如文帝二年的诏书中说:

夫农天下之本也,其开籍田,朕亲率耕,以给宗庙粢盛。(《汉书·文帝本纪》)

同年另一诏书中又说:

农天下之大本也,民所恃以生也。而民或不务本而事末,故生不遂,朕忧其然,故今兹亲率群臣,农以劝之。(同前)

景帝后元二年的诏书中说:

雕文刻镂,伤农事者也,锦绣纂组,害女红者也。农事伤,则饥之本也;女红害,则寒之原也。夫饥寒并至,而能亡为非者寡矣!朕亲耕,后亲桑,以奉宗庙粢盛祭服,为天下先。不受献,减太官,省徭赋,欲天下务农桑,素有蓄积,以备灾害。今岁或不登,民食颇寡,其咎安在?其令二千石各修其职。(《汉书·景帝本纪》)

后元三年又下诏说:

农天下之本也,黄金珠玉,饥不可食,寒不可衣,以为币用，不识其终始，间岁或不登，意为末者众，农民寡也。其令郡国务农桑，益种树，可得衣食物，吏发民若取庸，采黄金珠玉者，坐赃为盗，二千石听者，与同罪。（同前）

类似这种诏令，在汉代还有不少。而且为了保障农作的进行，有时也下诏阻止兴办一切不急之务，以免妨碍农事，如：

建昭五年，诏曰：方春农桑兴，百姓勠力自尽之时也。故是月劳农劝民，无使后时。今不良之吏，复案小罪，征召证案，兴不急之事，以妨百姓，使失一时之作，亡终岁之功。公卿其明察申饬之。（《汉书·元帝本纪》）

也常常派遣大小农官，往来于田间，督察农事，如：

成帝阳朔四年，正月，诏以……方东作时，……令二千石勉劝农桑，出入阡陌，致劳来之。（《汉书·成帝本纪》）

同时遍设农官于各州，平帝元始元年，“置大司农部丞十三人，人部一州，以劝农桑。”（《汉书·平帝本纪》）这已是一种常制。因此，汉代农官的数额颇多。当时对于土地的利用，及农业技术的提倡，也颇有相当的努力。如武帝末年，“以赵过为搜粟都蔚，过教民为代田，一畮三甽，岁代处，故曰代田。……一畮三甽，一夫三百甽，而播种于三甽中，苗生叶以上，稍耨陇草，因隤其土以附苗根。”（《汉书·食货志》）据《说文》解释，六尺为步，百步为亩。所以汉代一亩长度为六百尺，广六尺，包含甽与陇各三百，甽与陇逐年更易，而播种于甽中，这样可以翻动土壤，以克服犁种不深的弊病，同时也可以培殖肥料，使土质得到交互休息的机会。代田法所谓“耕耘下种，田器皆有便巧，率十二夫为田一井、一屋。故甽五顷，用耦犁，二牛三人，一岁之收，常过缦田，晦一斛以上，善者倍之”。（同前）这实是一种合作方法，以十二夫为单位，耕田一井一屋，如果耕田五顷，便用二牛二犁，并用三人来管理。也就是说，三人的力量，可耕田五顷，即五百亩。因此“是后边城、河东、弘农、三辅、太常民皆便代田、用力少而得谷多。”（同前）

这都是汉代重农政策的具体表现。

两晋、南北朝，虽处于南北纷争、兵戈扰攘的环境中，但各朝皇帝，还是不乏重农的诏令。如泰始二年的诏书中说：

百姓年丰则用奢，凶荒则穷匮。……今者省徭务本，并力垦殖。欲令农功益登，耕者益劝。（《晋书·武帝本纪》）

承圣元年，下诏曰：食乃民天，农为治本；垂之千载，贻之百王。莫不敬授民时，躬耕帝藉。是以稼穑唯宝，……国富刑清，家给民足。其力田之身，在所蠲免。（《梁书·元帝本纪》）

太和元年，诏曰：今牧民者与朕共治天下也。宜简以徭役，先以奖劝，相其水陆，务尽地利。使农夫外布，桑妇内勤。若轻有征发，致夺民时，以侵擅论；民有不从长教，惰于农桑者，加以罪刑。（《魏书·孝文帝本纪》）

当时为了适应战乱时期的需要，表现在农政上的主要工作，就是劝课。史书记载：

永和九年,襄屯历阳。未有北伐之志,乃夹淮广,与屯田,旋济淮徒屯盱眙。招掠流民,众至七万,分置守宰,劝课农桑。(《晋书·姚襄传》)

太平真君四年,诏劝课农桑曰:牧守之徒,各励精为治,劝课农桑,不得妄有征发。(《魏书·太武帝本纪》)

正平二年初,恭宗监国,令有司课畿内之民,使无牛家,以人牛力相贸,垦殖锄耨。其有牛家与无牛家,一人种田二十二亩,偿以私锄功七亩,如是为差,至与小老无牛家,种田七亩。小老者偿以锄功二亩,皆以五口下贫家为率。各家别口数,所劝种顷亩,明立簿目,所种者于地首标姓名,以辨播殖之功。(《魏书·食货志》)

二十年五月,诏敦劝农功,令畿内严加课督。堕业者申以楚挞,力田者具以名闻。七月,诏京民始业农桑为本,田稼多少,课督不具,以状言。(同前)

政府为督促严紧起见,对于劝课的成绩还定有殿最的制度,上者为最,下者为殿,以明赏罚。如晋武帝太始八年,司徒石苞感到州郡农桑,没有殿最的制度,不甚妥当,因而奏请皇帝设立这种制度,皇帝采纳了他的建议。元帝时,并以入谷多少作为考察劝课成绩的标准。(见《晋书·食货志》)

后来宋文帝元嘉八年的诏书中也说:

自顷农桑惰业,游食者众,荒莱不辟,督课无闻。一时水旱,便有罄匮,不深存务本,丰给靡因,郡守赋政方畿,县宰亲民之主,宜思奖训,导以良规,咸使肆力,地无遗利,耕蚕树艺,各尽其力。若有力田殊众,岁竟条名列上。

二十年十二月,又下诏责成政府官员尽力劝课,考核勤惰。诏书中说:

国以民为本,民以食为天。故一夫辍稼,饥考必及,仓廪既实,礼节以兴。自顷在所贫罄,家无宿积,……耕桑未广,地利多遗。……务尽敦课,游食之徒,咸令附业。考核勤隋,行其诛赏,观察能殿,严加黜陟。(《宋书·文帝本纪》)

孝武帝孝建元年,复诏诸郡守,劝尽地利力田,善蓄者以名闻。(《宋书·孝武帝本纪》)

这都是用赏罚来激励劝课的方法。至于皇帝亲耕籍田的事,尤为常见。如:

北魏宣武帝景明三年,诏修耕桑,躬劝亿兆。明年,春正月,车驾籍田于千亩。(《魏书·宣武帝本纪》)

又如:

北齐设坛,行亲耕亲桑礼。文宣帝天保元年八月,令各牧民之官,专意农桑,勤心劝课,广收天下之利,明年正月,亲耕籍田。北周时,皇后也有亲桑之礼,皇帝亲耕籍田的事,更常见到。如孝闵帝元年春正月,亲耕籍田。明帝二年春正月,亲耕籍田。武帝保定元年,天和元年、二年,建德三年,都以正月耕籍田。

不过,魏、晋、六朝对于勤农政策,虽累代奉行,但因连年兵戎迭兴，人民苦于丧乱，实行的效果是很小的。

隋代也常有祭先农、先蚕亲耕桑之礼。文帝河清三年，定令每岁春月，各依乡土，早晚课入农桑，自春及秋，男二十五以上，皆布田亩。蚕桑之月，妇女十五以上，皆营蚕桑，……人有有力无牛，或有牛无力者。须令相便，皆得纳种，使地无遗利，人无游手焉。又炀帝大业三年，北巡狩，令政府官员不得践踏禾稼。这也是重视农政的一种表现。（详见《隋书·食货志》及《炀帝本纪》）

唐代重视农事的制度，与前代大致相同。皇帝祀先农亲籍田，皇后祀先蚕亲蚕桑，这种礼不但没有废止，而且实行得更加厉害。如“高祖武德二十二年，上自苑中种麦，率太子以下，躬自收获。谓太子等曰：此将以荐宗庙，是以躬亲，亦欲令汝等知稼穑之难也”。（《唐书·高祖本纪》）又“帝尝谓群臣曰：太平之基，在于家给人足。今兹麦既大熟，宜停庶务，每司别留一二人守曹局，余皆宜休暇，亲事务农。流罪以下囚，罪名定者，亦放收获”。（见同前）像这样重视农功，可说达到了极点。又唐代对于保护农事的方法，也颇注意。如“武德十七年，诏曰：献岁发生，阳和在候，乃睠甿庶，方就农桑。其力役及不急之务，一切并停”。二十一年，又颁布罢免兴役的诏令。就在天宝初年，还是屡命政府官员停止不急之务，以免耽误农事。不过玄宗即位后，耽于逸乐，朝政日非，以至劝农的诏令，也不遑下颁，功令就日趋削弱。传到肃宗，才重申旧制，竭力劝农，上元二年下诏说：

> 王者设教，务农为首。今土膏方起，田事将兴，敦本劝人，实为政要。宜令天下刺史县令，各于所部，亲抚农桑。（《唐书·肃宗本纪》）

又下诏设劝农之官说：

> 田功在谨，农事惟勤，不有司存，何成种谷？诸州等各置司田参军一人，主农事；每县各置田正二人，于当县拣明娴田种者充之，务令劝课。（同前）

这种措施，正是唐代重农政策施行极盛的表现。

五代各朝，时间很短，兵荒马乱，条例规章多不完备，农政方面，实没有什么可说的。不过，后周世宗显德三年，有劝课农桑之令。五年，颁布有“均田图”。同时也有一二故事，颇为旧日史家所称道。如“后周世宗留心稼穑，思广劝课之道。命国工刻木为耕夫织妇蚕女之状，置于禁中，召近臣观之”。（见《五代史·后周世宗本纪》）学士陶谷为了赞扬起见，曾写长序盛述过这件事（赞曰：“寒耕暑织，上感皇情。帝梧景转，迟迟欲行。宫帘风度，扎扎有声。疲俗是念，侈心不萌”）。这是最著名的例子。

又当时“河南尹张全义，披荆棘，劝耕殖，躬载酒食，劳民于畎亩之间”，也很受后人的称誉。

宋以后，劝农政策的实行，颇为积极。首先表现在诏令的殷勤上面。如太祖建隆三年，诏郡国长官，劝民播种，曾说：“生民在勤，所宝惟谷，先王明训也。阳和在辰，播动资始，宜行劝诱，务广耕耘。”第二年，命官员分别到各道去指导均田，凡苛暴失实的须受到遣黜的处分。又下诏令劝民种树，定民籍为五等。第一等种杂树百株，每等依次减二十株，梨枣以半数计，男女十岁以上的，种韭一畦，阔一步，长十步，缺井的，邻伍协助凿井，令有关官佐春秋巡视，把巡视结果记下。等到纳税完毕，就以税额的多少来定成绩的优劣。又令所在长官，谕民有能广植桑枣、垦辟荒田的，可停止缴纳旧租，官佐劝课有成绩，以致田户增羡，野无旷土的，有赏。乾德三年，又重申劝农的诏令说："农为政本，食乃民天，今土膏将起，宜课东作之勤，使地无遗利，人有余粮。"至道二年，曾拟以太常博士陈靖为京西劝农使，巡视陈、许、蔡、颍、襄、邓、唐、汝等州，劝民垦田，并以皇甫选、何亮为副。但因选等力言这样做难于成功，就没有实行。然当时对于农耕事业的提倡，还是很积极，凡前代所用的各种鼓励方法，几无一不采行，其中最显著的是亲耕观稼。史籍所载，如：

太平兴国三年，四月，幸城南观麦。（《宋史·太宗本纪》）

九年五月，车驾出南熏门观稼，召从臣列坐田中，令民刈麦。咸赐以钱帛。（同前）

雍熙二年，五月，上幸城南观麦，赐田夫布帛有差，谓近臣曰：耕耘之夫，最可矜悯。（同前）

绍兴二年，诏曰：朕闻祖宗时，禁中有打麦殿，今于后圃令人引水灌畦种之，亦欲知稼穑之艰难。（《宋史·高宗本纪》）

十五年，诏来春亲载黛耜，躬三推礼。十七年，诏曰：朕亲耕籍田，以先黎庶，三推复进，劳赐耆远，嘉与世俗，跻于富厚。（《宋史·高宗本纪》）

其次是选官督农。史载：

太平兴国七年，诏择明树艺者为农师，闰月辛亥，诏诸州设置，以为农督。(《宋史·食货志》)

神宗熙宁二年，分遣诸路常平官使，专领农田水利事。吏民能知土地种殖之法，陂塘圩埠堤坝沟洫之利害者，皆得自言。行之有效，随大小酬赏，民增种桑柘者，毋得加赋。(同前)

至于孝宗乾道元年，立"劝淮民种桑赏格"。六年，诏群臣均役法，抑游手，务农蚕，这也都是重农的善政。

元代当世祖即位之初，便诏令天下重农，这一政策的实行，较前代尤见严厉。统观元代，对于汉族往昔所有重农的具体办法，都能抉择采用，如遣官劝课，注重农时，巡督耕稼等，无不集其大成，但也并非完全模仿他人，其自身的制度，实具有独特之点。查元代对于农耕的编制，全是按照军队的组织，而监督也最严密。因此，元代对于农业所行的政策，与其说是重农政策，毋宁说是督农政策，当时督农的条例，最为详备。至元六年，命中书省将采农桑的事例为条目，令提刑按察司和州、县官因地制宜地讲究颁行。七年二月，立司农司，闰十一月，颁布劝课农桑赏罚的办法。十二月，改司农司为大司农司。按元初的司农司，是专为掌管农桑、水利的事而设立的。它时常分布有劝农官和懂得水利的人，巡行各都邑，考察勤惰。每到年终，把各地长官指导农业的成绩，转报司农司及户部。任满之日，便由户部来评定他们的成绩的优劣，又命提刑按察司加以察核。至元八年，仍命劝农官考察勤惰，并凭劝课的勤惰，确定升职或降职，以示奖惩。二十三年，下诏令各路对劝农勤勉的升职，懈怠的降职。二十五年春正月，诏令大司农司各道，劝农屯田，并巡行劝课，考察勤惰，每年报告府、州、县劝农官的事迹，以评优劣。二十八年，下诏颁布农桑杂令，每村以五十家立一社，选择年高晓事的一人为社长，增至百家的，另设社长一人；不到五十家的，与别村合社。地远不能合的，听自立社。专管教督贫民。凡种田的，立木牌于田侧，把某社某人都写在上面，社长时常检查，凡劝诫无效的，把姓名记下，交提点官处罚。并把所犯过错写在门上，等到改过后才除去，如坚持不改，就罚他代充本社夫役。社中有丧病不能耕种的，由大家帮助耕种，大家还有责任疏浚河渠，以防旱灾；地高的应造水库，没有能力造的，由政府给材木；田地缺水的，应穿井。如井深不得水，则可种区田（上引俱见《元史·世祖本纪》及《食货志》）。武宗大德十一年，颁布扰农的禁令：努力耕田的有赏，游惰的有罚，纵畜牧损禾稼桑枣的，责成赔偿，然后治罪。仁宗皇庆二年，谕告劝课农桑，勤于劝课的守令可以升迁，怠惰的受到黜降。泰定帝致和元年，《颁农耕旧制十四条》于天下，也诏令有关官员考察勤惰。文宗天历二年，又颁布《农桑辑要》及《栽桑图》，考察劝农官勤惰。顺帝至正元年，命廉访司考察郡、县劝农官勤惰，达大司农司，以凭升降。二年，再颁布《农桑辑要》。八年四月，命守令选立社长，专门劝课农桑。

从这屡次不断的督农诏令和条例中，我们已不难了解元代对于农业督励的精神和它的基本政策。

至于明代的政策，则于严厉中还寓有怀柔的精神。它的严厉的办法，是效法元代；而怀柔之术，则是基于汉族的传统。太祖得天下，自谓起自田间，深知稼穑的艰难和农家的疾苦。所以即位之后，便亲祭先农，耕籍田于南郊，世子从行，太祖曾命左右引导世子遍历农家，观看农家的居处、饮食和器用，还告世子说："汝亦尝知吾农民之劳苦至此乎？夫农树艺五谷，身不离泥涂，手不释耒耜，终岁勤勤不得休息。其所居不过茅茨草榻，所服不过练裳布衣，所饮食不过菜羹粝饭。而国家经费皆其所出！故令汝知之。凡一居处服用之间，必念农之劳，取之有制，用之有节；使之不苦于饥寒，方尽为上之道。若复加之横敛，则民不胜其苦矣，故为民上者，不可不体下情。”史书记载：

> 太祖尝加意重本抑末，令农民之家，许穿绸纱绢布，而商贾之家，只许穿布。农民之家，但有一人为商贾者，亦不许穿绸纱。

这可说是怀柔之术。

太祖既重视农桑，所以曾诏令中书省臣说：“为国以足食为本，大乱未平，民多转徙，失其本业，而军国费悉自民出。今春和时，宜令有司劝农事，勿夺其时，仍观其一岁中之收获多寡，立为劝惩。”洪武二年，亲耕籍田，又命皇后亲自养蚕，自此以后，每年都这样做。三年，命省臣计民授田，设司农司掌管这件事。四年，令各府、州、县行移提调官，经常用心劝告农民，趁时种植，对官吏进行考绩时，必须把办理农桑学校的成绩，列为一项内容，违者处罚。八年，令官吏如不报告农桑学校情况的，以违法论，民有不守天时和违反地利的，也依法究治。十三年，谕户部令天下人民，每村置一鼓，凡遇农桑时月，晨起击鼓，在田间集合，怠惰的由里老加以督责，不服里老督率的要罚，里老怠惰不督率的也要罚。十八年，谕部臣禁止商贾奢侈华靡，以免影响农桑之业。二十一年，重申设鼓督农的制度。二十五年，令天下种桑枣。二十七年，令户部文告天下，嘱百姓植桑枣。二十八年，下旨告户部尚书，定百户为里，春秋耕获的时候，一家无力，百家协助。九月，再命置鼓督劝，每月旦召京师父老，亲自谕以力田敦行的道理。三十一年，因山东、河南两地人民多惰于农事，命督民耕种，并将结果具报。这都是比较严厉的督农办法。以后各帝多奉行太祖的政策，没有什么特别的政绩值得介绍。

宪宗时，增设农官及布政司参政一员，专门管理劝农的事务。世宗嘉靖六年，令通行所属府、州、县，凡原来设有治农官的，不许治农官干别的差事，应专门执行劝课。凡原来没有设这种官职的，应委佐贰一员管理。果有实效，则具奏表扬或提拔，如因循废职或不胜任的，可以降职或免职。这也不外是太祖以来一贯政策的发展

到了清朝，也厉行督课政策。史书中载着：

> 清圣祖康熙十年，议准民间养桑，令督抚严饬有司，加意督课。十一年，二月，亲行耕籍礼。二十八年简放王国安为奉天府尹，敦敦以劝民务农，严察游手为谕。明年正月，上谕户部有云：朕惟阜民之道，端在重农。必东作功勤，然后西成有赖。……今时届首春，田功肇始，若弗经营措给，将误俶载之期。播种不齐，仓箱何望？……务令田畴遍得耕易，毋致稍有荒芜。……以副朕敦本劝农爱养农民之至意。（《五朝圣训》）

当时政府对于农作事宜的督导，更为具体。如康熙三十二年，谕归化城等三处督办说：“种地惟勤为善，北地风寒，宜高其田陇，寻常之谷，断不能收；必艺早熟之麦，方为有益。……慎识朕言，克

勤毋怠。”三十三年四月，又谕内阁说：“朕处深宫之中，日以闾阎生计为念。每巡历郊甸，必循视农桑，周咨耕耨。田间事宜，知之最悉。诚能豫筹穑事，广备灾祲，庶几大有裨益……。”三十六年三月，因车驾巡幸，谕川、陕总督，令地方百姓务必各安本业，廛无废市，陇无废耕。五十八年五月，又谕户部说：“朕幸热河，见一路麦苗盈野，收获必丰，但麦熟之岁，往往雨水旱而且多，朕留心稼穑，历年最久，深识其故。”雍正时更创勤农奖赏的办法。二年二月，曾下诏说：“今课农虽无专官，然自督抚以下，孰不兼此任。其如督率有司，悉心相劝，并不时咨访疾苦，有丝毫妨于农业者，必为除去。仍于每乡中，择一二老农之勤劳作苦者，优其奖赏，以示鼓励。如此，则农民知劝，而惰者可化为勤矣……”同年二月，令州、县官员每年推举勤劳俭朴、身无过犯的老农一人，赐以八品顶戴，以示鼓励。四年八月，因籍田屡产嘉谷，就诏令地方官员，都举行耕籍之礼，使知稼穑的艰难和农夫的辛苦，并懂得量天时的晴雨，察地方的肥硗。以为只要官吏都存有重农课稼的心理，农民也就不会有苟安怠惰的习气。五年二月，因闽、广农民多治园圃果木，以致民食不敷，仰赖邻省，又诏令两省督抚，劝导农民改植米谷。七年四月，因河北省农民播种违时，曾下诏责备说：“倘小民怠惰偷安，为民父母者，即当开导劝课，使之踊跃趋事于南亩。……此皆愚民习于懒惰，而地方有司又不以民事为念，漠然不加董率之故。……倘再有牧民之官，轻视农事，不实心化导，任百姓之悠忽，有误播种之期者，必从重议处。”

乾隆以后，没有新的事迹可述。清代重农政策中最重要的，大致不外乎以上这些。

乙、重农政策的成绩

综观历代重农的政策，在一二时期，颇有相当影响。如汉代崇本务农、致力耕垦、改良生产的结果，不但关中、汝洛、河东、河西、巴蜀、江淮各区农业经营，有着积极的发展，即在边远区域，也有相当的成绩。当时关中的农业发展情形，有如《汉书》所说：

> 汉兴，去三河之地，止灞、浐以西，都泾、渭之南，此所谓天下陆海之地，秦之所以虏西戎兼山东者也。其山（南山）……又有秔、稻、梨、栗、桑、麻、竹、箭之饶，土宜姜芋，水多蛙鱼，贫者得以人给家足，无饥寒之忧。故酆、镐之间，号为土膏，其贾亩一金。（《汉书·东方朔传》）

巴蜀原为汉室的根据地，刘邦借以成帝业。刘邦既得天下以后，对于巴蜀农业的经营，也加意致力。所以史书曾有这样的记载：

> 蜀地沃野千里，土壤膏腴，果实所生，无谷而饱。女工之业，复衣天下；名材竹干，器械之饶，不可胜用。又有鱼盐铜银之利，浮水转漕之便。（《后汉书·公孙述传》）

至于边远地区，如天水、幽州等处，秦、汉以前，原是经济落后、农业不发达的地方。到汉代时则其农业经营，已与内地相似。《汉书》说：

> 徙为天水太守，劝民农桑，为天下最。（《汉书·西南夷

传》)

又说:

刘虞为幽州牧,……初平元年,复征代袁隗为太傅,道路隔塞,王命竟不得达。旧幽部应接荒外,资费甚广。岁常割青、冀赋调二亿有余,以给足之。时处处断绝,委输不至,而虞务存宽政,劝督农植,开上谷胡市之利,通渔阳盐铁之饶。民悦年登,谷石三十,青、徐士庶,避黄巾之难,归虞者百余万口。(《后汉书·刘虞传》)

可见汉代的注重农业生产,确有相当的成绩。但是,农业既盛,赋税也随着繁重。农业一时的恢复和兴盛,对于农民的生活,并没有根本的改善。在汉代,赋役的增剧,同农业的好转,恰成正比例,有时甚至比这种情形,还要严重。桓谭《新论》写着:

汉百姓赋敛,一岁为四十万万。吏俸用其半,余二十万万,藏于都内为禁钱。少府所领园地,作务八千三万万,以供宫室供养诸赏赐。(《困学纪闻》)

又《汉书》记载:

都内钱四十万万,水衡钱二十五万万,少府钱十八万万。(《汉书·王嘉传》)

可见汉代政府岁入的总额,约为一百二十万万。这是根据某一定期的收入记载。这收入额的增加,一方面固然表明了社会生产的发展,表明了民间财力比较充裕;另一方面也表现为税制的扩张和人民负担的加重。按秦、汉的田租、算赋、口钱、户赋、徭役、更赋及额外的税目,至为繁剧。据董仲舒说,秦"收泰半之税三分取二",其田租口赋的收入,"二十倍于古"(俱见《汉书·食货志》)。汉代的田租,初定十五税一,武帝时改为十分税一。东汉亩税敛钱,每亩十钱,其税不以收获量为准,而按田地的面积输纳,因而更加苛刻。附于田租的,又有稿税、算赋,即年满十五岁以上至五十六岁以下,不分男女,每人岁出赋钱一百二十的叫做一算;口钱则初定年满七岁至十四岁的,出口钱二十三。武帝时改从三岁起征,且加三钱。汉末竟征到一岁的婴儿,并且又加重到四十钱。而附于口钱的额外征收,更有达原额百分之五十以上的,苛重的程度,可想而知!至于徭役与更赋,据史书记载,在秦代也二十倍于古,汉代也并没有改变这种情况。在这繁剧的赋役压迫之下,人民生活日益痛苦,重农政策的利益,也就化归乌有。史籍载当时农民所受租赋的痛苦说:

> 农夫父子暴露于中野,不避寒暑,捽草把土,手足胼胝,已奉谷租,又出稿税。(《汉书·贡禹传》)
>
> 民产子三岁则出口钱,故民重困,至于生子辄杀!甚可悲痛。(同前)

这样看来,汉代政府虽"重农夫,而农夫已贫贱矣",(董仲舒语)虽提倡生产,而又如文帝所下的诏书中说:"度田非益寡,而计民未加益,以口量地,其于古犹有余,而食之甚不足。”这种现象,说明了当时的重农政策,实际上并没有产生什么效果。

秦、汉以后,封建的剥削愈深,由于严重的封建剥削,就使农民经济,极度困惫。农业技术,始终无法改良,生产率不能提高,整个农业经营,就其一般趋势说来,实长期陷于衰颓状态之中。政府有时虽然也提倡农事的改良,但大都无裨于实际。因为第一,所有的诏令,未必真正能够实行;第二,许多改良农事的办法,多是责成民间来做,而民间实无力自营;第三,大规模水利事业等技术设备,政府既不设法尽力供给,而又一心一意只顾增加赋税,加紧剥削农民,使农民连最低限度抵抗天然灾害的能力,也逐渐消失。有这三个原因,所以历代对农业的局部改良政策,终于很难收效,徒然成为纸上的空谈。

二　仓储政策

重农政策,目的在于增加谷物的生产。仓储政策,则在充实谷物的积蓄。就严格的意义说来,仓储政策的执行,当以重农政策为前提,而所谓仓储政策的具体内容,实际上就是仓库制度。我国历代仓库的种类很多,作用也各有不同,但常因时代的变迁,而互相影响,互相渗透,有时很难加以区分。现分别论述于下:

甲、仓储的种类和作用

《周礼·大司徒》:“遗人掌邦之委积,以待施惠;乡里之委积,以恤民之鶇阸;……县都之委积,以待凶荒。”《周礼》所谓委积,也就是仓库制度的初形。

战国时代,灾祸纷乘,所以墨子热心提倡减政救灾,但他所提到的，仅是些临时的办法。魏文侯时期丞相李悝创平粜法，所以有的书上称文侯有"御廪"（见《说苑杂言》）。齐宣王也曾发棠邑之仓，以振贫民（《孟子·尽心篇》）。楚春申君为楚造二仓，西仓名叫均输，东仓周一里八步（《越绝书外传》）。韩有敖仓于广武山（《太平御览》）。秦转输天下，其中藏粟甚多（《史记·郦生传》）。又秦时陈留多积粟（同上），督道（边县名）有仓（《货殖传》），成都郭外也有秦时旧仓（《后汉书·公孙述传》）。由此可见，自战国到秦代，仓储的制度已经建立，但还不发达。

汉宣帝五凤四年，春正月，大司农中丞耿寿昌奏设常平仓于边郡，才开始大规模兴筑，史书记载：

> 宣帝即位，时大司农中丞耿寿昌以善为算，能商功利，得幸于上。五凤中奏言：故事，岁漕关东谷四百万斛，以给京师，用卒六万人。宜籴三辅、弘农、河东、上党、太原郡谷，足供京师，可以省关东漕卒过半。天子从其计。寿昌遂白令边郡皆筑仓，以谷贱时增其价而籴，以利农；谷贵时减价而粜，名曰常平仓。民便之。（《汉书·食货志》）

仓储制度到这时候才完全确立。后来各种仓库制度，先后继起，大体说来，约有以下各种：

（一）常平仓——设立最早。司马光认为是"三代圣王遗法"。虽未免崇信古人太深，估算过早，但上述仓库制度的各种初期设施，却确是属于常平性质，而为后世实行常平仓的依据，因此也可把它们看成是常平仓的最初沿革。后汉初年，因袭前汉旧制，仍设立常平仓，但至元帝初元五年，因朝臣反对，就宣告废止。晋武帝时，曾议行“通籴”的办法，目的是用布帛交换谷物，以为粮储（详见《晋书·食货志》），但施行经过不详。不久，北方大乱，晋室南迁，经济紊乱，根本没有从事仓储的机会。南北朝时，北齐武帝永明中，天下米谷、布帛贱，曾想设立常平仓，市积为储，六年下诏出上库钱五十万，于京师买米买丝、绵、纹、绢、布，各州也都出钱买绢、绵、布、米，使台传并于所在市易（见《通典》）。北魏太和十二年，下诏征求安民的办法，秘书监李彪建议设立常平仓，帝嘉许，太和二十年，便正式设立。隋文帝开皇三年，于陕州设常平仓，又于京师设常平监。唐武德五年，废常平监，永徽六年，在京东西设常平仓（见《通典》）。开元二年，更下诏全国各州、道普遍设立常平仓（见《册府元龟》）。到了宋代，则一州一县都设置常平仓一所。按宋代的常平仓，创立于太宗淳化三年（见《宋史·食货志》），当时京畿大丰熟，太宗便遣派使臣就首都开封府四城门各设一场所，收高价所籴的谷，储于近仓。等到有饥荒时，减价粜与贫民。粜时也于四城门各设七处场所以至十四处场所，专管卖出事项（见《续资治通鉴长编》）。史书记载：

> 宋大中祥符二年，二月，分遣使臣出常平仓粟麦，于京城四方开八场，减价籴之，以平物价。（《宋史·食货志》）

这是宋代常平仓初建的情形。自真宗景德三年之后，除沿边州军以外，各地都遍设常平仓。京东、京西、河北、河东、陕西、淮南、江南、两浙等处都有，荆、湖、川、陕、广南等地，到天禧四年时，也已设立。当时视户口的多少，留取上供钱，大州一二万贯，小州一二千贯，以为籴本。每年当春、秋二季，即以所存的籴本高价籴谷，等到谷价涨时，又以低于一般市价的价格出粜。籴粜之间的差额，较一般市价，约有三五文左右。但粜价无论如何不能更低于籴本。后又下诏规定，粜谷于被灾州军时，每斗价格限于百钱以内，各州籴进谷额，每一万户允许以一万石为常度，最多不得超过五万石。有三年以上的贮谷，须递纳于粮廪，再以新谷补充。后来籴本又往往由政府补给贮谷，年数也减为两年，成了纯粹交军粮的制度。但自真宗天禧五年起，总计各路总籴数目，仅有十八万三千余石，总籴数仅有二十四万三千余石，而到英宗治平二年，常平籴数便已有五十万一千四百十八石，到神宗熙宁二年，仅就常平钱谷贮藏额计算，竟达一千四百万贯石。第二年，以常平、义仓合计，还是有一千三百余万贯。常平及各仓所贮谷类，计有米、麦、粟、粳、谷、豆等。至于宋代常平仓的管制，是由中央设大司农主持一切，各州遴选廉干官员一人为转运使，或由县官兼办，不另设专员。常平仓的会计归大司农专管，其他三司不得过问（见《宋史·食货志》及《职官志》）。至熙宁时，施行青苗法，又设提举常平官，每路四员，以朝官充任；又设管档一员或两员，以京官充任，各路合计共四十一员。至元祐时，又将提举常平官归并于提点刑狱司（见李𡌴《皇宋十朝纲要》）。从这以后，经绍圣、建炎以至绍兴，数十年间，提举、提点的官职或废或存，直到绍兴十五年八月，才决定将常平仓由提举茶盐官兼管（见《皇宋十朝纲要》）。这就是宋代管理常平仓官制变更的简单沿革。

金的常平仓，除州、府以外，更设县仓。凡离州较远的县份，便另置一仓。章宗明昌三年八月，令各县置仓，并命州、府、县官兼提按管局，同时规定：县距州六十里以内的，就利用州仓，不另设仓；六十里以外的，则特置一仓（见《金史·食货志》）。

元代也立常平于各路府，世祖至元六年，开始立仓法。遇丰年米贱，便增价籴，遇歉年米贵，则减价粜，至元八年，便以和籴粮及各河仓所拨粮来积贮。二十三年定铁法，又以铁课籴粮积贮（见《元史·食货志》）。以后时行时废。至于明代，嘉靖六年，抚、按二司曾共同督责有关官员设法多积米谷，以备救荒，还是仿效古人平粜常平的方法，春间放赠贫民，秋收后抵斗还官，不取利息（见《明会典》）。万历以后，郡国府库尽入内帑，不再行使常平的办法。天启年间蔡懋德建议行常平遗法，以广储蓄，但当事者以帑金缺乏，虽赞成他的建议，却没有实行（见《广治平略》）。清代还是采行常平仓的制度，顺治十二年，准各州、县自理赎锾，春夏积银，秋冬积谷，都存入常平仓备赈。乾隆五年，命地方积谷备用，以惠济贫民，各省收成较好的，应及时办理积储之政（见《九朝东华录》）。

以上所述，就是历代常平仓制度的大概。大抵常平仓的作用，在平谷价。就是当丰年谷贱的时候，政府用较高的价钱籴入，广为收贮；等到凶年谷贵的时候，便用较低的价格，供民间籴买。这样一出一入之间，也可稍获微利，用以充常平的基金，这可说是各朝共同的办法。

（二）义仓——义仓较常平仓设立为晚，大概始于北齐。河清年间，曾令各州郡设置富人仓。最初成立的时候，准所领中、下户口数得一年的粮食，都州谷价贱时，酌量割当年义租充入。谷贵时下价粜出，谷贱时还是用所籴之物依价籴贮。按齐制：每岁每人出垦租二石、义租五斗，垦租送台，义租纳郡，以备水旱。这就是义仓制度的滥觞（见《通典》及《五礼通考》）。至隋开皇五年，度支尚书长孙平奏请设置义仓，于是下诏设立（见《隋书·食货志》）。隋代设置义仓的办法，是劝各州军民纳课，然后各于其社设立义仓。每当秋收的时候，将所得粟麦贮于仓中，由社司管理，如遇饥馑，则发仓赈给。开皇十六年，又于秦、叠、成、康、武、文、芳、宕等州所属各县，各设义仓一所，规定义租上户不过一石，中户不过七斗，下户不过四斗。至于唐代义仓制度，开始于太宗贞观二年，经尚书左丞戴胄建议设立。每亩纳粟二升，或纳麦、粳、稻等类。没有田地的商贾，其户分为九等，除下下户及夷人外，自上上户至下中户，共八等，上上户出谷五石，渐次递减至下中户，出五斗为止。不种谷的，则用货物代替，至秋收时，如额取偿（见《唐书·食货志》）。总计唐代藏谷数目，截至天宝八年，已积到九千六百零六万二千二百二十石，其中属于义仓的，竟达六千三百十七万七千六百六十石之多。如与常平仓食粮四百六十万二千二百二十石相比较，它的普及程度，不难想见（见同上）。宋代义仓的设立，较常平仓略早，太祖乾德元年，即下诏各州于其所属各县，分设义仓。于每年春、秋两季纳税时，每税一石另纳一斗，贮藏于仓，以备荒歉时散给贫民。乾德三年又下诏说："民欲借义仓谷以充种食者，由州、县计口贷与，勿俟奏闻。义仓不足当发公廪者，奏待报。"乾德四年，感到采用这种办法，输送烦劳，又决定废止（见《宋史·食货志》）。按宋代义仓制度，兴废无常。乾德四年，既已废止，仁宗庆历元年，又复设立。中因法令未申，与各地情形不同，一时虽或废止，又将收回钱谷继续借贷于民，因而无法收束。所以乾德间虽废义仓，但延至十数年后太宗太平兴国间，依然存在，《续资治通鉴长编》载：

太平兴国七年，二月，庐州民负义仓米一万七千余石，诏特贷之。

这里所谓“特贷”，证明当时义仓虽废，而实际上还保留着它的残余形式。康定年间，王琪奏请重设义仓，但缓至仁宗庆历元年九月，才决定设立。二年正月，又下诏令上三等户，每税米一斗，加纳一升，但不久又废。神宗熙宁二年七月，又有人建议设置，因王安石反对，没有结果。不过，自仁宗庆历废止义仓之后，地方官吏，间或也有自动创设的。如：

> 熙宁五年二月，赵子几言考城知县郑民瞻擅置义仓。（《续资治通鉴长编》引）

后来到了熙宁十年九月，经司农主簿王古奏请，又在开封府所属近畿各县丰收的地方，着手重设义仓。第二年（元丰元年），将义仓事务隶属于提举司，自这年秋税时起，令京东、京西、淮南、河东、陕西各路，同时举行义仓，规定人民应完税额不到一斗的，准免义租。这个办法同时颁行于川、陕四路，输纳税额，还是按照每石带纳一斗的旧法实行（见《宋史·食货志》）。从此，义仓的米就不留于乡而入于县仓了！（见《续资治通鉴长编》）元丰二年，因威、茂、黎三州有华、洋杂居，岁赋不多，就将所设的义仓废止。八年十月，又将各路义仓一概取消。哲宗绍圣元年四月，采纳虞策的建议，再度恢复义仓，除广南东西各路外，各地同时普遍设立，每米一石带纳五升，从此以后继续施行，直到宋末为止。元代的义仓，到至元六年才开始设立，办法是每社置一义仓，由社长主持。年熟每亲丁纳粟五斗，驱丁二斗，无粟可纳的可以用杂粮等代替（见《元史·食货志》）。明、清两代的义仓制度，多是因袭宋、元以来的办法，没有什么特别的地方可以介绍。

这是历代义仓制度的大概。大抵义仓的作用，在于赈济，义仓中所存的谷，实际上是由人民以义租的形式在正税之外纳于政府；由政府贮藏管理。这也是它不同于常平仓的地方。

（三）社仓——社仓制度，也是始于隋长孙平的创议。他曾说道："立义仓于社内，建置仓窖以贮藏积谷，委社司管理账簿"，这种义仓，实际上也可说是社仓。后来唐戴胄于设置义仓的奏牍中，就明白肯定地称之为社仓（详见《旧唐书·食货志》）。随后来这种社仓又变为县仓、郡仓，完全与人民隔离，因而失去了社仓本来的面目。宋朱熹为了使人民普遍得到仓储的利益，曾创立社仓法。所谓社就是社稷的社，古代每二十五家共立一社以奉祭祀，于是行政上也就以社为单位，《左传》载有：

> 齐侯唁鲁公曰：自莒疆以西请致千社，二十五家为一社。（《左传》昭公二十五年）

又顾炎武说：

> 古人以乡为社，后世所谓乡，即古之所谓社。（《日知录》）

社仓也就是乡仓。其实，在朱熹倡导之先，已有人实行过。如熙宁二年，陈留县知事苏涓曾上书说，他在所领畿邑内，每社置一仓，由第一等户出粟二石；第二等户一石；第三等户五斗；第四等户二斗；第五等户一斗；麦也是一样。每仓置一守吏，举乡中耆老管理输纳，由县调制表册。这一办法既可以防备凶歉，又可创立借贷通融制度。当时得到神宗的称许，将要推广实行，因王安石不同意，没有实现。至于朱熹的社仓法，实与王安石的青苗法相近。他的这一办法，开始实行于乾道四年，那时朱熹住在福建崇安县开耀乡，遇建宁府一带大饥，朱熹请求县府救济，果然得粟六百石赈济难民。这年冬，五谷丰收，人民如数归还，朱熹本打算将粟留藏民家，以备饥歉，又恐久贮必有腐烂；便允许民家每年贷借一次，按当时情形出息二分，若遇小饥，准减一半，大饥则可全免。并仿效古法设仓于社，得知府沈度的同意，以钱六万建新仓。自七年五月动工至这年八月，仅四个月间，开耀乡已成立社仓三所。历十四年后已将原数六百石归还县府，尚余息米三千一百石，专门用来供贷放，而不取消，仅收耗米三升。这便是社仓法的起源。从这以后，凡是愿意设立社仓的州、县，都可就量出的常平米为谷本，责成设仓的乡施行敛散，每石取息二斗。选乡中品行端正的一人会同县府所派官吏管理出纳事项。息米额超过谷本十倍时，即将谷本米归还官府，以息米施行敛散。再减息到每石只取三升，作为耗米。富豪中如有自愿出米作谷本的可以，有的乡如不愿意设置社仓也可以，官府都不勉强。息米额还可按照各方风土民情酌量规定。淳熙八年十一月，朱熹便奏请遍行义仓法于各道，十二月二十二日奉准就婺、越、镇、江、建、昌、袁、潭各邑设立。嘉定末，又有真德秀仿行于长沙。以上是宋代社仓制度实行的大概情形。明弘治年间，江西巡抚林俊也曾请建社仓。嘉靖八年，令各抚按设社仓，令民二三十家为一社，选择家中较殷实而又较有德行的一人为社首，处事公平的一人为社正，能书算的一人为社副。每月初一、十五会集一次，按出米多少确定为上、中、下三种户别，各种户别相隔为四斗米之差。每斗另加耗米五合，由上户主持其事，年饥上户有困难的，可以借贷，丰年时还仓；中下户则酌量赈给，不再还仓。有关官员须造册送抚，每年审察一次（见《明史·食货志》）。清康熙四十二年指示各州、县说，当时虽已设有常平仓，但遇荒年不敷接济时，各村应同时设立社仓，收贮米谷。于是各地普遍议准设立社仓，由本乡捐出的即贮存在本乡。令本乡诚实的人经营，上岁加以收缩，中岁粜陈易新，下岁酌量赈济。整个清代都不断实行了这种办法。

这就是历代社仓制度的概况。大抵社仓都是由民间自营，谷本也多是由地方豪富或一般民家自动输供，这是它不同于义仓的地方。

（四）惠民仓——惠民仓的作用，类似常平仓。但常平仓经济独立，而惠民仓则以杂配钱折粟积贮，岁歉则半价粜出，本钱纯是由补助得来。这种制度始于后周，宋代大行推广，遍设于各州。查宋太宗淳化五年，即于各州设置惠民仓，谷价稍涨便减价粜给贫民，每人不得超过一斛（见《玉海》）。这种仓当时与常平仓并行，互相补助。真宗咸平二年十月，采纳户部员外朗成肃的奏请，设置惠民仓于福建（见《续资治通鉴长编》）。又下诏各路转运使，嘱他们管辖境内的惠民仓，遇丰年时增价籴入，荒歉时减价粜出，至天禧四年，更扩设到荆、湖、川、陕、广南等州。当时如欲办理平粜，都须事先奏闻，由政府派遣专员承办，咸平三年以后，改由知州通判派委属员监督。南宋时代，又有潭州知州真德秀以及资政殿学士曾从茏先后奏请，就湘潭十县分设惠民仓，另委令佐专管平粜（《续资治通鉴》）。但是这种仓储制度没有得到发达，至宋孝宗天禧四年以后，即归消灭。

（五）广惠仓——广惠仓的作用，在于实行经常性的慈善放谷，仅施行于宋代。仁宗嘉祐二年八月，经枢密使韩琦奏请设立（见

《皇宋十朝纲要》)。因自太宗以来,所有天下户绝田,都由政府买入,募民耕种,并由政府收租,于是就将夏、秋两季所得税米贮藏于仓。按照户数,每十万户纳米一万石;每七万户八千石;每五万户六千石;每四万户五千石;每三万户四千石;每二万户三千石;每一万户二千石;不满一万户的,则仅留一千石。如还有额外剩余,则允许自卖。所留税米给与州县,以备赡养所辖境内老、幼、贫、病不能自存的人。因此,这种仓实以赈给为惟一目的。它的谷本是由官库收入的一部分拨充。最初,这种仓属各路提点刑狱司专管,每年终造呈出入细账于三司。至嘉祐四年二月,又改属于司农寺管理,并由每州遴选属员和部曹各一人,担负监督的责任。每年十月,另派官员调查应得赈米的姓名籍贯,从十一月一日起,三日间每一成人给米一升,每一孩童给米五合,至第二年二月为限。倘若还有剩余,则按各县大小酌量均分(见《玉海》)。熙宁二年九月,河北、浙西各地广惠仓及常平仓概归提举官管辖。这年十一月,又令各道广惠仓和常平仓也统归提举官管辖。但自熙宁四年正月以后,广惠仓钱及常平钱米都变为青苗本钱,不过当时所藏粟麦,还是可以充赈济之用,而自四年六月起,则连这些贮藏的谷麦,也尽化为青苗本钱了。至哲宗元祐三年,听从侍讲范祖禹的奏请,又设置广惠仓,二月十二日给钱三万缗,以供仓本。但这也不过是昙花一现,到绍圣元年九月,又盛行新法,广惠仓的办法便停止施行。自此以后,一直延至孝宗乾道五年,才重设广惠仓于成都府(见《朝野杂记甲集》)。宁宗元庆元年,又下诏各地提举司同时普遍设立(见《续宋编年资治通鉴》)。但这种制度始终推行不广,宋以后就不再听到有施行过的。

(六)丰储仓——丰储仓也是宋代所特有,创立于南宋高宗绍兴二十六年,为户部尚书韩仲通奏请设立(详《朝野杂记甲集》)。当初建都临安时,曾将上供米所余的百万石,贮藏别廪,以备军储及饥荒之用,该廪就成为后来的丰储仓。不久,又储米二万石于镇江建康等处。当时因借贷的人很多,至绍兴三十年夏,就下诏促使补还。孝宗淳熙十五年,因农家青黄不接,又粜出久藏的米,至秋收时再行补籴(详《续文献通考》)。这种仓与广惠仓和惠民仓相似,也是预备供赈灾之用。南宋时代每遇灾歉,往往借助于丰储仓,颇有效果。

(七)平粜仓——这种仓设立于南宋末理宗绍定、淳祐年间,也是以救荒为目的。创议的人虽难于查考;但当时各地确曾一度普遍设立。如当时的福建就设有平粜仓。按《八闽通志》载:

曾用虎于绍定中知兴化府军事,立平粜仓,捐楮币万六千缗为粜本。益以废寺之谷,岁歉价高,则发仓以粜,岁丰价平,则散诸寺,易新谷而藏焉。

又载:

汀州府宁化县平粜仓在县治东北隅。

淳祐年间,由宋县令刘渔捐俸钱作粜本、并委贡士章炎主办的平粜仓就有五所。后来用粜本买田,积岁入的谷,遇歉收时便用来济民。当时规模最大的是首都临安的平粜仓,该仓为赵与篙所创办,至南宋末年,依然存在。按《武林掌故丛编》中有《淳祐临安志》,其中所载"仓场库务"一则写有如下的话:

> 平粜仓，淳祐三年，大资政赵公与𥲅，于蓝桥之北，新桥东岸创设。至八年，增创，凡为二十八廒，积米六十余万，以二十八字为廒记："生民全仰食为天，百万人家聚日边。官有积仓平粜价，满城和气乐丰年。"每岁敛、散，以平市价。

至度宗咸淳元年，曾拨公田米五十万石付与平粜仓，待米价涨时粜出（见《文献通考》）。这就是平粜仓的简单情况。

以上所述各种仓库制度，都是历代比较重要的。此外也还有其他谷仓，名目很不相同。如汉明帝永平五年所设的常满仓；元代的京仓、通州仓、河西仓及纳兰不剌仓、塔塔里仓；清代河南的漕谷仓、江南的江宁省仓、崇明县仓、广东的广粮通判仓、福建的台湾仓、浙江的永济仓等，储谷各数十万石以及数千石不等，都不在常平额内，大都是因地制宜，用来接济当地居民。又广东、四川、湖南、福建各军营也曾建立仓廒，虽是用军米来从事储蓄，但也有义仓的意义在内。总之，历代各种仓库制度，虽名称有所不同，但作用很多都是相同的。至于其中各代通行州、县普遍设立，而影响也最大的，那就是常平仓和义仓。

民国以后，旧有谷仓大都破坏，仓库制度衰落不堪。直到民国二十二年以后，各省才有积谷之举。当时江苏、湖北等十省积谷情形是这样的：

（一）民国二十三年一月，江苏省政府会议，原定民国二十二年下半年度内，每县至少应贮藏五千石以上的粮食。到期全省各县积谷共达二八六三七五石，所存谷款也有三十万元左右。计积谷在五千石以上的，有宜兴等十五县；不满五千石的，有丹阳等三十三县；有款无谷的，有上海等六县；谷款都没有的，有阳山等六县。全省平均统计已与定额相差无几。不过，各县中不足规定数目的，还占四分之三。所储的谷物，照各地情形，谷、麦、杂粮、白米都有。至于经费来源，有支拨地方附税的；有在忙银项下带征的，有随漕米带征的；有按亩派收的；也有通过捐募，或追还旧欠，或呈准暂行拨用其他专款的。所设谷仓，有县仓、区仓、乡镇仓和义仓等等。

（二）湖北仓储，原定民国二十年兴办，二十一年十二月底，各县一律完成县、区仓具报。至二十三年六月二十日止，据报已办完的有蒲圻等二十五县；县、区仓都在办理的，有通城等十七县；仅办区仓的，有咸宁等五县；经呈准展限或办理没有结果的，有阳新等十三县。总计全省积谷一〇六四三六石。每县平均不足三千石。最多的是浠水县，但也不过五千八百余石，最少的是鄂省县仓，积谷仅三十一石。县仓、区仓积谷，约规定以十户积谷一石为标准，积谷来源有捐款、捐粮、地方赈余款、没收的粮食以及公益款粮等等。

（三）湖南在民国十七年以前，原不准积谷，仓库已不复存在，到十八年才开始照部颁《地方仓管理规则》及省定细则，逐渐恢复。凡县仓，一等县每年应储三万石以上。二等县二万石以上；三等县一万石以上。积谷是通过派收或募捐方式得来。歉年则办平粜。从这以后到民国二十年止，各县积谷已入仓的共有一二七二八〇八石，二十一年为二三九六二九九石一斗三合，二十二年为二五一五一五一石。又二十二年各县除桑植未办积谷外，其他积储在千石以下的，有永绥一县；千石以上的，有茶陵等二十七县；万石以上的，有新宁等十六县；二万石以上的，有华容等十县；三万石以上的，有新化等四县；四万石以上的，有浏阳等八县；十万石以上的，有长沙等七县；二十万石以上的，只有湘潭一县。

（四）安徽积谷，规定按全年人口数统盘计算，储足三个月的粮。积谷来源有地方公款、积谷专款（即原有仓款及田赋附加，后来附加经行营令饬取消）、地方余款或无主田产所收的粮食等等。至民国二十三年据报全省六十县，有总仓五十九，区仓七十八，乡仓三百九十六，义仓八十五，已储谷一三三六一一石，米一八六六石，麦六六一三石，杂粮二七二石。省立万亿仓另存谷一四五八〇石。其中各县没有办积谷仓的有凤阳等八县；办有县仓的一县；办有乡仓的一县；办有县仓、区仓的十县；办有县仓、乡仓的六县；办有县、区、乡各仓的五县；兼办有义仓的五县。统计积谷不满百石的一县；百石以上至一千石的十八县；千石以上的八县；二千石以上的七县；三千石以上的三县；四千石以上的七县；七千石以上的八县；万石以上的一县。平均每县约储二千五百余石。

（五）甘肃常发生旱灾，粮食缺乏，积谷颇有困难。而且旧仓已经破坏，有待修复，各县原有谷仓仓库，因财政不统一，仓储失去保障，所以也几乎等于没有。自筹备积谷以后，至民国二十三年，据报六十五县中，有仓库的六县；有仓款的六县；有仓谷也有仓款的一县；已在筹办的二十七县；因天灾和内战、地方穷困以至无法举办的二十三县；情形不明的二县。全省共积各色粮二千八百五十三石，仓款二万一千九百五十九元。

（六）陕西筹备仓储，还有兼营农业质库，扶助贫农，活动农村金融的打算。原定筹集一百五十万元资金，自公产公款及捐款中取给，事情进行得怎样，当时还没有结果，至于积谷，当时也还没有统计数字公布。

（七）江西地方多故，积谷困难。据报民国二十二年积谷列六十六县，已办县、乡、镇仓但没有完成的有十三县；新办县仓而没有办乡、镇仓的有十县；新办乡、镇仓而没有办县仓的有十三县；略存旧有积谷而没有新办的有十县；旧谷没有而又未新办的有二十县。合计已有积谷六〇二一四四石。

（八）浙江以人口计粮食，如果储三个月的粮食，那就须有积谷二千一百五十五万余石。以每人计须负担一石，以每户计须负担四石以上，约合银十五元之多。为了减轻负担，所以分三期办理，每期七百万石。计自民国二十一年至二十三年，除因灾散放及赈粥消耗的以外，全省共已积谷一二六六二一八石（包括存银折合的谷在内），距第一期积谷数额相差甚远。二十三年因遭受旱灾的区域很广，非但不能增加储蓄，而且还须要放发赈济。

（九）河南仓储，完成县仓的十三县；完成区仓的三县；县区仓都完成的七县；当时正在储积但还没有完成的二十县；逾限未报的三十一县。统计有积谷实数的四十七县；仅列有仓款的一县；当时还没有积谷数目列载的六十三县。全省积谷至二十三年五月止，共计有六四八五九石和四六五四八二斤二两，又有原存仓款八，二一三元九角，制钱二九九〇吊。其中以内黄县为最多，计六五四〇石，灵宝最少，仅四十石。每县平均积谷约六百余石。

（十）福建六十四县积谷，除未报的八县以外，存有仓谷的仅十九县，其余三十七县的积谷，已荡然无存。那时该省共有仓所六十一处，积谷共约三五三五七担。

以上所述，就是当时已向行营报告的十省积谷概况。总的看来，成绩不大，江西、福建、甘肃、陕西则就更加表现得办理困难。后来，国民党政府又下令改善办法，大体以人口为标准，须储积三个月的粮食，而积谷方法，除地方固有款项外，可以派收募捐，附加税不准再征,借款举办也不准许;凡储米和储款的,一律改为积谷,以免动用,并防止腐坏。现将民国二十三年以前上述各省积谷数量列表于下:

省　　别	积谷数量	积款数目
江苏	286375 石	300000 元
湖北	106436 石	—
湖南	6183258 石	—
安徽	156862 石	—
甘肃	2853 石	21959 元
陕西	—	
山西	602144 石	—
浙江	1266218 石	—
河南	64855 石 465482 斤	8213 元 2990 吊
福建	35357 担	—
十省合计	5036255 担 465482 斤	330172 元 2990 吊

此外,国民党政府内政部又于民国二十五年十月间,拟具《全国各地方建仓积谷办法大纲》,经行政院二八七次会议通过,由部令公布施行。该大纲对各地仓储的种类、保管办法、经费来源、考绩办法、新陈代换等,做了许多烦琐的规定。这里不再多述。

乙、仓储制度的利弊

我国历代仓储制度,就制度本身说来,固然有相当的益处,这一点从各仓的作用更可看到。而且当设立之初,我们也未尝不可以把它看成是一时的善政;不过,历代各种仓储制度,种类既多,办理又不一致,其中尤以常平仓和义仓历史最为长远,行之既久,弊病丛生,甚至因办理不得法,结果即使就通常状况来说,作用也很有限。一般说来，历代常平仓的弱点在于：一、基金过少，在丰收谷贱伤农的时候籴买，不足以提高谷价；在荒年谷价奇贵的时候粜卖，又不足以抑平谷价。以致徒有常平的虚名，而并没有左右米谷、平定物价的实效。二、利益不普及。因常平米谷的储存是由政府管理，政府为了管理上的便利，仓廒都设置在通都大邑，并且为数不多，能享受常平实惠的，充其量不过少数通都大邑的居民罢了。在交通不便的条件下，这种地域上的限制，势必减低常平仓的效能，使一般乡村贫苦民家无从享受到它的好处。至于义仓的根本弱点，也在于救济面太小。因义仓也是由官吏管理，仓廒也都设于州、县、城、镇，所以遇到饥荒开仓赈给的时候，能够受到接济的仅是极少数的城镇住民及市井游惰之辈，穷乡僻壤、亟待赈济的人反而是没有份的。

当然，这种情形只是这两种仓的显著的弱点。至于历代执行的流弊，更多不胜举，而且两者的弊病有着共通之处。前代评论过的颇不乏人，如宋司马光说：

> 常平之法，公私两利，此乃三代之良法也。向者有因州、县阙常平籴本钱，虽遇丰岁，无钱收籴；又有官吏怠慢，厌籴粜之烦，虽遇丰岁，不肯收籴；又有官吏，不能察知在市斛斗实价，只信凭行人与蓄积之家通同作弊。当收成之时，农人要钱急粜之时，故意小估价例，令官中收籴不得，尽入蓄积之家。直至过时，蓄积之家仓廪盈满，方始顿添谷价，中籴入官。是以农夫粜谷止得贱价，官中籴谷常用贵价，厚利皆归蓄积之家。又有官吏，虽欲趁时收籴，而县申州，州申提点刑狱司，提点刑狱司申司农寺，取候指挥，比至回报，动涉累月，已至失

时,谷价倍贵。是致州、县常平仓斛斗,有经过多年,在市价例终不及元籴之价,出粜不行,堆积腐烂者,此乃法因人坏,非法之不善也。(《续资治通鉴长编》)

这里,司马光以为常平仓的弊病仅发生在宋朝,殊不知宋以前它的弊害早已显露。汉刘般说过:

常平仓,外有利民之名,而内实侵刻百姓。豪右因缘为奸,小民不能得其平。(《后汉书·刘般传》)

同时期的林駉论述更详,他写道:

常平之法何始乎?自李悝已有平籴之说,至寿昌始定常平之策,此其始也。厥后罢于元帝,复于显宗,随罢随复,无有定制。至于我朝淳化二年,京师置场,有其法也,景德三年,诸路置仓,有所积也。然增价以籴,分命使臣,减价以粜,专命司农。随时遣用,未有定职。至熙宁以来,提举常平之官始定焉。夫祖宗之始置常平也,出内库之储以为籴本,颁三司之钱以济常平。粒米狼戾之时,民艰于钱,官则增价以入之;菜色隐雷之日,民乏于食,官则减价以出之。夫何举籴本而为青苗之钱,鬻广仓以求二分之息?伐桑易镪,官帑厚矣,如民贫何!鬻田输官,公家利矣,如私害何!此常平救荒之实政坏矣!

义仓之法何始乎?自隋始置于乡社,至唐改置于州县,此其始也。厥后弛于永徽,坏于神龙,随罢随复,亦无定制。至于我朝乾德创之,未几而罢,元丰复之,未几亦罢。迨绍圣复以石输五升，大观又以石输一斗，至于今日而义仓输官之法始定焉。夫古人始置义仓也，自民而出，自民而入，丰凶有济，缓急有权。名之以义，则寓至公之用；置之于社，则有自便之利。夫何社仓转而县仓，民始不与，而为官吏之移用！县仓转而郡仓，民益相远，而为军国之资。官知其敛，未知其散；民见其入，未见其出。此义仓之实政废矣！天下岂有难革之弊？今日常平义仓之储，虽有美名，本无实惠。惟州、县有侵借之患，而支拨至有淹延之忧。城邑近郊尚可少济，乡落小民瘇身从事，彼知官长皂吏为何人？一旦藜藿不继，又安能扶持百里，取籴于场，以活其饥饿之莩哉？是有之与无，其理一也。

呜呼！孰知有甚者焉！常平出于官，义仓出于民，出于官者官自敛之，官自出之，其弊虽不足以利民，亦不至于病民；出于民者，民实出之，官实敛之，其弊不但民无给，而官且病之。文移星火，指为常赋，箩头斛面，重敛取赢。噫，可叹也！民不必甚予，特无取之足矣！民不必甚利，特无害之足矣！平时夺其衣食之资，一旦徒啖以濡沫之利；乐岁不为盖藏之地，凶年始思啼饥之民。何益哉？（《常平义仓论》）

至于后代能洞察仓储制度的弊病的人，也不少。如清秦蕙田说：

义仓设于当社，最为近民，其后移之州、县，而官吏得以侵移他用，百姓交纳之苦，又不待言矣。贞观初制，不修长孙之议，而沿隋末故事。虽于赈济有益，而累民必多。亦缘立法未尽善也。（《五礼通考》）

又说：

> 义仓之贮，既云专充振济，乃复起发以补岁供缺额之数，何欤？夫灾伤截拨之米，恩出自上者也。义仓本非公家之物，而亦取以入公家，是特吝此振恤之举，巧取以罔民矣！盖自熙丰以来，所谓义仓者，名为备荒，实则加赋而已！（同前）

历代仓储制度的根本弊病，就从以上几人所说的话来看，也不难明白了。

第二节　改良自然条件的具体政策

改良自然条件的具体政策，也是积极救荒政策中的一大类，这在前面已经说过。本节所述的水利和林垦，就是属于这一类的政策。

一　水利政策

我国历史上的灾荒，以水旱为最多，而两者的害处也最大。所以历来人们讨论到救荒的根本政策时，无不知道要注重水利。历代政府也实行过不少实际的水利政策。现分灌溉和浚治两方面，叙述如下：

甲、灌溉事业

我国历代都实行过灌溉，但技术很不完善，几千年来都是依靠人工、畜工和简陋的器具与自然抗争，效果自然有限。但是即使这样，也未尝没有相当的成绩。据史书记载，至少当西周的时候，已有灌溉的组织。《诗经·公刘》说："相其阴阳，观其流泉。"《白华》说："滮池北流，浸彼稻田。"《大田》说："雨我公田，遂及我私。"这些都反映了当时灌溉的事迹。又据《周礼》记载，周代水流利于灌溉的，"自畎以上，畎深广各一尺，遂倍畎，沟倍遂，洫倍沟，浍倍洫，川则倍于浍，广三十二尺，深四仞。"可见当时对水流的宽阔布置和建筑管理，都相当可观。所以《周礼》讲到遂人的职掌时曾说过："凡治野，夫间有遂，遂上有径；十夫有沟，沟上有畛；百夫有洫，洫上有涂；千夫有浍，浍上有道；万夫有川，川上有路。以达于畿。"又《考工记》说："匠人为沟洫，广二尺，深二尺，谓之遂，九夫为井，井之间广四尺，深四尺，谓之沟；方十里为成，成之间广八尺，深八尺，谓之洫；方百里为同，同之间，广二寻，深二仞，谓之浍。专达于川。"《地官》也说："稻人掌稼下地，以潴蓄水，以沟荡水，以遂均水，以列舍水，以浍泻水，以涉扬其舍作田。"这些说明了当时的灌溉事业，已有设官专管的制度，并已有略具规模的灌溉系统。

春秋、战国时，讲求灌溉的人甚多，当时的灌溉事迹，见于典籍的也很普遍。如：

楚孙叔敖辅庄王，决期思之水，灌云娄之野。(《淮南子》)

史起于魏襄王时，为邺令，继西门豹后，引漳水溉邺，以富魏之河内。(《汉书·沟洫志》)

西门豹引漳水溉邺。发民凿十二渠，引河水灌民田，田皆溉。(《史记·河渠书》)

韩使水工郑国间说秦，令凿泾水。自中山西抵瓠口为渠，并北山，东注洛三百余里，……注填阏之水，溉舄卤之地，四万余顷。收皆亩一钟，于是关中为沃野，无凶年，……名曰郑国渠。(《汉书·沟洫志》)

景迁庐江太守……郡界有楚相孙叔敖所起芍陂稻田，陂径百里，灌田万顷景乃率吏民修芜废。(《后汉书·王景传》)

这在当时都是大规模的灌溉设施。《史记》曾说当时各国大渠鸿沟，通达无阻，"荥阳下引河，东南为鸿沟，以通宋、郑、陈、蔡、曹、卫，与济、汝、淮、泗会于楚。西方则通渠汉水、云梦之野，东方则通鸿沟、江、淮之间。于吴则通渠三泽五湖，于齐则通菑、齐之间，于蜀……穿二口成都之中。此渠皆……能灌溉，用溉浸，百姓飨其利，至于所过，往往引其水益用溉田畴之渠，以万亿计。"(《河渠书》)可见当时的灌溉事业已相当发达。

秦、汉以后，灌溉事业愈盛。史书记载："李冰于秦平天下之后，为蜀守，壅江水作棚，穿二江成都中，双过郡下，……因以灌溉诸郡，于是蜀沃野千里，号为陆海。"(《文献通考》)这就是著名的四川都江堰的水利工程的记述。此外，还有如下事例：

文帝以文翁为蜀郡太守，穿煎腴口，溉灌繁田千七百顷，人获其饶。(《文献通考》)

武帝元光中，郑当时为大司农。言：引渭穿渠，起长安旁南山下，至河三百余里，渠下民田万余顷，可得以溉。天子以为然，令齐人水工徐伯巡行表记之，悉发卒数万人，穿漕渠，三岁而通。(《汉书·沟洫志》)

元鼎六年,倪宽为左内史,奏请穿凿六辅渠,以益溉郑国傍高卬之田。(《汉书·倪宽传》)

赵中大夫白公,奏穿渠引泾水,首起谷口,尾入栎阳,注渭。中袤二百里,溉田四千五百余顷,因名之曰白渠。民歌之曰:田于何所,池阳谷口。郑国在前,白渠起后。举臿为云,决渠为雨。泾水一石,其泥数斗。且溉且粪,长我禾黍。衣食京师,亿万之口。(《汉书·沟洫志》)

召信臣迁南阳太守时,行视郡中水泉,开通沟渎,起水门提阏凡数十处,以广灌溉,岁岁增加,多至三万顷,民得其利。(《汉书·召信臣传》)

王景能理水,修浚仪渠,用堨流法,水乃不复为害。修汴渠,筑堤……令相洄注。(《后汉书·王景传》)

顺帝永和中,马臻为会稽太守。始立镜湖,筑塘周回三百十里,灌田九千顷。(《文献通考》)

杜诗迁南阳太守。修治陂池,广拓土田,郡内比室殷足。(《后汉书·杜诗传》)

鲍昱拜汝南太守。郡多陂池,岁岁决坏,年费常三千余万。昱乃上作方梁石洫,水常饶足,溉田倍多,人以殷富。(《后汉书·鲍昱传》)

张禹迁下邳相,徐县北界有蒲阳陂,傍多良田,而堙废莫修。禹为开水门,通引灌溉,遂成熟田数百顷。(《后汉书·张禹传》)

邓晨为汝南太守,兴鸿却陂,益地数千顷,汝土以殷。(《后汉书·邓晨传》)

又比如，桑弘羊复轮台渠，贾逵通运渠三百余里。这些灌溉事业，虽不能惠及全国，但也能谋一方的利益。尤以渭北灌溉事业的创立，收益最大。汉作白渠，受益的地区也很广。后汉迁都洛阳，渠渐废，直到后秦苻坚时，才如以复修。

三国魏、晋时的灌溉事业，很少有新的创举，大都是守其成罢了。但其间也颇有一二值得称述的事。如：

> 郑浑于黄初中为沛郡太守。郡居下流，浑于萧、相二县，兴陂堨，开稻田，郡人皆以为不便，浑以为经久之虑。帅百姓兴功，一冬而成，租入倍常，郡赖其利，刻石颂之，号为郑陂。（《三国志·魏志·郑浑传》）
>
> 修召信臣遗迹，激用滍、淯诸水，以浸原田万余顷，众庶赖之。……开杨口，起夏水，达巴陵千余里，内泻长江之险，外通零桂之漕。（《晋书·杜预传》）
>
> 时所部四县，并以旱失田。闿乃立曲阿新丰塘，溉田八百余顷，每岁丰稔。（《晋书·张闿传》）
>
> 以关中水旱，议依郑、白故事，发其王侯以下乃豪望富室僮隶三万人，开泾水上源，凿山通渠，以溉舄卤之田。及春而成，百姓赖其利。（《晋书·苻坚传》）

南北朝兵战日多，无暇顾及水利事业。不过，齐人杜弼于海州之东，带海筑长堰，外遏咸潮，内引淡水（见《北齐书》）。以及北周太祖大统十六年，鉴于泾渭灌溉之处，渠堰废毁，命贺兰祥修造富平堰，开渠引水，东注于洛（见《周书》）。这两件事工程较大，值得提及。

隋、唐灌溉事业较显著的有如：

卢贲迁怀州刺史，决沁水东注，名曰利民渠。又派入温县，曰温润渠。（《隋书·卢贲传》）

贞观中，李袭誉擢扬州大都督府长史。引雷陂水，又筑句城塘，溉田八百余顷，百姓获其利。（《唐书·李袭志传》）

白居易迁杭州刺史。浚钱塘湖，周围三十里，凡放水灌田，每减一寸，可溉十五顷；每一伏时，可溉五十余顷。若堤防如法，蓄泄及时，则濒湖千余顷田，无凶年矣！（《唐书·白居易传》）

李吉甫为淮南节度使，筑富人、固本二塘，溉田万顷。漕渠庳下，乃筑堤阏，以防不足，泄有余，名平津堰。（《唐书·李吉甫传》）

唐虽建都于关中，但渭北之渠，灌溉仅万顷，反而远不如秦、汉。至于宋代的水利灌溉，在政府方面虽颇为注重，但灌溉事业的功绩，也不如前代。不过，其中许多事迹，还是值得介绍的。如：

何承矩请于顺安寨西，引易河筑堤为屯田。既而河朔连年大水，及承矩知雄州，又言因积潦畜为陂塘，大作稻田以足食。……诏承矩为制置河北沿边屯田使，发诸州镇兵万八千人给其役。兴堰六百里，置斗门，引淀水沟溉。……而莞、蒲、蜃、蛤之饶，民赖其利。（《宋史·食货志》）

李易于开宝八年，即度灵塘开修渠堰，溉水田三百余顷，居民赖之。（《宋史·李易传》）

天禧中，河决。起知滑州，造木龙以杀水怒，又筑长堤，人呼陈公堤。……每汾水暴涨，民辄忧扰。尧佐为筑堤。(《宋史·陈尧佐传》)

曹玮于祥符七年，言渭北有古池，今浚为渠，令民导以灌田。(《宋史·曹玮传》)

王贯之于天禧四年，导海州石闼堰水入涟水，溉民田。(《宋史·王贯之传》)

神宗时，有所谓“溉田三奏”，即：

葛德，西城县居民也，出私财，修长乐堰，引水灌溉乡户土田，授本州司士参军。又有上元县主簿韩安厚奏引水，溉田二千余顷，迁光禄寺丞。太原府草泽史守一，修晋祠水利，溉田六百余顷。知河中府陆经奏管下淤官私田，约二千余顷。

往后致力灌溉事业而略有成绩的人还多。如：

程师孟徙知河东路。晋地多土山，旁接川谷，春夏大雨，水浊如黄河，俗谓之天河，可灌溉。师孟劝民出钱，开渠筑堰，溉良田万八千顷，裒其事为《水利图经》，颁之州县。(《宋史·程师孟传》)

范成大知处州。地多山田，梁天监中，作通济堰，激汉水四十里，溉田二十万亩。堰岁久坏，成大访故迹，叠石筑防置堤闸四十九所，立水则上中下灌溉有序，民食其利。(《宋史·范成大传》)

元代内立都水监，外设各处河渠司，以兴办水利、修理河堤为务。所以史册记载元代兴水田的事甚详。如：

文宗天历二年，三月，修洪口渠，引泾水入白渠，自泾阳至临潼五县，分流灌田七万余顷，验田出夫。自唐、宋以来，每年八月一日修堰，至十月放水溉田，分三限，以为年例。当武宗至大三年，从陕西行台御史王承德请展修石渠，至是以奉元岁旱，河渠司郭嘉议请令泾阳近限水利户，添差修筑，命行之。三年三月，天久亢旱、因怀庆路同知阿哈玛特言，重修广济渠。（《续文献通考》）

明代灌溉事业最显著的如：

洪武二十七年，帝谕工部：陂塘、湖堰，可蓄泄以备旱涝者，皆因地势修治之。乃分遣国子生遍诣天下，督修水利。凡开塘堰九百八十七处。（《明纪纲目三编》）

英宗正统三年，疏泰兴顺德乡三渠，引湖溉田，通潞州、永禄等渠二十八道于漳河。四年，从宁夏巡抚金濂言，用夫四万浚五渠，溉芜田一千三百余顷。（同前）

清代灌溉事业，值得称述的，首推河套，清政府设有垦务局管理。官渠有常胜渠、哈拉盖渠、义合渠、沙河渠、皂河渠、黄河渠、刚日渠、缠金渠八道。民间田地用官渠引水的，须缴纳水租钱，私人所开的渠，后来也都没收入官。其次为新疆，林则徐曾教民掘“坎井”，聚水穿隧道分布。张曜又鉴于那里的土地系沙质，渠多易漏，于是创立了“架漕”的办法，制木为槽，起自山麓，远渡沙漠，一直伸延到用水的地方，长达数里，民田颇得到好处。三为甘肃靖远的黄河堰，一望无边际，较大的渠，有汉伯渠、胡渠、御史渠，每渠又各有支渠，灌溉田地颇多。四为陕西，同治八年，巡抚刘典筹款修理泾县龙渠，光绪八年，冯誉骥继续加以修筑，渠长十余里。浸阳、高陵、三原、醴泉四县，都得到了好处。五为河南，清代对于沁阳、济源一带的广济、永利、利丰及天平、万金等渠，都重加修理。其中成绩较显著的是天平渠，经过了长时间的修筑，才勉强竣事，其他无足称道。又清代对于凿井工事，推行颇力，山西、陕西各省，自乾隆二年崔纪通倡行开井，共成三万二千九百余眼，都是由政府督促民家开掘。后来李鸿章等也常令各府、州、县劝民开井。这都是清代灌溉事业的一些具体事实。

总的说来，前代的水利灌溉事业，多限于零星的、局部的经营和修葺，而缺少整个的计划。秦、汉以后各代，都缺少积极的建设，大半只能守成，有的甚至连守成都没有做到。

民国期间，灌溉事业还是没有发展。如陕、甘的泾河水利，当民国六年设水利局时，局长郭希仁就打算恢复，测量已竣，估工五十余万，后因地方不宁，财政困难，没有进行。民国十年，华洋义赈会加以提倡，曾派工程师入陕测勘，后又因内战关系，还是没有实行。民国十七年遇大旱，这一带颗粒不收的达三年之久，饿死人口达二百万之多。民国二十三年，宋子文到西北考察之后，曾发表了他的考察结果，认为西北方面的水利工程，过去有良好的建设，但后人不但不能改进，就连保持原状，也不可得，大都任其损坏。（见二十三年七月二十日《香港工商报》）

自国民党政府的经济委员会成立之后，因鉴于长江流域，虽为种植水稻最佳的地区，但灌溉每沿袭旧法，一遇水旱，往往形成巨灾。因此注意采用科学方法灌溉排水，以增加农田的生产。民国十九年，该会先就戚墅堰电厂原有的电力戽水设备，派员组织委员会继续办理。二十年成立模范灌溉武锡区办事处，并另在吴江庞山湖地方，设立模范灌溉试验场，由该会成立模范灌溉管理局，主持两处灌溉事业。现将两处情况，分别简述如下：

（一）武锡区办事处：该处用电力戽水灌溉的稻田，在民国十八年计有三八八八五亩，至二十三年达五〇二七三亩。灌溉工程的设备，在武进境内的，有戽水站四十九处，在无锡境内的有八处。戽水专用的杆线，长达一百余里，利用电力约七百基罗瓦特。每亩戽水费用，约一元六角左右，如用人力，则需要花四元，用柴油戽水机，也需花二元上下。至于戽水的效力，并不因岸高或久旱而发生影响，实为人力，牛力或采用其他工具所不及。经电力灌溉所及的稻田，价格较以前几乎增加三四倍。

（二）庞山湖试验场：庞江湖在吴江县境，为太湖入海经过的地方，淤塞已久。曾由太湖流域水利委员会浚垦，经实地测量，认与太湖泄水不发生影响。民国二十年，建设委员会择定该地为模范灌溉场，实施耕垦。就原有港道，划分四区，共计面积一万四千余亩。先就第一区着手，按地势的高洼，分为稻区、菱荷区、鱼区。根据实测水位，开河筑道，设排水渠及灌水渠，装置柴油戽水机，调节水旱。已垦稻田二千一百余亩。除实施新式灌水外，并注意于水稻种类及栽培方法的试验。

此外，还有龙潭区试验场以及凤阳、怀远间方丘、鸣燕两湖的淤田灌溉工程。不过，这都是属于局部的改进，而且电力灌溉等，一时还带有试验性质，难于普遍。如果就全国范围来说，这时一般的灌溉设备，还是十分缺乏的。

乙、浚治工程

浚治河川是消弭水患的根本办法。水患消弭，农民就可以安于田亩，努力生产；生产出来的东西既多，自有积蓄，有了积蓄，即使遇有亢旱蝗雹等各种灾害，也可避免饥荒流离，不致受殃。所以历代提倡浚治河川的人甚多，而把这种主张付诸实行的也不少。

据古代传说，禹治洪水，疏九河，陂九泽，以开万世之利。这是最早的浚治工程。两周以来，治水的事迹渐多，如管仲对齐桓公请除五害，五害就是常发生水灾的泾水、枝水、谷水、川水和渊水，于是置水官治理。汉初，河屡泛，难于塞止，成帝绥和二年秋，曾招聘能浚川疏河的人，平帝元始四年，征聘能治河的人近百数，新莽建国三年，河决魏郡，东汉时明帝永平十二年夏四月修汴渠堤，十三年夏四月渠成，河汴分流，恢复了旧迹。章帝建初三年夏四月，停止修治滹沱石臼河，从这时起直到献帝，治河的事很少见。魏黄初大水之后，河流泛溢，邓艾曾开石门通水，至晋又浸坏，荥阳太守傅祗造沉菜堰，兖、豫就无水患，百姓曾立碑颂扬。隋炀帝大业元年，发民百万，开通济渠，自西苑引谷洛水，达于河。又自今河南汜水县东北的板渚，引河入汴，引汴入泗，以达于淮。又发民十万，开刊沟入江，沟广四十步。按江、淮沟通，始于春秋吴王夫差，以后长期芜塞，到这时才又开凿，后来就发展成为现今的运河。四年，又开永济渠，永济渠就是现今的卫河。引沁水南达于河，北通涿郡，开渠时男工不够供应，妇女也在征役之列。六年，又穿江南河，自京口至余杭，长八百余里，广十余丈，也就是现在运河的组成部分。唐玄宗开元十八年，东都瀍、洛泛涨，令范安及韩朝宗，就瀍、洛水源疏决，置门以节水势。懿宗时，萧倣为滑州刺史，滑州临近黄河，连年水潦，河流泛溢，以致冲坏了黄河的西北堤。傲奏请移河四里，两月即完功。自魏、晋以至隋、唐，较重要的浚治工程，就是这些。

宋建都于汴梁，即今河南开封。那是一个四通八达的地方，漕运分四路，就是汴河、黄河、惠民河和广济河，而以汴河为最重要。宋初很注意治河，太祖乾德二年，曾遣使视察黄河，原拟修治古堤，后有人认为旧河不能再复，而且费力很大，就不再进行。又令民治遥堤，以御冲决之患。三年秋，大霖雨，河决，阳武、梁澶、郓也决。下诏发州兵治理，四年八月滑州河决，坏灵河县大堤，令殿前都指挥使韩重赟等督士卒民夫数万人治理。五年春正月，帝鉴于河堤屡决，分别遣使视察，发民夫缮治，从此每年都这样做，从正月开始，到季春完毕。后来河还是屡决，每次都发民夫堵塞。除了这些措施，整个宋代，很少有积极的浚治。

元代河决的事，也屡有发生，发生后也屡加堵塞。顺帝至正初，河决白茅、金堤等处，濒河郡邑，都遭水患。丞相脱脱慨然有志于治理河川，时都漕运使贾鲁也极力主张治理黄河，于是就下诏开黄河故道，命贾鲁以工部尚书充河防使，发河南北兵民七十万，自黄陵冈南达白茅，又自黄陵西至杨青村，合于故道，总计二百八十里，自兴工后一共经历了五个月，河复故道。从这以后，就没有特别可述的事情。

明代也时常发生河患，浚塞也颇尽力。洪武中，河决阳武，东经开封城北五里，又南行至项城，经颍上，东至寿州正堤镇，而全入于淮。永乐九年，决益甚，决定恢复黄河故道。于是自汶上县袁家口左徙二十里，至寿张的沙湾，接旧河；又从汴城金龙口下达塌口，经二洪，南入淮，历九个月完工。英宗正统十三年，河决张秋沙湾，又决荥阳。景帝景泰中，又决张秋，久治无功，于是决定遣都御史徐有贞专门治理，有贞作治水闸，疏水渠，成功后赐渠名为广济，闸名为通源。凡河流旁有不顺的则筑堰以堵水，堰有九。又作放水闸于东昌、龙湾、魏湾。闸有八，水盈过丈则泄，使通古河以入海。那时专力河防，计征民夫五万八千，三年而告成。孝宗弘治初，河又决于原武，其支流弥漫四出不可禁，令户部侍郎白昂治理，于是筑阳武长堤，以防张秋、中牟决口。同时浚宿州古汴河以达泗。自河西抵归德饮马池，经符离而南，疏浚都很深广。又疏月河十余，以杀其势，塞决口三十六。于是由河入汴，由汴入睢，由睢入泗，由泗入淮，以达于海。又自东平北至兴济，凿小河十二道，引水入大清河及古黄河以入海。但此后河患始终未平，而且溃决愈甚，历代都没有解决这一问题。

清代河患频繁，积荒数千里，嘉庆年间，河患较前尤剧。加以治河官吏，贪污更甚，许多人都乘治理河患的机会，侵蚀中饱，国家虽花费了财力物力，但毫无实效。以致河防日弛，河患日亟，给人民增加了很多灾难。

民国以后，大规模浚治工程，虽有过计划，但都不能实现。所能举办的，只是一些局部的工程。而就连这些工程，也因经费的困难，多没有全部完成。

二　林垦政策

林垦政策，包括造林和垦荒二项。现就历代实施情形，分述如次：

甲、造林

我国历代政府，很少注意林政，有时虽然也提倡造林，但效果不大。所以，基本上说来，我国林业，从来就很衰败。《周礼·大司徒》有山虞林衡，这是管理林政的官职，"太宰九职"园圃主毓草木，司徒以土会办五地的植物，以土宜办十有二土的草木，又有载师、闾师分掌草木事宜，规定孟春之月，禁止伐木；孟夏之月，禁止伐大树；季夏之月，树木方盛，就命虞人入山行木，不许斩伐；季秋之月，草木黄落，可伐薪为炭；仲冬之月，则伐木取竹。大抵当时伐木都有定时，所以孟子说："斧斤以时入山林，材本不可胜用。"这里所谓时，实含有两层意义：一是指每年伐木固定的时令，一是指所伐树木的成长时期，因幼木是不应当砍伐的。至于当时伐木的时令，除上面所述以外，一般都在十月之中，所谓"草木零落，然后入山林"，大体上就是指的这个时候。当时且有"仲冬斩阳木，仲夏斩阴木"的政令。而宅必有树，尤是当时的特色。当时明定"宅不毛者有里布，不树者无椁"，禁令之严，提倡之力，可以想见。当时林木的种类，则有椅、桐、梓、漆、榛、栗、松、柏、栲、杻、檿、柘、柩、榆、杨、柳、檀、桧、柞、棫、柽、椐、栩、枌、杞、桋、樗等等。这可说是我国用人工培养和保护森林的发端。

到了周末战国时代，森林多被砍伐以供建筑，又遭兵燹的蹂躏，就日渐荒芜。秦始皇筑阿房宫，大伐林木，宫成，而蜀山的树木也为之一空。

汉继秦后，最初也无暇顾及林政，禁令松弛，山林任人采伐。至孝景帝时，才设有东园主章，掌管林木事宜，《史记》载："其时山西饶材竹，江南有楠梓，燕、秦千树栗，齐、鲁千亩桑。"黄霸治颍川时，曾教民种树，龚遂治渤海时，曾令民种榆。政府也曾训令官吏辨其土地川泽、丘陵、衍沃、原湿之宜，教民种树，富养五谷、六畜，萑蒲材干，为器械之资。草木未落，斧斤不入山林，山不荐蘖，泽不伐夭。魏、晋、南北朝直至五代，兵战时多，林业就又衰败。仅有东晋十七国中的冯跋曾提倡植桑，下令每户植桑二百二十株，以及南北朝后周时任雍州刺史的韦孝宽，曾勒令部内于官道路侧土堠处，遍植槐树，周武帝听到这件事后说："岂得一州独尔，当令天下同之。"于是令诸州夹道，一里种一树，十里种三树，百里种五树。以后就没有什么可述的了。

宋统一后，曾设工部掌管园囿材木的事，并令民种树，定民籍为五等：第一等种杂树百株，依等递减二十株，种梨、枣的则减半数。又宣告凡能广植桑树和开垦荒田的人，可免交旧租。开宝中，令缘黄河、汴河、清河、御河各州县，除按旧制种桑、枣外，另教民植榆、柳为河防。并依土地所宜，广种林木。还是按户籍高下，定为级等：第一等每年种植五十株，依次递减十株，愿意多种的不加限制。治平间又令民种桑、柘，不得增赋。真宗时曾下诏禁止扈人烧道路草木，这是因为宋代森林缺乏，河患日紧，所以不得不奖励植树和保护林木，比较地注重林政。但因当时造林的知识缺少，施行督责又不严，推行也不广，而原有森林，经数代的摧残，几已荡然无存，所以不易复兴。

元代世祖中统二年，放宽山泽之禁，十五年又放宽山场采樵之禁，但种树的制度，还是保留。每丁限制种树二十株，不过这也仅是一时的具文，其实栽种的人远不如砍伐的人那样多。至成宗大德年间，有"纵畜牧损桑者，卖其偿，而后罪之"的命令。当时如苗好谦、姜彧等，都是注意植桑的人。

明太祖立国之初，就下令：有田五亩至十亩的人，须栽桑、麻、木棉各半亩，十亩以上的加倍，田更多的，更要多种。政府官员亲临督劝，不遵令实行的要受罚。不种桑，出绢一匹，不种麻和木棉，出麻布、棉布各一匹。又令户部文告天下，劝百姓植桑、枣。并令凤阳、滁州、庐州等处民户，种桑、枣、柿各二株。洪武十三年，取消园中抽分竹木坊，凡山林之利，任民自取，仅征很少的一点税。后来用薪愈多，柴价日昂，酷刑苛索，非笔墨所能形容。至成祖永乐十三年，又设抽分竹木局及神木、大木二厂。当建修燕京宫殿时，曾令四川、湖广、浙江、山西采伐大木，以供应用。采伐的费用，一省有多到三百余万两的，有的官吏因伐木迟误，而被褫黜治罪，足见当时砍伐林木，既多且急。仁宗时工部给事中郭永清上疏，请求恢复旧制，严督里老百姓种桑、枣，仁宗采纳了他的建议。宣宗时又建议说："洪武中命天下栽桑、枣，今砍伐殆尽，有司不督民更栽，致民无所资。上曰：古宅不毛者罚里布，祖宗养民意甚重，其申令郡、县，督民以时栽种，仍遣官巡视。"英宗正统元年，命提调学校风宪官兼督民间栽种桑、枣。但至神宗万历间，三殿工兴，采伐楠、杉等木于湖、广、川、贵，费银九百三十余万两，而征自民间的，较嘉靖间所费更倍。这时森林更受到摧残，再没有保护提倡的政令了。总起来说，明代提倡植林，仅限于足以获利的桑、麻、木棉，而对于天然的森林，则大肆砍伐。山泽之禁屡次放宽，原有林树几乎尽绝！

清代林政更衰，我国本部山林，逐渐毁伐将尽，留下的仅少数区域。如当时的盛京、吉林、黑龙江一带，蒙古的一部分，四川的打箭炉，江西的临江、吉安、赣州、南安和宁都等数处，还保留有一部分森林。林业的衰废，这时已达到极点。

民国以后,北洋政府时代曾设有农商部农林局,专管林务。民国四年,又规定植树节,通令各省实行植树,但在军阀政府统治下,不过点缀门面罢了。到国民党政府定都南京,又定三月十二日为植树节,全国各地实行植树,并自三月十一日起以一星期为造林运动宣传周,同时把造林运动列为七项运动之一。看起来像很注意,但成绩很小。每年各省、县会,仅选择附近山地,或原有林木区,种植少数不相干的树苗,事后的保护和补植,则很少注意,树苗的成活率如何,也多不问。就一般估计,植树节植树的成活率,几乎低至百分之二十。所以表面上虽然连年植树,但树木的数目,并不见得有多少增加,而且林地面积,还有逐年缩小的趋势。据浙江省立丽水林场报告说:

历年以来,发生苗木,奚啻千万,皆在民间。宜若林业应有相当之进步,乃衡诸事实,不第民林日有减少之虞,即林场本身亦感有保护困难之势。

这是根据事实所得出的结论。就拿全国荒山面积来说,据前北京农商部《农商统计》所载,民国三年为三五八二三五八六七亩,四年为四〇四三六九九四八亩,五年为三九〇三六三〇二一亩,六年为九二四五八三八九九亩,七年为八四八九三五七四八亩,八九两年因各省报告不全,八年仅为九四三五〇九八〇亩,九年则为一六二三五三八七二亩。而十余年后实业部调查的结果,计江苏等二十二省共三九五县,荒地面积(指山地)为六四〇八〇七〇八二亩。还有一一四〇县及察哈尔等八省未报(见《中国经济年鉴》林垦项内),若一并计算在内,数字必更惊人。马札尔曾说:

> 中国境内(除满洲、湖南南部、福建及四川西部以外)森林之绝灭,已达全世界无可比拟之程度。……国内森林之绝灭,引起气候之变动,及雨水降落之不规则;一面促成经常之旱灾,一面复招致洪水泛滥。又全国森林之绝灭,加速土地之通气与洗涤,当多雨之时,易致水灾。(《中国经济大纲》)

这实是救荒中的一个严重问题。

乙、垦荒

荒地多则耕地少,耕地少则生产不足,所以历代许多人都提倡垦荒。历代政府也常致力于垦荒。古代垦荒最初见于典籍的有如:

> 下民昏垫,予乘四载,随山刊木,暨益奏庶鲜食,……暨稷播奏庶艰食鲜食,懋迁有无化居,烝民乃粒,万邦作义。(《书・尧典》)

秦、汉以后,政府努力于垦辟荒地的渐多,汉文帝募民耕塞下,创屯田制度。武帝屯田车师、渠黎,赵充国屯田金城。此外还有张掖的屯田,临羌的屯田,许下的屯田,陈蔡的屯田,垦地甚多。当时屯垦的面积,以在边地的为最广。明帝"令肥田未垦者,悉以赋贫民,给与种粮。"(《文献通考》)《后汉书》载:"任延为九真太守,俗以射猎为业,不知牛耕,民常告籴交趾,每致困乏。延乃令铸作田器,教以垦辟,田畴岁岁开广,百姓充裕。"(《后汉书・任延传》)三国时,"魏郑浑迁阳平、沛郡二太守,郡界下湿,患水涝,百姓饥乏,浑于萧、相二县界,兴陂遏,开稻田,为经久渔稻之利,民大赖之。"

(《魏志·郑浑传》)

晋溉田官徐邈任东州刺史时,因凉州少雨,常以五谷缺乏为苦,于是“邈修武威、酒泉盐池,广开水田,募贫民佃之,家家丰足”。(《晋书·食货志》)东晋时,“以三吴之流人,垦江西之旷土,成绩亦著。”(《康济录》)

南北朝时,陈宣帝于太建二年下诏说:“有能垦起荒田,不问顷亩多少,依旧蠲税。”(《陈书·宣帝本纪》)北魏恭宗“令有司课畿内之民,使无牛家,以人牛力相贸,垦植锄耨。其有牛家与无牛家,一人种田二十二亩,偿以私锄功七亩,如是为差。至与小老无牛家种田七亩,小老者偿以锄功二亩,皆以五口下贫家之率,各家别口数,所劝种顷亩,明立簿目,所种者于地首标列姓名,以辨播殖之功”。(《魏书·食货志》)文成帝太安元年,遣尚书穆伏真等三十人,巡行州郡,督察垦殖田亩。

唐德宗贞元二年,“以关辅百姓贫,田多荒芜,诏诸道上耕牛,委京兆府劝课,量地给耕牛,家田不满五十亩者,两家共给一牛。”(《唐书·食货志》)宪宗时,因河套以东的大同、归化所驻的振武军告饥,便以韩重叶为营田使,他曾放出贪官罪吏九百余人,给他们耕具粮种,在代北一带垦田三百顷,使他们偿还所负的粟,一岁大熟。于是募人为十五屯,每屯百三十人,每人耕百亩,……总计有六百余里,垦田三千八百余顷,每年收粟二十万石。禧宗光启三年,“张全义为河南尹,因车都荐经饥馑,饥民不满百户,全义选麾下十八人材器可任者,给一旗一榜,谓之屯将。使诣十八县故墟落中,植旗张榜,招怀流散,劝之树艺,蠲其租税。……由是民归如市,数年之后,都城坊曲,渐复旧制。诸县户口皆归复,桑麻蔚然,野无旷土。赏勤罚惰,遂成富庶。”(《通鉴纲目》)“时李绛营田于

张武，王起营田于灵武，商侑营田于义昌，皆以流民屯垦。”（《康济录》）

宋太宗太平兴国年间，“诏两京诸路，许民共推练土地之宜，明树艺之法者一人，县补为农师。令相土亩肥瘠，及五种所宜。某家为某种，某户有丁男，某人有耕牛，即同乡三老、里胥，召集余夫，分画旷土，劝令种莳。候岁熟，共取其利。为农师者，蠲税免役，民有饮博，怠于农务者，农师谨察之，白州、县论罪，以儆游惰。所垦田即为永业。”（《宋史·食货志》）当时屯田更多，垦辟的面积甚广。到仁宗时，又下诏允许十年未归的流民的田地，听人耕种，三年后收税时，减旧额一半；流民自己恢复生产的，也是一样。各州官吏能劝民修陂垦荒，增税二十万以上的，有赏。并祀先农，耕籍田，亲训农事。南宋高宗绍兴五年五月，立“守令垦田殿最格”。七年，令各路归业民，垦田至八年的，才缴纳全税。十九年十一月，立“州县垦田增亏赏罚格”。孝宗淳熙六年，批准提举浙西颜师鲁的奏请，设劝课之法，目的在于重农桑，广种植。那时乡民间或把连接自己田地的闲旷硗确土地，垦成田园，用力甚勤，有时因为没有呈报起税，被人告以盗耕之罪，这种罪名，自然会引起人们的非议，为了防止这种告讦的风气，就明确规定按实际田亩起税。

明初正当元末大乱之后，“山东、河南多是无人之地，洪武中诏有能开垦者，即为己业，永不起科。”（顾炎武《日知录》）英宗正统年间，流民聚居，诏令允许以聚居的地方，定为自己的籍贯。景宗景泰六年六月丙申，户部尚书张凤等奏请“山东河南北直隶并顺天府无额田地，甲方开垦耕种，乙即告其不纳税，若不起科，争竞之途，终难杜塞。今后但告争者，宜依本部所奏，减轻起科则例，每亩科米三升三合，每粮一石，科草二束，不惟永绝争竞之端，抑且少助仓廪之积。从之”。(《明朝实录》)“吕昭为浦城县丞,浦多荒地,民贫不能耕,昭减俸给种,使民杂治之。期年田野尽辟。”(《建宁志》)又明代屯田制度分三种:一是兵屯,凡全国兵卫,七分屯田,三分扼守,以减轻人民负担;二是商屯,即令商人入米于边,中盐于岸,以省运费而充实边储;三是民屯,凡移民迁往田多人少的乡,不论是召募而来或是罪徒之民,都使他们屯田,设屯田正副使加以管理。各屯所则又按人数多少置长佐来领导。初屯的时候,政府给以犁牛农具,专屯以后,轻租减赋,以安其业。这样,一方面可免荒废土地,另方面可使游民就业,救济他们的贫困。(见《续文献通考》)

清世祖曾下令规定山东无主荒田,每五里设一官庄,移他处贫民来开垦,借给移民若干资本,分三年归还。以上所述,就是历代关于垦荒的政令和实施的大略情形。总的说来,历代政府虽然都把垦荒列为要政之一,但增加的垦田,大部分都归豪强占有。即使能安插少数农民,也因豪强的榨取,并不能增进农业的生产力,徒然加重农民生活恶化的程度。而且地方官吏,多喜粉饰,并不努力实行,往往还要妄报加赋,反而增加农民的负担。积弊所及,大失垦荒的本旨。这种情形,在清代表现得最为明显。乾隆皇帝的谕旨中曾说:

> 各直省劝令开辟荒地,以广耕作,以裨食用,俾无旷土游民,原系良法美意。然必该督抚董率所属官吏实力奉行,毫无粉饰,俾地方实有开垦之田,民间实受耕获之利。以此造报升科,方与国计民生有所裨益。乃朕见各直省督抚题报开垦者,纷纷不一。至于河南一省,所报亩数尤多,而闽省继之,经朕

访察,多有未实。或由督抚欲以广垦见长,或地方有司欲以升科之多,迎合上司之意,而其实并未开垦,不过将外科钱粮飞洒于见在田亩之中,名为开荒,而实则加赋!非徒无益于地方,而并贻害于百姓也。嗣后各督抚宜仰体皇考爱民至意,诚心办理。凡造报开垦亩数,务必详加查复,实系垦荒,然后具奏,不得丝毫假饰,以致闾阎之扰累。若不痛洗积弊,仍蹈先辙,经朕访闻,必从重处分,不稍姑贷!(《九朝东华录》)

历代垦荒积弊之深,从这段文字中就可看出。真正有效的救荒政策,从根本上说,在过去阶级社会的任何时代都是不可能实现的。只有当人民群众做了社会的主人,在新的历史时期中,救荒史才能打开新的一页。

附录　中国历代救荒大事年表

（注：这是著者编制的一份简表。原先编了一份详表，因为篇幅过多，在一九三七年付印时取消了。）

年　　代			大事摘要
商	汤	二十四年	大旱。汤祷于桑林之野。
周	桓王	三年	冬，京师饥。告于鲁，鲁为之请籴于宋、卫、齐、郑。
	惠王	十一年	冬，鲁大水，无麦禾。臧孙辰告籴于齐。
	襄王	五年	冬，晋饥。乞籴于秦，秦输其粟。
	襄王	七年	晋又饥。秦伯又饩之粟。
	秦始皇	四年	秋七月，蝗疫。令百姓纳粟一千石，拜爵一级。
汉	高祖	二年	关中大饥。令民就食蜀、汉。
	文帝	二年	下重农诏，九月，又下劝农之诏。
	文帝	十二年	纳晁错之言，诏赐天下民租之半。
	文帝	十三年	除民田租。
	文帝	后元三年	夏，大旱蝗，发仓廪以赈民。
	景帝	二年	减民田租之半，使三十而税一。
	景帝	中元三年	夏，旱，禁酤酒。
	景帝	后元二年	下重农诏。
	武帝	建元三年	平原大饥。赐徙茂陵者户钱二十万。
	武帝	建元四年	汲黯过河南，发仓赈民。
	武帝	元鼎六年	倪宽奏请凿六辅渠以溉田。

续表

年 代	大事摘要
宣帝 本始元年	赦天下租税勿收。
宣帝 元康二年	免被灾之郡去年租赋。
宣帝 五凤四年	大司农中丞耿寿昌奏请设常平仓于边郡。
元帝 初元元年	令郡国被灾甚者勿出租税。
元帝 建昭五年	下重农诏。
成帝 建始元年	郡国被灾什四以上,令毋收租田。
平帝 元始二年	郡国大旱蝗。民捕蝗以石斗受钱。民疾疫,舍空邸第,为置医药。
后汉 光武 建武五年	以旱蝗出系囚,罪非殊死,一切弗案。
安帝 永初元年	调扬州五郡租米,赡给东郡、济阴、东留、梁国、陈国、下邳、山阳。
安帝 永初三年	京师大饥。令吏人入谷得为关内侯羽林郎。
安帝 永初四年	诏除三辅三年逋租、过更、口算、刍藁。
顺帝 永建三年	京师地震,汉阳地裂。赐伤害者七岁以上钱,人二千。
顺帝 永建五年	诏郡国贫人被灾,勿责令过更。
献帝 兴平元年	三辅大旱,人相食。命御史侯汶出太仓米、豆,为饥民作糜粥。
晋 武帝 泰始二年	下重农诏。
武帝 泰始七年	以雍、凉、秦三州饥,赦殊死以下。
武帝 咸宁五年	百姓饥,减御膳之半。
武帝 太康三年	诏四方水、旱甚者,无出田租。
武帝 太康五年	减天下户课三分之一。
武帝 太康六年	以岁不登,免民租赋。
东晋 孝武帝 太元二年	除度定田收租之制。
宋 文帝 元嘉十二年	诸郡遭水,诏原其逋负。
北魏 太武帝 太平真君四年	下诏劝课农桑。
北魏 孝文帝 太和七年	冀、定二州民饥。诏郡县为粥于路,以食之。

续表

年　代	大事摘要
孝文帝　太和十一年	谷不登，听民出关就食。
南齐　高帝　建元元年	以二吴、义兴三郡遭水，诏减除田租。
南齐　武帝　永明十一年	诏以水、旱，权断酒。
北魏　宣武帝　延昌元年	诏河北饥民就谷燕、恒二州及六镇。
北齐　文宣帝　天保八年	九月诏，遭蝗之处免租。
北齐　成帝　河清三年	诏遣十二使巡行水潦州、郡，免其租、调。
隋　文帝　开皇五年	度支尚书长孙平奏请立义仓。
唐　太宗　贞观元年	以旱饥，免租减膳。
太宗　贞观二年	山东旱，遣使赈恤，为民赎子。
太宗　贞观十年	关内、河东疾疫，遣医赍药疗之。
太宗　贞观十六年	谷、泾、徐、虢、戴等州疾疫。遣医施药。
太宗　贞观二十二年	以诸州水、旱，贷种、食。
高宗　咸亨元年	关中饥。令转江南租米以赈之。
玄宗　开元二年	十一月，以岁饥，禁京城酤酒。
玄宗　开元四年	山东大蝗。民祭且拜，姚崇奏力捕蝗虫。
玄宗　开元五年	以蝗患，令无出今年地租。
玄宗　开元七年	七月，亲录囚于宣政殿。
玄宗　开元十五年	河北水灾，饥，令支东都租米二十万石赈给，并转江、淮以南租米万石以赈之。
玄宗　天宝十二年	八月，京城霖雨，米贵，令出太仓米十万石，减价粜与贫人。
肃宗　乾元元年	以岁饥，禁酤酒。
肃宗　上元二年	下诏力劝农桑。
代宗　大历四年	蠲免淮南租、庸、地税。
德宗　贞元十二年	旱。放租税。
宪宗　元和十二年	定州饥。募人入粟授官，诏出粟二十五万石，分两街降估出粜。

续表

年　　代	大事摘要
文宗　太和五年	以水灾,蠲秋租。
文宗　太和七年	以旱,撤乐减膳。
后唐　明宗　长兴三年	诏州、府遭水潦处,支借麦种。
后晋　高祖　天福二年	诏蠲免租税。
高祖　天福六年	三月,除民二年至四年以前租税。
高祖　天福八年	敕除诸州应欠七年夏税,并除放秋税一半。
后周　世宗　显德四年	三月,命左谏议大夫尹日就于寿州开仓赈饥民。又命供奉官田处嵒、梁希进于寿州城内煮粥救民。
世宗　显德五年	颁《均田图》,命刻木为耕夫、织妇、蚕女之状,置于禁中,以示重农。
宋　太祖　乾德元年	下诏诸州于所属各县分设义仓。
太祖　乾德四年	废义仓。
太祖　开宝元年	诏免夏税。
太宗　太平兴国三年	上幸城南观麦。
太宗　淳化元年	以水、旱免田租。
太宗　淳化五年	诏出粟贷饥民者赐爵。遣使决诸路刑狱因饥劫粟囚,诛为首,余减死。于诸州设置惠民仓。
太宗　至道二年	诏发官仓粟数十万石,贷畿内郡民为种。
真宗　咸平二年	十月,成肃奏请设惠民仓于福建。
真宗　大中祥符三年	诏前岁陕西饥民鬻子,命官为赎还。
真宗　大中祥符九年	民有出粟赈饥者赐爵。
真宗　天禧四年	赈诸路民饥,发粟减租。
仁宗　天圣元年	闰二月,诏河北转运使赈契丹流民,分送唐、邓、襄、汝州,以闲田处之。
仁宗　庆历元年	复置义仓。
仁宗　庆历八年	河北大水,民就食京东。
仁宗　嘉祐二年	八月,枢密使韩琦奏请设立广惠仓。

续表

年　　代	大 事 摘 要
神宗　熙宁二年	京师大雪，诏老、幼、贫、疾、无依者，听于福田院收养，春暖为止。
神宗　熙宁六年	七月，不雨，饥民载道。郑侠作《流民图》以奏。置两浙和籴仓，立敛散法，发常平钱斛，募饥民修农田水利。
神宗　熙宁七年	正月，河阳灾，借常平仓谷万石，兴修水利，赈济饥民。
神宗　熙宁八年	夏，吴越大旱。赵清献公僦民完城四千一百丈，为工三万八千，计佣与钱粟。吴越大饥，人多病疫，乃作病坊。八月，下捕蝗易谷诏，吴越大饥，赵抃出官粟五万二千余石粜民。
哲宗　元祐三年	以旱伤，免民租税。
哲宗　元祐八年	十二月，出钱粟十万赈流民。
徽宗　崇宁元年	八月，令诸郡、县并置安济坊，养贫病者。九月，京师置居养院。
徽宗　崇宁三年	二月，置漏泽园以瘗死者。
南宋　高　宗　建炎二年	正月，给河西流民官田牛种。
高宗　绍兴五年	以久旱，减膳。立“守令垦田殿最格”。
高宗　绍兴十九年	十一月，立“州县垦田增亏赏罚格”。
高宗　绍兴二十六年	尚书韩仲通奏请设立丰诸仓。
孝宗　淳熙六年	颜师鲁奏设劝课之法。
孝宗　淳熙八年	十一月，朱熹奏请遍行义仓法于诸道。
宁宗　嘉定二年	六月，江西、福建、两广丰稔州，籴运以给临安。
宁宗　嘉定七年	出内帑钱，赈临安府贫民。
理宗　淳祐三年	赵与篡设平籴仓于蓝桥之北，新桥东岸。
金　　章宗　承安二年	冬十月，大雪。以米千石赐普济院令为粥以食贫民。

续表

年　　代	大事摘要
章宗　承安四年	十月，敕京、府、县设立普济院。每岁十月至明年四月，设粥以食贫民。
章宗　泰和四年	四月，以久旱审系囚理冤狱。
元　　世祖　中统二年	甘州饥，给银以赈之。沙、肃二州乏食，给米钞赈之。迁曳捏即地贫民就食河南、平阳、太原。
世祖　中统三年	七月，以课银一百五十定，济甘州贫民。
世祖　中统四年	以旱灾减田租。
世祖　至元二年	陈祐改南京路，治中大蝗，部民丁数万人捕蝗。
世祖　至元三年	十二月，大都城南等处设米铺三十，以济贫民。
世祖　至元四年	以蝗患免民租。
世祖　至元五年	益州路饥，以米三十一万八千石赈之。
世祖　至元六年	大名路等饥，赈米十万石。东平路饥，赈米四万一千三百余石。东昌路饥，赈米二万七千五百九十石。济南饥，以米十二万八千九百石赈之。唐高、固安二州饥，以米二万石赈之。
世祖　至元七年	南京、河南蝗、旱。减差徭十分之六。二月，立司农司，闰十一月，申明劝课农桑赏罚之法。十二月，改司农司为大司农司。
世祖　至元十年	诸路蝗蝻灾五分，霖雨灾九分。赈米凡五十四万五千五百九十石。
世祖　至元十三年	以冬无雨雪，禁酿酒。
世祖　至元十六年	诏湖南省于戍军还途，每四十五里立安乐堂。以水灾免本年田租。
世祖　至元二十一年	行赈粜之法于京师。
世祖　至元二十五年	诸王也真部曲饥，分五千户就食济南。

续表

年　代		大事摘要
	世祖　至元二十八年	颁《农桑杂令》。
	成宗　大德六年	陕西旱,禁民酿酒。
	成宗　大德十一年	申扰农之禁。
	仁宗　皇庆二年	申秋耕之令。
	泰定帝　泰定元年	颁《农耕旧制》十四条于天下。
	泰定帝　泰定二年	令入粟补官。
	文宗　天历二年	修洪口渠以灌溉民田。颁《农桑辑要》及《栽桑图》于天下。
	文宗　至顺二年	大饥,免租税。
	顺帝　至正二年	再颁《农桑辑要》。
	顺帝　至正十三年	五月,余阙守安庆。夏,大饥,人相食。捐俸为粥以食之。
明	太祖　洪武三年	夏,大旱。命天下府、州、县设惠民药局。
	太祖　洪武四年	诏免田租。
	太祖　洪武七年	诏免夏租,又定两税法。
	太祖　洪武十三年	置鼓于田中以课农。罢园中抽分竹木坊。
	太祖　洪武二十五年	令山东灾伤去处,每户给钞五定。
	太祖　洪武二十七年	定《灾伤去处散粮则例》。谕工部修陂塘湖。
	成祖　永乐九年	赈北京临城饥民三百余户粮,三千七百石有奇。令吏部行文各处,有司巡视境内,设法捕蝗。
	宣宗　宣德八年	免夏税秋粮。
	英宗　正统三年	以旱,谳中外疑狱。疏泰兴顺德乡三渠以溉田。
	代宗　景泰五年	淮浙江按察司副使罗篪奏,因杭州荒歉乞劝民出粟补官及升奖。
	宪宗　成化元年	令流民归原籍,有司给印信文凭。五月大雨雹,减膳。

续表

年　代		大事摘要
	孝宗　弘治六年	命两畿捕蝗一斗，给粟倍之。
	世宗　嘉靖七年	免被灾租税。
	世宗　嘉靖八年	准灾伤地方军民人等收养弃儿，每名日给米一升。
	世宗　嘉靖三十四年	岁祲，诏发内帑银三万两赈饥民。
	神宗　万历十六年	吴中大荒，命户科杨文举于各处设厂煮粥赈饥。
	神宗　万历二十二年	杨东明进《饥民图》。
	神宗　万历四十三年	青州大饥，陈其犹上《流民图》。
清	世祖　顺治十年	诏准士民捐助赈粟，给匾旌奖，或给顶戴。二十八年，拨户部银三十万两，赈直隶饥民。
	圣祖　康熙二年	普免顺治十五年以前民欠。
	圣祖　康熙四年	令州、县停征十分之三。
	圣祖　康熙十一年	二月，亲行耕籍礼，以重农桑。
	圣祖　康熙二十一年	蒋伊上《流民图》。
	圣祖　康熙三十三年	四月，下除蝗之谕。
	圣祖　康熙四十年	截留楚省漕粮四万五千石，分发淮安等处平粜。
	圣祖　康熙四十二年	着于各村庄设立社仓。
	圣祖　康熙四十八年	下严饬捕蝗之令。
	圣祖　康熙五十二年	免各省房地租税一年，兼除逋欠。
	圣祖　康熙六十一年	直隶饥。发米各州、县，煮粥赈济。
	世宗　雍正四年	安徽无为等州、县灾，煮粥五月，以济灾民。八月，令有司俱行耕籍之礼。
	高宗　乾隆二年	崔纪通在山西、陕西行开井三万二千九百余眼，以利灌溉。
	高宗　乾隆八年	廷议于京东通州、京西良乡分设饭厂二处。
	高宗　乾隆十八年	下捕除蝗蝻之谕。

续表

年　代		大事摘要
	高宗　乾隆二十五年	应修河道沟渠等工,以截留北仓漕米十万石作为工赈。
	仁宗　嘉庆五年	赈浙江金华县水灾贫民。
	仁宗　嘉庆七年	于芦沟、黄村、东坝、采育、王城五处,添设厂座,于城外开放,以便穷民就食。修纂《捕蝗禁令》。
	仁宗　嘉庆八年	以安徽宿州等五州县被水灾,免除嘉庆二年出借灾民口粮,积欠银二十四万八千余两,概予豁免。
	仁宗　嘉庆十年	豫省新乡等十七州、县岁歉。酌拨仓谷五万七千石,分发各县碾米煮赈。
	仁宗　嘉庆十五年	直隶通州被灾,令浚永定河、牤牛河两岸大道沟渠,以赈余银两赈与之。
	穆宗　同治八年	巡抚刘典筹款修理泾县龙口渠,计长十余里。
	德宗　光绪八年	冯誉骥修筑泾县龙口渠以资灌溉。
	宣统　二年	十二月,东三省鼠疫盛行,派伍连德前往举办防疫事宜。
民国	二十年	秋,洪水灾。江、淮、汉、运诸水同时泛滥。国民党政府设救济水灾委员会,办理灾区救济事宜。又办理芜湖区、宁属区、江北区、长沙区河南等处粥厂,以赈灾民。在急赈、工赈以外,增办农赈,暂定基金一千万元,由华洋义赈会办理。组织卫生防疫组赴各灾区工作。灾区工作组设工赈处以修筑堤防。又设救济院及临时收容所等。
	二十二年	黄河水灾,组织黄河水灾委员会办理救济。十月、苏、皖、浙、豫、鄂、湘、陕、甘、晋、闽十省粮食会议召开于南京,讨论兴办谷仓事宜。

续表

年　　代	大事摘要
二十三年	华北、华中各省遭蝗患。苏、皖、鲁、冀、湘、豫、浙七省开治蝗会议。
二十四年	江苏发生黑热病，全国经济委员会卫生实验处组织黑热病研究队，前往实地调查。

邓拓先生学术年表*

1912 年

2 月 26 日(壬子年正月初九),出生于福建省闽侯县(今福州市)道山路第一山一个知识分子家庭(父:邓仪中,字鸥予,清末举人;母:严绮佳)。

1922 年

在父亲的严格教诲下学习诗词与书法,受二哥邓仲纳(中学美术教员)影响,也喜爱绘画。

1927 年

在福建省立福州高级中学学习文科。

1928 年

与同学傅衣凌、郭则暹等人共同创办《野草社》。

1929 年

在上海光华大学社会经济系学习,一九三〇年六月肄业。

1930 年

秋,加入中国社会科学家联盟(简称"社联")。

冬,加入中国共产党。

---

* 本年表参考了邓小岚 1998 年整理的年表。

1931 年

夏,转入上海法政学院经济系学习。

1933 年

11 月,参加国民党十九路军将领蔡廷锴、李济深等人成立的福建人民革命政府(此举后来称为“闽变”)的工作,任文化委员会专员兼外交部秘书。“闽变”失败后,回上海,在浦东中学教英文。参加中国农村经济研究会活动。

发表《形式逻辑还是唯物辩证法》(署名邓云特,《新中华》第二十三期)。

1934 年

就读于河南大学经济系。

1935 年

对中国古代经济和历史学术问题进行研究,发表相关论述。

发表《论中国封建社会“长期停滞”的问题》(署名邓云特,《中山文化教育馆季刊》第二卷第四期)。

1936 年

发表《论中国经济发展史中的奴隶制问题》(署名邓云特,《新世纪》第一卷第三期)、《再论中国封建制的“停滞”问题》、《论中国封建制“停滞”的历史根源》(署名邓云特,《时代论坛》第一卷第八期、第十一期)、《中国历代手工业发展的特点》(署名邓云特,《中山文化教育馆季刊》第三卷第二期)。

1937 年

春,撰写毕业论文《论中国灾荒问题》。

12 月,晋察冀军区政治部创办《抗敌报》,邓拓为撰稿人,以后多篇文稿见报。

所著《中国救荒史》出版(署名邓云特,上海商务印书馆1937年版)。

1938年

4月,任《抗敌报》编辑部主任。

发表《论民族自尊心与抗日胜利的自信心》(《抗敌报》11月2日社论)等文章。

1939年

发表《三民主义的现实主义与文艺创造诸问题》(《边区文化》第一期)、《大众化问题在边区》(署名尹提,《新长城》第二期)、《吴印咸著摄影常识》序言(军区政治部出版)、《开展边区的戏剧运动——为边区戏剧座谈会而作》。

1940年

3月,当选为中国青年记者学会晋察冀分会理事。

11月,《抗敌报》改名为《晋察冀日报》,邓拓任社长兼总编辑,同时兼任新华社晋察冀总分社社长。

1941年

发表《论民族气节》(《晋察冀日报》2月28日社论)、《唯物辩证法简编》(1—8篇,署名狄曼公,《晋察冀日报》3—6月)。

1943年

发表《斥所谓〈中国文化的统一性〉》(署名曼公,《晋察冀日报》7—8月)等文。

1946年

发表《大众的鲁迅和鲁迅的普及》(署名曼公,《晋察冀日报》8月5日)等文。

1948年

调任中共华北局任政策研究室主任。后又调任中共中央政策研究室经济组副组长。

1949 年

4 月，任中共北平市委宣传部部长。

秋，任《人民日报》总编辑。

12 月，被聘为北京大学法学院兼职教授。

1951 年

在北京大学经济系讲授“中国土地问题与土地改革”课程。

1954 年

夏秋时，先后四次到京西门头沟地区采访小煤窑，收集历史研究资料。

发表《关于报纸的社论》(后收入 1959 年上海人民出版社出版的《中国报刊研究文集》和中国人民大学新闻系编辑的《中国报刊工作文集》)。

1955 年

6 月，受聘为中国科学院哲学社会科学部委员。

11、12 月，先后受聘为中国科学院历史研究所第一所及第二所的学术委员会委员。

发表《论〈红楼梦〉的社会背景和历史意义》(《人民日报》1 月 9 日)。

1956 年

任中华全国新闻工作者协会主席。

发表《从万历到乾隆——关于中国资本主义萌芽时期的一个论证》(《历史研究》第十期)。

1958 年

年内，发表多篇美术评论文章。为撰写《中国古代绘画史》开始搜集有关资料。

发表《老画家的新创作》(署名左海,《美术》七月号)等文。

11月5日,中共北京市委理论刊物《前线》创刊。邓拓兼任主编。

冬,受中华书局委托主编《新编唐诗三百首》,并撰写《编选例言》。将《中国救荒史》改为语体文,由三联书店出版。

1959年

5月,任中国科学院哲学社会科学部古籍整理和出版规划小组成员。

由范文澜、翦伯赞、钱俊瑞、王冶秋等推荐,担任中国历史博物馆建馆领导小组组长。

所著《论中国历史的几个问题》出版(三联书店11月版)。

1960年

发表《美术创作中的中国风格和中国道路》(《北京日报》7月21日)。

1961年

2月,在北京市历史学会主办的报告会上作题为《毛泽东思想开辟了中国历史科学发展的道路》的报告。

3月19日,应《北京晚报》之约,以“马南邨”为笔名在晚报副刊上开辟了《燕山夜话》专栏。

9月,与吴晗、廖沫沙以三人共同的笔名“吴南星”分别写作杂文《三家村札记》在《前线》刊登。

发表《纪念我国古代十大画家》(署名左海,《人民日报》3月4日)、《中国古代绘画的光辉艺术成就》(署名左海,《人民画报》第十二期)等文。

1962 年

参加《华北革命战争史》的编审工作。

发表《北京的古文化街琉璃厂》(署名左海,《人民画报》第五期)、《苏东坡潇湘竹石图卷题跋》(署名左海,《人民画报》第六期)。

1963 年

6 月,在北京市首届经济学年会上作报告。

发表《曹雪芹和〈红楼梦〉》(署名左海,《人民画报》第十期)、《郑板桥和“板桥体”》(署名左海,《光明日报》11 月 21 日)。

1965 年

12 月,先后在《北京日报》召开的座谈会、市委大学工作部召开的高校文科学生“关于《海瑞罢官》的讨论”的座谈会上讲话,指出“不要把学术问题当做政治问题来搞”。

发表《从〈海瑞罢官〉谈到“道德继承”论》(署名向阳生,《北京日报》12 月 12 日)、《在一次文科大学生座谈会上的讲话摘要》(1965 年 12 月 31 日)、《吴作人的艺术生涯》等。

1966 年

“文化大革命”开始,邓拓愤然离世。

邓拓先生与《中国救荒史》

李文海　夏明方

在国内外学术界，只要一提到救荒问题，就不能不想起一部具有划时代意义的巨著，这就是 1937 年由邓云特（即邓拓）撰写、商务印书馆出版的《中国救荒史》。

一

邓拓的一生，是富有传奇色彩的一生。1930 年，这个出生在福建闽侯、年仅十八岁的青年，刚至上海求学不久，即积极投身革命，勇敢地从事中共的地下工作。1932 及 1937 年，曾两度被捕入狱。抗战爆发后又秘密北渡黄河，进入晋察冀敌后五台山抗日根据地，受命创办《抗敌报》（后改为《晋察冀日报》），从此在新闻战线上开始了“血火文章”、“戎马书生”的生涯，并曾主编中国革命史上第一部《毛泽东选集》，成为中共杰出的政论家、宣传家。

这样一名新闻界的健将和“精神界之战士”，又是如何与中国的历史研究、特别是救荒史研究结下了不解之缘呢？说起来，这大约也正是他传奇式文墨生涯中最具传奇色彩的一页了。谁能想到，一部 25 万字的经典学术名著，竟是一位 25 岁的革命青年在他的第二次铁窗生活之前，利用不到两个月的时间所完成的呢。

1933年秋，第一次被捕出狱的邓拓，因失去了和中共的联系，先是回家乡福州疗伤，此时期，因参加了“闽变”的福建人民政府，遭国民党通缉。于次年转道上海，往至河南开封，经其兄邓伯宇的介绍，进入河南大学经济系就读，并在随后的三年度过其一生中极其难得的平静生活。不过，安定的生活环境，不仅没有消融其斗争的意志，反而玉成了一位卓有建树的马克思主义历史学家和中国救荒史研究园地中迄今为止最为著名的专家。当时，他在写给同学的一封信中曾经这样说道：“目前困难当头，我们应该做一件扛鼎的工作，不是在战场上和敌人进行生死搏斗，就应该在学术上有所贡献，写一、二种大部头的学术著作，发扬祖国的文化。”（廖沫沙等:《忆邓拓》，福建人民出版社1980年版，第223页。）

正是基于这样的考虑，邓拓充分利用了当时相对平稳的环境和河南大学以及附近学校大量的图书资料，孜孜不倦地致力于中国社会经济史的研究，力求在马克思主义唯物史观的指导之下探寻中国社会发展的规律。他在《中山文化教育馆季刊》、《新世纪》、《时代周刊》等刊物上先后发表了7篇学术论文，对中国文化领域正在激烈争论着的重大历史问题，如中国奴隶社会的存在及分期问题、封建社会长期停滞的历史原因、中国古代农业手工业发展及资本主义萌芽问题等等，进行了系统深入而又独到的分析，在当时的史学界产生了很大的震动。在研究过程中，有关中国灾荒问题的史料是如此的触目惊心，以致引起了这位青年史学家的注意，并随时把它们汇编在一起，后又以此为选题撰成毕业论文。适值商务印书馆正在组织出版“中国文化史丛书”，邓拓即以中国救荒史为题应约。但由于各种情况的阻滞，当接到限期交稿的通知时，为时已极紧迫。邓拓不顾暑天酷热，一边写作，一边请人誊抄，夜以继日，落笔如雨，终于恪尽其功。此后不久，他因从事抗日救亡运动，再次身陷囹圄。只是由于其长兄亲身赴沪，他的书稿才得以及时付梓问世。

二

当然，邓著《中国救荒史》之所以能在短时间内杀青，除了他的勤奋与博学之外，还与历史上悠久丰厚的救荒思想之渊源分不开的。

自古以来，我国即是一个多灾的国家，灾害频度之繁、强度之深、广度之大，世所罕见，其结果不仅给广大人民的社会经济生活带来惨重的灾难，也危及矗立于其上的上层建筑。故而历代封建统治阶级中比较贤明的政治家和思想家，从维护自身统治利益出发，也曾提出、设计和制定了不少救治灾荒的思想、措施和方法，经数千年的递嬗演进，逐步形成了一套比较完整的救荒理论和救荒机制。近代以来，特别是20世纪的二三十年代，伴随着内忧外患日甚一日，自然灾害也更加频繁、更加严重，以致引起了社会各界的广泛关注。许多有识之士在批判和继承古代救荒经验的基础上，运用现代科学的理论和方法，从各个不同的角度，对灾荒的成因、危害及其救治的途径进行了广泛深入的思考，初步建立了具有现代科学基础的治灾救荒思想，相关著述亦蔚为大观。这就为邓拓救荒理论的形成提供了丰富的思想素材。

不过，这些著述大都只是涉及某一历史时段或某一方面的灾荒、救荒问题，少有系统的探析，而且毕竟由于历史的或阶级的局限性，而在分析过程中不可避免地存在着片面化、绝对化和唯心主义的错误。只有邓著以其翔实的史料、缜密的分析、科学的历史观和现实主义的批判精神，成为其中的“扛鼎之作”，并将中国救荒史的研究推进到一个全新的阶段。

《中国救荒史》全书共分三编：第一编是关于“历代灾荒的史实分析”，作者根据各种可靠的历史资料，运用统计方法，第一次全面准确地探讨了中国历史上自远古以迄于民国历代灾荒的实况及其演变趋势和特征，同时分析了灾荒的自然、社会成因及其相互关系，并从人口流移和死亡、农民起义、民族之间的战争、经济衰落等方面，就灾荒对社会的实际影响作了较具体的论述。第二编“历代救荒思想的发展”，首先对相应历史时期的灾荒救治思想进行了科学的归类，也就是将其分为天命主义的禳弭论、消极救济论、积极救济论三大类，其中消极救济论又分为遇灾治标论（包括赈济、调粟、养恤、除害）和灾后补救论（包括安辑、蠲缓、放贷、节约）两小类，而包括重农、仓储在内的“改良社会条件”论和包括水利、林垦在内的“改良自然条件”论则是积极救济论的主要内容；继而对各类救荒思想的内涵、特点及其社会根源和历史演进趋势亦条分缕析，系统而清晰地揭示出中国数千年救荒思想的全貌和发展脉络。以此编的分类为基础，作者在全书的重点第三编中，详尽地探讨了“历代救荒政策的实施”及其利弊得失，既总结了历史上的经验教训，又为未来救荒事业的发展指明了方向。从史实、思想到政策，作者第一次全面完整地论述了中国救荒史的状况，可以说，这是该书区别于其他同类著作的鲜明特点之一。

对于此部著作，作者于新中国成立后在重印本序言中曾将其视之为自己从事“中国社会经济史研究的副产物的一种”。然而正因为它是这样的一种副产物，就使得作者在一开始清理历史中国的灾荒状况和救治对策时，即将其纳入到此前在历史研究过程中已经初步掌握的马克思主义和历史唯物主义理论的分析框架之中，第一次对灾荒问题进行了真正科学的论述，其作品也因此成为马克思主义救荒史学筚路蓝缕的开山之作。实际上，这也正是它之所以能够成为一部“扛鼎之作”并不同于一切其他救荒著述的最重要的原因。

综观初版全文，作者并无一字明言马克思主义的历史观，但却时时透析出一种唯物辩证法的精髓。在“绪言”部分阐述“灾荒”的定义时，作者即一反古今学者仅仅“以表面现象之摄取为足”，而“以客观存在之一般具体事实之全内容为根据”，明确指出“灾荒者，乃以人与人社会关系之失调为基调，而引起人对于自然条件控制之失败所招致之物质生活上之损害与破坏也”。他还进一步指出，“吾人欲寻求历代灾荒积累发展不断扩大再演之原因，惟有于此人与人之生产关系中求之”。基于这样的认识，他批判了以往有关灾荒成因的比较流行的“自然条件决定论”、“技术落后决定论”以及“人口决定论”，认为“从来灾荒之发生，带根本性的原因无不在于统治阶级的剥削苛敛”。他指出，地理环境、气候变迁等自然条件固然是构成灾荒的原因之一，“但并不是终极的唯一的原因”，作为一种外部条件，“惟有通过社会的内在条件，才能对社会发生影响”；生产力的落后、技术的不进步，“实为自然条件得以发生作用而加害于人类的基本原因”，但“不应脱离生产关系而孤立地考察生产力的发展”，“如果在一定的历史阶段，生产关系能够与生产力相适应,因而促进生产力的发展,那么,即使在当时的技术水平下,也可能避免天灾的袭击,或减轻灾荒的凶险程度”;至于从人口的过多来解释,虽然不是完全没有道理,但绝不是“彻底之科学观察法”,因为人口因素,作为一种社会条件,是离不开“在一定的社会结构中人与人的生产关系”这一“基本的社会条件”的。邓拓在这里所作的论述以及他在此后展开来的对灾荒与苛政、战争、生产技术、社会变乱和经济衰败等相互关系的分析,恰恰是以这种“彻底之科学观察法”即唯物辩证法为基准,并有大量的历史事实为佐证,其所得出的结论较之前人也就远为准确和深刻得多,并为后世相当长一段历史时期内的中国救荒史研究铸定了最基本的理论框架。而且,从文中的叙述来看,作者实际上已经将主要由大自然造成的“天灾”与由此演变而来的主要由人祸造成的“饥馑之患”即饥荒区别开来,从而为后来者在解释新的社会制度下饥荒绝迹而灾害未见减少甚至愈趋扩大的矛盾现象提供了可贵的线索,作者的远见卓识,于此可见一斑。

实事求是,坚持真理,原是马克思主义历史观的本质要求,而救荒史的研究,诚如邓拓所言,其宗旨本身就在于“揭示灾荒这一社会病态和它的病原”,“借以探求防治的途径”,所有这一切学科特质再加上邓拓自己的个性和经历,又使得他的救荒史研究在在充溢着秉笔直书和批判现实的锋芒。虽然我们的史学恰恰也是以“究天人之际,通古今之变”开其端绪的,但却不幸而几乎成了绝响,当时即使有不少著作对现实亦表示不满,但多属隔靴搔痒的“但书”。而邓拓则将其批判的笔触一直延伸到他所生活的那个极度黑暗而又凶险不测的年代,对国民政府时期政治的不良、剥削的严酷、军阀的混战以及救荒政策的弊端痛加针砭,这不正是一位正直的历史学家执著以求的愿为真理而献身的最高精神境界吗？

三

邓著《中国救荒史》出版以后，很快在日本被译成日文出版。新中国建立后，作者将原来的文言文改为语体文由三联书店于1958年重印。1986年北京出版社出版《邓拓文集》时，则将其收入其中的第二卷。此次，商务印书馆亦将其作为“中华现代学术名著丛书”中的一种予以再版（根据邓拓亲属建议，此次再版，采用了三联书店1958年的版本）。从某种意义上来说，邓著是迄今为止有关中国救荒史研究的唯一的一本教科书。

不过，主要由于当时的客观条件的限制，这部巨著也留下了不少的遗憾。如原稿中有关“近代灾荒中新的社会因素”一项初版时即被略去了，以致整部著作于民国灾荒史的状况未能尽言。新中国成立后，作者原拟花费相当的时间“加以修改和补充”，把史料补足到中华人民共和国成立的时期，并对历史上救荒政策的重要的经验教训和若干重要论点“进一步地加以探究”，“展开来作充分的说明”，但由于众所周知的历史原因，此项工程仍付阙如。事过境迁，当历史的车轮早已碾碎了锢蔽或阻碍学术研究的重重枷锁和绊脚石之后，当人们可以直面现实而现实的大自然又以与历史上同样的困境活生生地逼迫着当代人类的时候，如何进一步地充实和加强中国救荒史乃至开展当代中国救灾减灾事业的研究，就显得十分地必要了。就此而言，当年邓拓的遗憾，客观上又为后来的研究者提供了可以任意驰骋的空间。